Hans Goller

Wohnt Gott im Gehirn?

Hans Goller

Wohnt Gott im Gehirn?

Warum die Neurowissenschaften die Religion nicht erklären

Butzon & Bercker

„Orientierung durch Diskurs"

Die Sachbuchsparte bei Butzon & Bercker, in der dieser Band erscheint, wird beratend begleitet von Michael Albus, Christine Hober, Bruno Kern, Tobias Licht, Cornelia Möres, Susanne Sandherr und Marc Witzenbacher.

Bibliografische Information der Deutschen Nationalbibliothek

Die Deutsche Nationalbibliothek verzeichnet diese Publikation in der Deutschen Nationalbibliografie; detaillierte bibliografische Daten sind im Internet über http://dnb.d-nb.de abrufbar.

Das Gesamtprogramm von Butzon & Bercker finden Sie im Internet unter www.bube.de

ISBN 978-3-7666-1957-0
E-Book (Mobi): ISBN 978-3-7666-4271-4
E-Book (PDF): ISBN 978-3-7666-4273-8
E-Pub: ISBN 978-3-7666-4272-1

Inhalt

Vorwort

Erschuf Gott das Gehirn oder das Gehirn Gott? Ist Gott nur ein vom Gehirn erzeugtes Phantom, das uns helfen soll, mit dem Wissen um den eigenen Tod fertig zu werden? Bringt unser Gehirn lediglich ein Trugbild hervor oder bietet es uns ein Fenster, durch das wir die Wirklichkeit von etwas wahrhaft Göttlichem erahnen können? Sind Nahtoderfahrungen ein Beweis für das persönliche Fortleben nach dem Tod oder bloß die Abschiedsvorstellung eines sterbenden Gehirns?

Die Neurotheologie will religiöse Erfahrungen und spirituelle Erlebnisse von ihrer neurobiologischen Grundlage her verstehen und erklären. Was geschieht im Gehirn, wenn Menschen beten, meditieren, religiöse Rituale vollziehen oder ein Nahtoderlebnis haben? Worin besteht die neurobiologische Grundlage meditativer Zustände und mystischer Erlebnisse? Die meisten Neurowissenschaftler gehen davon aus, dass das Gehirn das Bewusstsein erzeugt und dass der Tod des Gehirns auch der Tod des Bewusstseins ist. Nahtoderfahrungen von Überlebenden eines Herzstillstandes stellen diese weithin akzeptierte These in Frage.

Das Buch bietet einen Einblick in die Untersuchungsergebnisse der Neurotheologie und Nahtodforschung und deren Deutung durch die jeweiligen Autoren. Kapitel I führt in die Fragen und Probleme der Neurotheologie ein. Kapitel II erörtert die vorliegenden empirischen Untersuchungen und Befunde der Neurotheologie. Kapitel III setzt sich mit den grundlegenden Problemen der Neurotheologie bei ihrer Suche nach der neurobiologischen Basis des religiösen Erlebens und Verhaltens auseinander. Kapitel IV widmet sich den Berichten, Untersuchungen, Deutungen und Erklärungsversuchen von Nahtoderfahrungen. Jedes Kapitel enthält eine Zusammenfassung und Bewertung der wichtigsten Ergebnisse.

Der Einfachheit halber habe ich die männliche Schreibweise verwendet, betone aber, dass bei jedem männlichen Ausdruck natürlich immer auch die weibliche Person mit gemeint ist.

Ich möchte das Buch allen Suchenden, Fragenden und Zweifelnden widmen. Dem Kollegen Markus Moling danke ich für die kritische Durchsicht des Manuskriptes und den Studierenden in Brixen und Innsbruck für ihr lebhaftes Interesse am Thema Neurotheologie und Nahtoderfahrung. Herzlich danke ich Peppi, Traudl und Marianne für die im Winter gemeinsam erlebten Sonnentage auf Tirols Skipisten, die wesentlich zur Freude am Schreiben dieses Buches beigetragen haben. Herrn Dr. Bruno Kern und Herrn Dr. Berthold Weckmann danke ich für die Anregung, das Thema Neurotheologie einem allgemein interessierten Publikum zugänglich zu machen, und für ihre verlegerische Betreuung.

Innsbruck, im Juni 2014
Hans Goller

10

I. Gibt es einen göttlichen Teil des Gehirns?

Mathew Alper: Vom Glauben an Gott zum Glauben an den Naturalismus

Warum hat der Mensch so etwas wie Religion entwickelt? Warum ist Religion in allen Kulturen zu finden? Ist sie im menschlichen Gehirn wie eine Art göttliches Zentrum eingebaut? Wohnt Gott ausschließlich in unseren Köpfen und sonst nirgendwo? Ist er lediglich eine vom Gehirn erzeugte Erfindung, die dem Überleben des Menschen dient? Lässt sich religiöses Erleben und Verhalten rein naturwissenschaftlich erklären? Matthew Alper, geboren und aufgewachsen in New York, beschäftigten diese Fragen. Er arbeitete zeitweise als Lehrer und Drehbuchautor. Sein erstmals 1996 erschienenes Buch *The „God" Part of the Brain* (Der „göttliche" Teil des Gehirns) genießt mittlerweile Kultstatus und hat bereits mehrere Auflagen erlebt. Darin schildert er seinen Weg vom Glauben an Gott zum Glauben an den Naturalismus.

Die Frage nach Gott

In allen Kulturen, so Alper, ist Gott etwas Übernatürliches, das den physischen Bereich übersteigt. Es gibt Körperliches und Geistiges. Körperliches ist empirisch fassbar und unterliegt dem Wechsel von Geburt, Tod und Zerfall.

11

Die geistige Wirklichkeit hingegen gilt als unzerstörbar, als ewig, und unterliegt nicht den Gesetzen der Natur. Da alle Kulturen ihre Götter als Ausdruck dessen betrachten, was spirituell ist, kann man sagen, dass der universale Gott das Wesen des Geistigen verkörpert. Er ist die Ursache von allem und durchdringt alles.

Alper behauptet: Entweder existiert Gott als Urgrund des Universums oder es gibt ihn gar nicht. Wenn es ihn gibt, dann bin ich frei von der Bedrohung durch den bevorstehenden Tod, ich bin unsterblich und mein Leben ist voller Sinn und Bedeutung. Wenn es ihn nicht gibt, dann bin ich sterblich, mein Leben endet mit dem Tod, und zwar für immer. Mein kurzer und zweckloser Aufenthalt hier auf Erden ist dann alles, was ich jemals erlebt haben werde. Mit Gott ist alles gerettet, ohne Gott ist alles verloren, einschließlich der Hoffnung. Alper fand es immer schwieriger, an einen allgütigen und allmächtigen Gott zu glauben, der so viel Schmerz, unfassbares Elend und grenzenlose Ungerechtigkeit in seiner Welt zulässt. Ohne eine Antwort auf die Frage nach Gott lag die Zukunft wie eine undurchdringbare Mauer vor ihm. Er wollte herausfinden, ob es handfeste Fakten gibt, welche die Existenz Gottes ein für alle Mal entweder beweisen oder widerlegen könnten. Auf der Suche nach einer Antwort auf seine Fragen begann er eine einsame Reise durch die dunkleren Gefilde des Lebens (vgl. Alper 2008, Prologue).

Zunächst wandte er sich an die Weltreligionen, kehrte diesen jedoch wegen ihrer vielen Widersprüchlichkeiten bald frustriert den Rücken. Er praktizierte transzendentale Meditation, befasste sich mit paranormalen Phänomenen, experimentierte mit bewusstseinserweiternden Substanzen, erlebte fürchterliche Drogentrips und litt über ein Jahr an einer schweren Depression und an Angststörun-

12

gen. Während dieser Zeit machte er viele Erfahrungen in Bezug auf seine angeblich unsterbliche Seele. Die Tatsache, dass sein bewusstes Selbst sich während der Zeit der Krankheit drastisch verändert hatte, überzeugte ihn davon, dass es nichts Ewiges oder Unsterbliches an ihm gibt. Wie sollte etwas Physisches wie die Chemie einer Droge das Bewusstsein verändern können? Das wäre so, wie wenn man mit Steinen auf Gott werfen könnte. Wenn Bewusstsein etwas ganz Natürliches ist, sagte Alper sich nun, dann geben uns die Naturwissenschaften eine Antwort auf alle unsere Fragen. Den Glauben, den er bisher auf Gott gerichtet hatte, richtete er jetzt auf die Naturwissenschaften. Er eignete sich einen naturalistischen Standpunkt an. Die Wissenschaft könne die Entstehung des Weltalls, des Lebens und des Menschen ohne Gott erklären. Sie werde auch das Rätsel der menschlichen Seele lösen. Es muss eine vernünftige Erklärung für alles geben. Alper gelangte zur Überzeugung, dass das Bewusstsein, von dem er früher annahm, es bilde seine transzendente Seele, nichts anderes ist als die Aktivität seines Gehirns.

Zehn Jahre lang suchte Alper nach einer Antwort auf die Frage nach Gott in den Naturwissenschaften. Danach bemerkte er ernüchternd, dass die Wissenschaft ihn zwar von seiner psychischen Krankheit befreien und ihm das Universum verständlich machen konnte, aber eine Antwort auf die Frage nach dem Sinn seines Lebens konnte sie ihm nicht geben. Warum bin ich hier? Wozu bin ich hier?

Bevor er seine Hoffnung blind auf den wissenschaftlichen Fortschritt setzen und sich ein Leben lang auf die Suche nach einer wissenschaftlichen Interpretation der Frage nach Gott begeben wollte, musste er klären, was Wissenschaft ist und wie sie funktioniert. Was ist Wirklichkeit und wie nehmen wir sie wahr? Wie ordnen wir die vielen Reize, die über die Sinnesorgane auf uns einströmen, räumlich und zeitlich? Alper argumentiert mit Kant, demzufolge Raum und Zeit Anschauungsformen unseres Verstandes sind, die wir unabhängig von und vor jeder Erfahrung besitzen. Diese spezifischen Weisen der Wahrnehmung sind angeboren. Sie sind die Art, wie unser Gehirn von Natur aus Informationen verarbeitet und wie wir die Realität interpretieren. Die alles entscheidende Frage betreffe deshalb die Art, wie wir Informationen verarbeiten. Die Antwort auf die Frage nach Gott sei nicht draußen im physischen Universum, sondern in uns, in unserem Gehirn, zu finden. Die Wissenschaft könne Gott nicht erfassen, wohl aber das Gehirn (vgl. Alper 2008, Book I).

Der göttliche Teil des Gehirns

Der Glaube an Gott und an ein Leben nach dem Tod habe einen konkreten Ort im Gehirn. Alper nennt diesen Ort den „göttlichen" Teil des Gehirns. In allen Religionen gebe es Taufriten, Initiationsriten für den Übergang von der Kindheit zum Erwachsenenalter, Heiratsriten, Bußriten, Sühneriten und Begräbnisriten. Wir Menschen seien von Natur aus dazu prädisponiert, an eine spirituelle Wirklichkeit zu glauben. Alper verweist auf Berichte des Psychiaters Arnold Sadwin über sehr religiöse Menschen, die infolge einer Kopfverletzung religiös indifferent wurden, und über areligiöse Menschen, die nach einer Kopfverletzung hyperreligiös wurden, zwanghaft zu Gott beteten und starke religiöse Gefühle und Bedürfnisse äußerten. Er zieht daraus den Schluss, dass der Glaube an Gott, an eine Seele und an ein Leben nach dem Tod das Produkt unserer kognitiven Evolution sei. Dieser Glaube sei den

14

Anschauungsformen von Raum und Zeit ähnlich. Spiritualität sei ein genetisch bedingtes menschliches Merkmal, das sich evolutionär entwickelt habe, um unser Überleben zu sichern. Für die Entwicklung eines jeden Merkmals gebe es einen vernünftigen Grund. Jedes Merkmal diene dazu, die Überlebenschancen zu vergrößern. Das treffe auch auf die neurobiologischen Grundlagen unseres religiösen Bewusstseins zu. Nur der Mensch habe ein religiöses Bewusstsein entwickelt. Bei allen anderen Arten sei nämlich nichts von Begräbnisriten bekannt (vgl. Alper 2008, Book II, 7).

Mit dem Homo sapiens sei ein Lebewesen entstanden, das sich seiner selbst bewusst wurde. Wer bin ich? Warum und wozu gibt es mich? Werde ich einmal nicht mehr sein? Der Mensch hat vom Baum des Bewusstseins gegessen. Mit dem Bewusstsein um die eigene Existenz sei auch das Bewusstsein um den eigenen Tod entstanden. Wir wissen nicht nur, dass wir sterben müssen, wir wissen auch, dass der Tod uns jeden Augenblick ereilen kann. Verglichen mit der Situation der primitiven Menschen habe sich daran trotz aller Technik und trotz allen Fortschritts in der Medizin nicht viel geändert. Wir leben mit dem sicheren Wissen um unseren bevorstehenden Tod. Diesem Feind können wir weder entkommen noch können wir ihn besiegen. Ebenso stark wie die Angst vor dem eigenen Tod sei die Angst, jene zu verlieren, die wir lieben. Angesichts des unausweichlichen Todes sei das Leben von existenzieller Sinnlosigkeit. Unser Kampf um das Überleben werde zu einer Übung der Vergeblichkeit. Warum heute kämpfen, wenn wir morgen nicht mehr sind? Unter solchen Bedingungen traf das motivierende Prinzip der Selbsterhaltung, welches das Leben Milliarden von Jahren erhalten hatte, auf unsere Art nicht mehr zu. Was konnte diese schmerzliche und hoffnungslose Situation des Menschen erleichtern? Wenn das menschliche Gehirn sich aufgrund natürlicher Selektion entwickelt habe, dann müsse auch der religiöse Glaube durch denselben Mechanismus entstanden sein. Das Wissen um die eigene Existenz und Nicht-Existenz habe zu einer kognitiven Revolution geführt. Die Natur habe die kognitiven Fähigkeiten derart verändert, dass der Mensch trotz seines Wissens um den eigenen Tod in der Lage sei, zu überleben. Ein neuer Selektionsdruck von innen, aus dem eigenen Gehirn, sei entstanden. Der Mensch musste sich an diese neue innere Umwelt anpassen. Wären die selbstbewussteren Individuen unserer Art verschwunden und hätten nur die weniger todesbewussten Exemplare überlebt, dann hätte die Evolution den Menschen dadurch in einen weniger bewussten Zustand zurückversetzt. Es bedurfte einer neuen Strategie, um den Menschen von seinem lähmenden Wissen um den eigenen Tod zu befreien, ohne dabei seine Intelligenz zu opfern. Welche Individuen überlebten? Es waren jene, deren Gehirn eine genetische Mutation aufwies und denen es deshalb am besten gelang, die aus dem Wissen um den eigenen Tod resultierende Angst zu bewältigen. Diese vorteilhafte Anpassung gaben sie an ihre Nachkommen weiter. Damit entstand die religiöse Funktion, und sie änderte die Art und Weise, wie die Menschen die Wirklichkeit wahrnahmen. Das menschliche Gehirn habe nicht nur eine musikalische, eine linguistische und eine mathematische, sondern auch eine spirituelle Intelligenz entwickelt. Das Gewahrwerden des eigenen unausweichlichen Todes habe einen derart starken Druck auf die Gehirnentwicklung ausgeübt, dass die Natur jene Individuen selektierte, die den Glauben an eine transzendente Wirklichkeit, die den physischen Bereich übersteigt, entwickelten. Der Glaube an die Unsterblichkeit der Seele habe sie weitgehend von der Angst vor

16

dem ewigen Tod befreit, und mithilfe des religiösen Bewusstseins konnten sie ihr Leben einigermaßen in Ruhe fortsetzen.

Das religiöse Bewusstsein habe für den Menschen eine wichtige Funktion, sonst hätte die Natur es nicht selektiert. Sinn und Zweck der Religion sei es, die Angst des Menschen vor dem Tod zu vermindern. Alper nennt das religiöse Bewusstsein eine Notlüge der Natur, einen natürlichen Abwehrmechanismus gegenüber dem Wissen um den eigenen unausweichlichen Tod. Gott sei keine transzendente Macht, die jenseits und unabhängig von uns existiert, sondern ein Bewältigungsmechanismus, der in Form eines kognitiven Phantoms erscheint, das im Inneren des Gehirns erzeugt wird (vgl. Alper 2008, Book II, 8).

Ursprung und Funktion des religiösen Erlebens und Verhaltens

Wir Menschen sind nach Alper so konstruiert, dass wir durch Tätigkeiten wie Meditieren, Beten, Singen, Yoga, Tanzen und durch religiöse Rituale bestimmte Erlebnisse herbeiführen. Alle Kulturen kennen religiöse Erlebnisse wie das Gefühl der Einheit, der Zeitlosigkeit, der Grenzenlosigkeit, der Heiligkeit, der Ekstase, der Wonne und des tiefen Friedens. Alper nennt außergewöhnliche spirituelle und mystische Erlebnisse, wie den Verlust des Selbstbewusstseins, die Aufhebung der Ich-Grenzen, ein Gefühl der Raum- und Zeitlosigkeit, des tiefen Friedens und der Euphorie. Während derartiger Erlebnisse ziehe der Mensch sich in einen veränderten Zustand zurück, in dem er zwischen Innenwelt und Außenwelt nicht mehr unterscheiden könne. Er fühle sich dann eins mit dem gesamten Universum. Die Tatsache, dass in so vielen Kulturen der-

17

artige Erlebnisse mit ähnlichen Worten beschrieben werden, deute darauf hin, dass es sich hier um ein kulturübergreifendes Phänomen, um ein genetisch vermitteltes Merkmal, handelt. Religiöse Erlebnisse werden durch neurophysiologische Mechanismen in unserem Gehirn erzeugt, und man könne sie neurobiologisch erklären.

Der Mensch habe die Tendenz, religiöse Erlebnisse als Beweis für eine göttliche oder transzendente Wirklichkeit zu betrachten. Forschungsergebnisse aus den Neurowissenschaften widersprechen jedoch dieser Deutung. Sie zeigen, dass religiöse Erlebnisse mit bestimmten neuronalen Aktivitäten einhergehen. Diese Erlebnisse seien weder die Folge eines Kontaktes mit dem Göttlichen noch ein Beweis für die Existenz einer transzendenten Wirklichkeit, sondern das Produkt von Hirnmechanismen.

Alper fragt, inwiefern religiöse Erlebnisse dazu dienen, die Überlebenschancen des Menschen zu vergrößern. Er meint, nur ein religiöses Bewusstseins könne uns vom schmerzlichen Wissen um den eigenen Tod befreien. Es sei durchaus möglich, dass unsere Art ohne den palliativen Mechanismus religiöser Erfahrungen nicht überlebt hätte. An eine geistige Wirklichkeit zu glauben sei das Eine, sie zu erleben sei jedoch etwas völlig anderes. Zur Illustration bringt Alper den Vergleich mit einem Gestrandeten, der auf einer einsamen Insel festsitzt und Angst hat, zu verhungern. Nach fünf Tagen ohne Nahrung sieht er ein Schiff auf die Insel zufahren. Das Wissen, dass Nahrung unterwegs ist, befreit ihn vom Großteil seiner Angst. Doch der Glaube, dass Nahrung unterwegs ist, und das Verzehren der Nahrung sind zwei verschiedene Dinge. Erst der tatsächliche Verzehr der Nahrung wird den Hunger des Gestrandeten stillen und ihn von seinen Hungerschmerzen befreien. Ähnliches treffe auf das religiöse Bewusstsein zu. Der Glaube an Gott und an

18

ein Leben nach dem Tod befreie uns von der Todesangst, und wir seien zudem in der Lage, euphorische Empfindungen zu erleben, die unseren Glauben begleiten. Wir setzen bewusst verschiedene Techniken ein, wie das Rezitieren religiöser Texte, das Singen frommer Lieder, Meditation sowie den Konsum bewusstseinserweiternder Drogen, um angstreduzierende religiöse Erlebnisse hervorzurufen. Mit solchen Mitteln der Täuschung vermindern wir unsere Angst selbst dann, „wenn kein Schiff auf unsere Insel zugefahren kommt". Auch wenn es Gott und ein Leben nach dem Tod nicht gebe: Allein der Glaube daran helfe uns, eine angstmindernde Erfahrung zu machen. Das häufigste Symptom, das mit einer solchen Erfahrung einhergehe, sei die Auflösung der eigenen Ich-Grenzen und des persönlichen Selbst-Sinns. Um diesen Aspekt der religiösen Erfahrung zu verstehen, müsse man zuerst die Natur des menschlichen Ego, des Selbstbewusstseins, erforschen.

Unser Selbstbewusstsein, dem das episodische und autobiografische Gedächtnis zugrunde liegen, sei aufs Engste mit unserer Neurophysiologie verbunden. Alper nennt jene Hirnbereiche, aus denen das Selbstbewusstsein entsteht, die „Ich-Funktion" oder das Körperkontrollzentrum. Wäre unser Körper ein Schiff, dann wäre das Ich sein Kapitän. Wäre unser Körper ein Tempel, dann wäre unser Ich der Hohepriester. Die Ich-Funktion sei für die Erhaltung des gesamten Körpers verantwortlich. Alper bezeichnet das Ich als den Ort des Erlebens. Nicht die Hand spüre den Schmerz, sondern das Ich spüre ihn in seiner Hand. Das Ich erlebe auch die lähmendste aller Ängste, die Angst vor dem eigenen Tod. Mit der Entstehung des Selbstbewusstseins habe uns die natürliche Selektion einen Mechanismus zur Verfügung gestellt, der es unserer Ich-Funktion ermöglichte, die überwältigende Belastung durch das Wissen um den eigenen Tod zu ertragen. Alper nennt diesen Mechanismus die „transzendente Funktion".

Während eines mystischen Erlebnisses werde die Ich-Funktion unterdrückt. Ausdrücke wie „Verlust des Selbstbewusstseins" und „Auflösung der normalen Ich-Grenzen" beschreiben den Zustand, in dem das Ich vorübergehend abwesend ist. Ist die Ich-Funktion ausgeschaltet, dann gebe es nichts, mithilfe dessen man Schmerz und Angst erleben könnte. Es bleibe ein Gefühl der Ichlosigkeit übrig, ein Zustand, den die Betroffenen als ozeanisch, als grenzenlos und als euphorisch beschreiben. Durch das Ausschalten der Ich-Funktion erhalten wir eine Art Galgenfrist von der Belastung durch die eigene Existenz. Während der spirituellen Erlebnisse befinden wir uns in einem veränderten Zustand. Die Grenzen zwischen Innenwelt und Außenwelt verschwinden, und wir erleben ein kosmisches Bewusstsein, eine Art „Gottes-Bewusstsein". Unser Kapitän sei dann vorübergehend von seinen Pflichten entbunden, und damit verschwinden auch alle Ängste. In solchen Momenten fühlen wir uns frei von persönlicher Verantwortung, von Sorgen und Befürchtungen und sind immun gegenüber Leid und körperlichem Schmerz. Das sei der Grund dafür, warum spirituelle Erlebnisse häufig als euphorisch, als Verzückung, als Glücklichsein und als tiefer Friede beschrieben werden.

Alper meint, Untersuchungen mit bildgebenden Verfahren, die es uns ermöglichen, dem Gehirn bei der Arbeit zuzusehen, würden zeigen, dass das, was wir als spirituell, als mystisch und als transzendent erleben, sich auf Gehirnprozesse reduzieren lasse. Außerdem könne man religiöse Erlebnisse durch Drogen wie Meskalin und Psilocybin erzeugen. Die Azteken nannten Peyote, ein Kakteengewächs, den „göttlichen Boten" und Psilocybin „Fleisch

20

Gottes". Es gebe keinerlei Beweise für die Existenz einer geistigen Wirklichkeit, doch es gebe genügend Beweise dafür, dass spirituelle Erfahrungen ihrer Natur nach rein physiologisch sind. Wir besitzen keine unsterbliche Seele, wohl aber ein physisches Gehirn. Dem Neurobiologen Steven Rose zufolge ist es äußerst wahrscheinlich, dass wir eines Tages die „mystische Erfahrung" mittels der Neurobiologie erklären können; es ist jedoch höchst unwahrscheinlich, dass die Neurobiologie jemals mittels der „mystischen Erfahrung" erklärt werden wird (vgl. Alper 2008, 154).

Alper versucht, auch die heilende Kraft des Gebetes rein naturalistisch zu erklären. Es müsse physiologische Mechanismen geben, die dafür verantwortlich sind. Meditation und Gebet seien aufs Engste mit der religiösen Funktion verbunden. Wenn wir beten, richten wir unsere Bitten an Gott oder an eine höhere Macht. Dabei verändere sich die Physiologie unseres Körpers derart, dass Angst und Stress abnehmen und Heilungsprozesse angeregt werden. Es gebe sogar Belege dafür, dass wir durch Gebet die Zeit verkürzen können, die für die Genesung von Krankheiten und chirurgischen Eingriffen notwendig ist. Wir Menschen neigen von Natur aus dazu, an übernatürliche Wesen zu glauben, die eine Macht besitzen, die unsere eigenen Möglichkeiten bei Weitem übersteigt. In Zeiten der Not wenden wir uns an sie um Hilfe. Wenn wir zu Gott beten, dann glauben wir, dass er uns helfen wird, ähnlich wie unsere Eltern uns geholfen haben, für uns da waren, sich um uns sorgten und uns beschützten.

Der bloße Glaube daran, dass unser Flehen und Bitten erhört werden wird, mindere unser Angstniveau, befreie uns weitgehend von psycho-biologischen Belastungen und wirke sich heilend auf unseren gesamten Organismus aus.

Der Ursprung psychosomatischer Krankheiten liege im Gehirn und nicht in den erkrankten Organen. Menschen, die an solchen Krankheiten leiden, werden in der Regel nicht durch herkömmliche Behandlungen und Medikamente geheilt, sondern eher dadurch, dass sie von ihren überstarken Ängsten, die sich negativ auf den Körper auswirken, befreit werden. Wird jemand durch Gebet geheilt, dann ist die Heilung nicht auf ein Wunder zurückzuführen, sondern darauf, dass sein Angstniveau gesenkt wurde. Da alle Kulturen von der heilenden Kraft des Gebets sprechen, nimmt Alper an, dass wir Menschen gebetssensible Mechanismen im Gehirn besitzen. Er bezeichnet sie mit dem Ausdruck „Gebets-Funktion" (vgl. Alper 2008, Book II, 12).

Wenn es einen göttlichen Teil des Gehirns gibt: Warum gibt es dann Atheisten? Alle genetisch vermittelten Merkmale wie Intelligenz, Musikalität, mathematische Begabung, Körpergröße und die Qualität des Gehirns seien in der Bevölkerung normal verteilt. Es gebe durchschnittliche Menschen, außergewöhnlich Begabte, Menschen mit Behinderungen sowie Menschen, bei denen ein Merkmal völlig fehlt wie bei den Blindgeborenen. Es gebe auch Unterschiede in der Förderung der Begabung durch die Umgebung. Die Umgebung könne eine vorhandene Begabung jedoch nur so weit fördern, als es das angeborene Potenzial gestattet. Spiritualität und Religiosität seien gleichfalls Merkmale, die in der Bevölkerung normal verteilt sind. Am einen Ende der Verteilungskurve gebe es religiös und spirituell sehr Begabte, wie die Zeloten und die Propheten, am anderen Ende solche mit einer unterentwickelten religiösen Funktion. Letztere haben nie das Bedürfnis zu beten, zu meditieren, über Gott, über die Seele oder über ein Leben nach dem Tod nachzudenken. Es sei eher unwahrscheinlich, dass sie jemals spirituelle Erlebnisse haben. Al-

22

per nennt sie die religiös Behinderten unserer Gesellschaft. Er postuliert eine neurophysiologische Ursache für die Neigung, Atheist, Ungläubiger, Rationalist oder Säkularist zu werden. Natürlich sei der Atheismus nicht rein genetisch vermittelt, das Aufwachsen in einer atheistischen Umgebung könne die religiöse Funktion verkümmern lassen. Zudem gebe es Menschen, die von der organisierten Religion so enttäuscht sind, dass sie ihre angeborene religiöse Neigung unterdrücken (vgl. Alper 2008, Book II, 14).

In allen Kulturen gebe es nicht nur ein religiöses, sondern auch ein moralisches Bewusstsein. Moralisches Bewusstsein sei die Tendenz des Menschen, jede Handlung danach zu beurteilen, ob sie das Wohlergehen der Gemeinschaft fördert oder behindert. Was für die Gemeinschaft als förderlich gilt, werde als gut, und was für die Gemeinschaft als schädlich gilt, werde als schlecht bezeichnet. Die Unterscheidung von gutem und schlechtem Verhalten zeige sich darin, dass alle Kulturen Regeln und Gesetze entwickelten, um gutes Verhalten zu belohnen und schlechtes zu bestrafen. Wer sich nicht an die Regeln und Gesetze hält, werde bestraft oder aus der Gemeinschaft ausgeschlossen. Ohne die Entwicklung einer moralischen Funktion wäre die Menschheit längst in Anarchie versunken. Ähnlich wie bei der Sprache entwickelten unterschiedliche Kulturen ganz spezifische Gesetze und Regeln. Allen gemeinsam sei das Verbot von Inzest und Mord. Wir Menschen seien so gebaut, dass wir derartige Handlungen als äußerst abstoßend empfinden. Dieses Empfinden deuten wir als Beweis dafür, dass diese Handlungen in sich (inhärent) schlecht sind. Wir betrachten Aussagen wie „Du sollst nicht töten", „Du sollst nicht stehlen", als selbstevidente Wahrheiten, von denen wir meinen, sie seien von einer transzendenten Autorität festgelegt worden. Das moralische Bewusstsein sei wie das re-

23

ligiöse Bewusstsein nichts anderes als das Ergebnis eines genetisch vermittelten Merkmals. „Gut" und „Böse" gründen nicht in einer transzendenten Wirklichkeit, sondern in der Art und Weise, wie wir aufgrund der Bauweise unseres Gehirns bestimmte Erfahrungen deuten. Menschen mit Schädigungen im Bereich des Stirnhirns (Präfrontalkortex) zeigen asoziales Verhalten. Sie erleben keine Schuldgefühle, die sie dazu brächten, vor bestimmten destruktiven Handlungen zurückzuschrecken. Alper verweist auf Untersuchungen mit bildgebenden Verfahren, die zeigen, dass eine bestimmte Region im Stirnhirn (Brodmann-Areal 10) bei moralischen Urteilen und Aussagen besonders aktiv ist. Ist diese Region zerstört, dann zeigen die Betroffenen asoziales Verhalten.

Wir neigen dazu, unsere religiösen Einstellungen auf unsere moralischen Einstellungen zu projizieren. Gott sehe mit Wohlgefallen auf Handlungen, die wir als gut bezeichnen. Sie gelten im religiösen Kontext als „fromm" und „heilig". Gott verdamme aber böse Handlungen, und diese gelten im religiösen Kontext aller Kulturen als „teuflisch". Der Glaube an eine teuflische Macht und an teuflische Wesen wie Dämonen sei transkulturell, ebenso die Vorstellung von einem Ort, an dem die bösen Seelen ewige Verdammnis erleiden. Fast alle Kulturen kennen den Glauben daran, dass die guten Seelen mit einem Leben nach dem Tod belohnt werden. Sie kommen in den Himmel, in das Nirwana, in die ewigen Jagdgründe, in die Walhalla oder in die elysischen Gefilde.

Altruistische Tendenzen entstanden zum Ausgleich selbstsüchtiger Neigungen. Wie jedes Merkmal sei auch der altruistische Impuls in der Bevölkerung normal verteilt: Es gibt Kriminelle und Heilige, Egoisten und Altruisten. Die Schuld-Funktion sei ein weiteres Merkmal, das sich entwickelt habe, um den Selbst-Instinkt zu zü-

24

geln. Schuldgefühle bringen uns dazu, vor bestimmten destruktiven Handlungen zurückzuschrecken. Sie seien eine Art Selbstbestrafung, eine Internalisierung der Gebote und Verbote der Umgebung. Wie bei allen Merkmalen gebe es auch beim Schuldgefühl individuelle Unterschiede. Soziopathen werden mit einer unterentwickelten Schuld-Funktion geboren. Sie erleben keine Schuldgefühle und besitzen kein moralisches und soziales Bewusstsein. Im Gegensatz dazu gibt es Menschen, die von exzessiven Schuldgefühlen geplagt werden, unabhängig davon, ob sie etwas Schlechtes getan haben oder nicht. Sie zerfleischen sich mit Selbstkritik und verdammen sich selbst. Diese Menschen würden an einer neurophysiologischen Störung leiden.

Wenn wir etwas Verkehrtes tun, dann fühlen wir uns nicht nur den Opfern unserer Missetat gegenüber schuldig, sondern auch gegenüber Gott. In allen Kulturen gebe es die Vorstellung von Sünde und Sühnepraktiken. Übertretungen von Gesetzen und Regeln unserer Gemeinschaft nennen wir Verbrechen, Übertretungen der Gesetze unserer Götter bezeichnen wir als Sünde. In unserem Gehirn gebe es je eigene Schaltkreise für Moral, Spiritualität und Religion. Atheisten seien nicht notgedrungen Psychopathen; viele von ihnen bezeichnen sich als säkulare Humanisten. Religion sei mit Moral ebenso wenig gleichzusetzen wie Atheismus mit Amoral (vgl. Alper 2008, Book II, 18).

Reduktionistische Deutung des religiösen Erlebens und Verhaltens

Die Wirklichkeit an sich werden wir nie erkennen, die absolute Wahrheit und ein absolutes Wissen werden wir nie erreichen. Wenn wir die Wirklichkeit verstehen wollen, so Alper, dann müssen wir zuerst begreifen, wie unser Gehirn Informationen verarbeitet. Der in allen Kulturen feststellbare Glaube an Gott, an eine Seele und an ein Leben nach dem Tod sei nichts anderes als die Art, wie wir Menschen Informationen verarbeiten und die Wirklichkeit deuten. Gott sei kein übernatürliches Wesen, sondern ein von unserem Gehirn erzeugtes subjektives Phänomen. Natürlich sei es für viele schwer, eine reduktionistische, evolutionäre und neurobiologische Interpretation des Glaubens an Gott zu akzeptieren. Wenn wir aber erkennen, dass unser religiöses Erleben und Verhalten bloß die Folge der Art und Weise ist, wie unser Gehirn funktioniert – was dann? Wenn uns dämmert, dass die natürliche Selektion uns dazu programmiert hat, an eine geistige Wirklichkeit zu glauben – was dann? Wenn wir begreifen, dass religiöse Erfahrungen nichts anderes sind als die Wirkung eines neuronalen Schaltkreises, der in unserem Gehirn eingebaut ist – was dann? Um seine These zu verdeutlichen, fordert Alper uns zu einem Gedankenexperiment über die Beziehung zwischen Bild und Linse auf:

Stellen Sie sich vor, Sie schauen in einen Spiegel, der Ihnen ein klares und makelloses Bild Ihrer selbst bietet. Nun stellen Sie sich vor, dass zwischen Ihnen und dem perfekten Spiegelbild mehrere unsichtbare Linsen eingebaut sind, die Ihr perfektes Bild verzerren. Da Sie nicht wissen, dass es diese Linsen gibt, haben Sie keine Möglichkeit herauszufinden, dass ihre Wahrnehmung verzerrt ist. Obwohl Sie glauben, ein einwandfreies Bild von Ihnen vor sich zu haben, werden Sie in Wirklichkeit falsch informiert. Solange Sie nicht merken, dass es diese Linsen gibt, und solange Sie diese nicht beseitigen, werden Sie nie ein wahres Bild von sich selbst erhalten. Alper glaubt, die menschliche Spiritualität sei eine solche Linse, die unsere

26

Sicht der Wirklichkeit verzerrt. Sie lasse uns eine geistige Wirklichkeit wahrnehmen, obwohl nichts Derartiges existiere. Interessanterweise verzerre diese Linse die Wahrnehmung der Philosophen und Wissenschaftler ebenso wie die aller anderen. Was wäre, wenn uns bewusst würde, dass es eine solche Linse gibt? Was wäre, wenn wir diese Linse beseitigten, unsere Wahrnehmung von spirituellen Verzerrungen befreiten und uns eine klarere Sicht der Wirklichkeit leisteten? Das spirituelle Bewusstsein sei eine Notlüge der Natur, eine eingebaute Fehlwahrnehmung, die uns Menschen helfen soll, unsere Angst vor dem Tod zu verringern. Würde die Natur tatsächlich so etwas tun, so eine Programmierung vornehmen? Die Natur kümmere sich lediglich darum, Organismen mit einer größeren Überlebenschance zu erzeugen. Richard Dawkins, der Autor des Buches *Das egoistische Gen*, drückt es so aus: „Wir und alle anderen Tiere sind von unseren Genen konstruierte Maschinen. Wir sind Überlebensmechanismen, Roboterfahrzeuge, blind darauf programmiert, die Moleküle zu erhalten, die als Gene bekannt sind." (zit. nach Alper, 2008, 230) Alper fragt, ob irgendetwas zu gewinnen sei durch ein Leben der bewussten Verleugnung unserer wahren Umstände. Liege es nicht in unserem besten Interesse, die Realität unserer Situation anzuerkennen? (vgl. Alper 2008, Book II, 19)

Was wäre durch eine wissenschaftliche Interpretation des Glaubens an Gott zu gewinnen?

Nehmen wir an, es gibt keinen Gott und alle unsere Vorstellungen von ihm sind nur kognitive Phantome, die in unser Gehirn eingebaut wurden. Wäre in einer gottlosen Welt jeder Sinn notwendigerweise verloren? Wohin könn-

27

ten wir uns wenden, um einen Sinn für unser Leben zu finden? Ist es möglich, Sinn auf eine neue Weise zu entdecken und ihn dazu zu nutzen, um unsere Existenz zu verbessern? Was wäre durch eine wissenschaftliche Interpretation des Glaubens und der Religion zu gewinnen? Um diese Fragen beantworten zu können, meint Alper, müssen wir uns zuerst darüber klar werden, was wir gewinnen wollen und welches Ziel wir im Leben erreichen möchten. Gibt es ein universelles Lebensziel, und wenn ja, kann dieses unabhängig von der Existenz Gottes erreicht werden? Alper beruft sich auf die Aussage des griechischen Philosophen Aristoteles, dass jeder Mensch nach dem höchstmöglichen Glück im Leben strebt. Dieses Prinzip habe seine Gültigkeit, und zwar unabhängig davon, ob es Gott gibt oder nicht. Ohne Gott sei folglich nicht alles verloren. Ziel alles menschlichen Handelns sei es, das höchstmögliche Glück zu erreichen und Leid und Schmerz zu minimieren. Wie könnten wir dieses Ziel in einem gottlosen Universum erreichen? Der Schlüssel zum Glück liege im Erwerb von Wissen. Darin würden alle Philosophen übereinstimmen. Selbsterkenntnis sei die höchste Form des Wissens. Verstünden wir beispielsweise die neurobiologischen Grundlagen destruktiver Tendenzen besser, dann könnten wir ihre Energien in konstruktivere Bahnen lenken. Vor allem sollten wir uns bemühen, die neurobiologische Grundlage der Spiritualität zu verstehen. Kein Merkmal sei perfekt, auch nicht die religiöse Funktion. Negative Folgen der Religion seien z. B. Menschenopfer, Rassenhass, Kinderopfer, Kannibalismus und religiöse Kriege. Kinderopfer und Kannibalismus seien in den gegenwärtigen Hauptreligionen und ihren Riten nicht mehr zu finden. Jeder Religion wohne aber die Ablehnung anderer Religionen inne. Wenn mein Gott der wahre Gott ist – wie kann es dann der deine sein? Jedes

28

Glaubenssystem empfinde andere Glaubenssysteme als Bedrohung. Wenn wir begriffen, dass unsere religiös bedingte Angst und Antipathie nur die Wirkung eines angeborenen Impulses sind, dann könnten wir diesen Impuls, der zu so vielen religiösen Kriegen geführt hat, zügeln. Es sei „hoch an der Zeit, Spiritualität und Religiosität den Philosophen, Metaphysikern und Theologen aus der Hand zu nehmen und diese Phänomene zu biologisieren" (Alper 2008, 239). Es gehe nicht darum, Spiritualität auszurotten, sondern sie aus einer wissenschaftlichen Perspektive zu betrachten. Der religiöse Impuls besitze eine wichtige Funktion für uns, sonst hätte die Natur ihn nicht selektiert. Er helfe uns, die Angst zu vermindern und unsere Gesundheit zu verbessern; doch seine Exzesse stellen eine Bedrohung dar.

Nehmen wir an, wir seien bloße Körperwesen, Zufallskombinationen von Molekülen, ohne jeden Zweck und ohne jede Bedeutung, und der Tod sei in der Tat das Ende unseres Bewusstseins. In welcher Form auch immer die Materie, aus der wir zur Zeit bestehen, nach unserem Tod im unermesslichen All verstreut sein wird, ob als Erde, als Gas oder als kosmischer Staub: Sie wird niemals mehr in einer Beziehung zu dem stehen, was oder wer wir heute sind. Wir werden niemals in genau der gleichen Molekülzusammensetzung existieren. Folglich werden wir auch nie mehr die gleichen bewussten Erfahrungen machen. Wenn die Teile nicht mehr funktionieren, dann funktioniert auch das Ganze nicht länger. Der Tod, ob wir das glauben oder nicht, ist höchstwahrscheinlich das Ende unserer persönlichen Identität, und zwar für immer. Es gebe für uns nur zwei Möglichkeiten: entweder alles zu tun, um das Leben zu erhalten, oder es zu zerstören. Wir haben die Mittel, das Leben zu zerstören. Haben wir auch die Kraft, es zu erhalten? Es gebe bereits den Vorschlag, man möge den „göttlichen Teil" des Gehirns chirurgisch entfernen, um die negativen Folgen der Religion zu beseitigen – eine Methode, die den Namen „Godectomy" trägt (Alper 2008, 246). Vielleicht stehen uns eines Tages sogar Medikamente zur Verfügung, um die exzessiven religiösen Impulse chemisch zu bändigen. Alper meint allerdings, Diplomatie, Geduld und Vernunft seien wohl die besten Mittel, um dieses Problem zu lösen.

Zum ersten Mal in der Menschheitsgeschichte, so Alper, verfügen wir über eine rationale Erklärung des Glaubens an Gott. Unsere alten religiösen und metaphysischen Paradigmen können wir berechtigterweise als illusionäre Hindernisse auf dem Weg zu mehr Fortschritt und Wohlstand über Bord werfen. Wir sollten uns als das akzeptieren, was wir sind, und das Beste daraus machen. Es gebe keinen Gott, keine Seele und kein Leben nach dem Tod. Vielleicht hilft uns diese Erkenntnis, die Prioritäten vom Jenseits auf das Diesseits, auf das Hier und Jetzt, zu verlagern, zukünftige Kriege zu vermeiden, Schmerz und Leid zu lindern und die Chance zu erhöhen, für alle das größtmögliche Glück zu erreichen. Dies erhofft Alper sich mehr als alles andere von einer neurobiologischen Interpretation der Spiritualität und des Glaubens an Gott (vgl. Alper 2008, Book II, 20).

Hier, resümiert Alper, endet meine lebenslange Suche nach Gott. Obwohl ich für die Möglichkeit offen bleibe, dass es eine transzendente Wirklichkeit gibt, vertraue ich in der Zwischenzeit auf die Lösung, die ich für mich gefunden habe. Ich hätte es vorgezogen, wenn ich auf meiner Suche einen Beweis für die Existenz Gottes, für einen transzendenten Bereich, in dem mein bewusstes Ich ewig leben würde, gefunden hätte. Natürlich hätte ich die Unsterblichkeit dem unausweichlichen Tod vorgezogen. Doch wie sicher bin ich? Möchte ich tatsächlich unsterb-

30

lich sein? Was würde es bedeuten, ewig zu leben? Es wäre wie ein Rennen ohne Ende, wie ein Kampf ohne Gewinner und Verlierer, Existenz bloß um der Existenz willen. Vielleicht ist es besser so: lieber schnell und hell verbrennen als für immer dahindämmern.

Also, was nun? Ich weiß, ich bin dazu bestimmt, alt zu werden, zu sterben, alles zu verlieren, was ich je besaß und liebte, auch mich selbst. Manchmal frage ich mich, wozu überhaupt weiterleben, warum nicht einfach Schluss machen, hier und jetzt.

Wenn es mir nicht gut geht, tröste ich mich mit dem Gedanken: Wenn es tatsächlich keinen Gott, keine Seele und auch kein Leben nach dem Tod gibt, dann habe ich die ganze Ewigkeit dafür, nicht zu existieren und die Launen dieses Lebens nicht ertragen zu müssen. Mit solchen Überlegungen im Hinterkopf sage ich mir: Warum nicht das Beste aus den flüchtigen Erfahrungen machen, die wir Leben nennen, solange es mir noch zur Verfügung steht? Vielleicht ist die bloße Tatsache, dass wir überhaupt in der Lage sind, etwas zu erleben, Grund genug zum Feiern. Wie viele andere Kombinationen von Materie können das? Selbst wenn sich herausstellen sollte, dass wir bloß geistlose Atome sind, die im Leeren herumschwirren, so sind wir immerhin die höchste, die komplexeste Form der Materie, ihre Crème de la Crème. Welche anderen Atomverbindungen besitzen die Fähigkeit zu lieben, zu lachen, zu fragen, Kunst zu bewundern, Literatur und Musik zu schaffen, über die eigene Existenz nachzudenken, zu hoffen und zu träumen? Selbst wenn das, was wir Glück nennen, nur neurophysiologische Prozesse sind: Erleben wir Glück deshalb weniger intensiv? Ob ich sterblich, unsterblich, ein geistiges Wesen oder eine geistlose organische Maschine bin: Sind das nicht meine Erlebnisse? Übrigens: Die bloße Tatsache, dass ich niemals weiß was die nächsten Augenblicke bringen werden, bedeutet, dass mein Leben, so mechanisch es auch sein mag, immer ein staunenswertes und schönes Geheimnis bleibt (vgl. Alper 2008, Epilogue).

Zusammenfassung

Für Alper sind religiöse Erfahrungen ihrer Natur nach rein biologische Vorgänge, die sich mit den Begriffen der Neurobiologie erklären lassen. Sie sind die Folge der Art und Weise, wie unser Gehirn Informationen verarbeitet. Alper vergleicht das religiöse Bewusstsein mit einer „Linse", die unsere Sicht der Wirklichkeit trübt und uns spirituelle Phänomene wahrnehmen lässt, die es gar nicht gibt. Es sei hoch an der Zeit, Spiritualität und Religiosität den Theologen, Philosophen und Metaphysikern aus der Hand zu nehmen und diese Phänomene zu biologisieren.

Gegen Alpers Thesen lassen sich mehrere Fragen und Einwände erheben: Ist seine eingeschränkte biologische Deutung religiöser Erfahrungen nicht auch die Folge der Art, wie sein Gehirn Informationen verarbeitet? Verzerrt eine „reduktionistisch-materialistische Linse" nicht auch seine Sicht der Wirklichkeit? Was spricht dagegen, dass seine Thesen ebenfalls bloß kognitive Phantome sind, die von einem in seinem Gehirn eingebauten organischen Programm erzeugt werden?

Alpers Deutung blendet die reiche Erlebnisvielfalt religiöser Erfahrungen aus. Diese sind, wie alle Erfahrungen, keine Merkmale, die Wissenschaftler von außen am Gehirn beobachten und messen könnten. Mit seiner neurobiologischen Deutung religiöser Phänomene erweckt Alper den Eindruck, es handle sich um eine wissenschaftliche Erklärung. In seinem Buch finden sich jedoch keinerlei

32

Hinweise darauf, wie objektiv beschreibbare Gehirnme-chanismen subjektive Erlebnisse wie ein Gefühl der Hei-ligkeit, der Wonne und des Friedens hervorbringen. Alper scheint sich auch des Problems nicht bewusst zu sein, dass wir nicht die leiseste Ahnung davon haben, wie aus elektrochemischen Vorgängen im Gehirn Empfindungen, Wahrnehmungen, Gefühle und natürlich auch religiöse Erlebnisse entstehen. Es klafft stets eine Erklärungslücke zwischen dem bewussten Erleben auf der einen und den Hirnprozessen, die damit einhergehen, auf der anderen Seite. Erst dann, wenn wir wüssten, warum und auf wel-che Weise Hirnprozesse bewusste Erlebnisse erzeugen, könnten wir diese Erklärungslücke schließen. Dieses bis heute ungelöste Problem bildet die größte Herausforde-rung für die Neurowissenschaften (vgl. Goller 2003). Es gibt keinen empirischen Beweis für die Annahme, dass das Bewusstsein und damit auch religiöse Erfahrungen und spirituelle Erlebnisse nur neurobiologische Phäno-mene sind.

Um die These, religiöses Bewusstsein sei rein biologi-scher Natur, wissenschaftlich beweisen zu können, müss-te Alper zunächst zeigen, dass die Erlebnisvielfalt religiö-ser Erfahrungen sich mit den Begriffen der Neurobiologie genauso gut, wenn nicht sogar treffender, beschreiben ließe als mit den religiösen Begriffen unserer Alltagsspra-che. Er müsste außerdem erklären, warum jemand notge-drungen ein religiöses Erlebnis hat, wenn sein Gehirn sich in einem bestimmten Zustand befindet. Zudem müsste er das schwierigste Problem des Bewusstseins lö-sen, indem er für die Erlebnisqualität religiöser Erfahrun-gen, für die Art, wie diese sich für die erlebende Person anfühlen, eine rein neurobiologische Erklärung vorlegt. Mit dem bloßen Hinweis, es gebe einen göttlichen Teil des Gehirns oder besondere Schaltkreise für Spiritualität,

33

Gebet, Moral und Religion im Allgemeinen, ist die Frage nach der neurobiologischen Grundlage religiöser Phänomene keineswegs beantwortet. Von einer Biologisierung der Spiritualität und Religiosität kann keine Rede sein.

Religiöse Erfahrungen und spirituelle Erlebnisse sind nicht auf ihre neurobiologische Grundlage reduzierbar. In den ungeheuer komplexen elektrochemischen Vorgängen des Gehirns lässt sich nichts entdecken, was religiösen Überzeugungen, frommen Gefühlen und mystischen Erlebnissen auch nur im Entferntesten ähnlich wäre. Der erlebenden Person sind diese Phänomene jedoch unmittelbar gegeben. Ausgangspunkt jeder Suche nach der neurobiologischen Grundlage religiöser Erfahrungen sind stets die Erlebnisberichte der Betroffenen, und nicht die Aufzeichnungen der elektrischen Aktivität ihres Gehirns oder Aufnahmen mit bildgebenden Verfahren.

Im Epilog seines Buches lässt Alper immerhin verhalten anklingen, dass er Erlebnissen doch eine eigene Form der Wirklichkeit zuerkennt. Er fragt: Selbst wenn Glück etwas rein Biologisches sein sollte – erleben wir es deshalb weniger intensiv? Die bloße Tatsache, dass wir überhaupt etwas erleben, sei Grund genug zum Feiern. Sein Leben bleibe stets ein staunenswertes Rätsel. Dem kann man vorbehaltlos zustimmen.

II. Die Suche nach den neurobiologischen Grundlagen des religiösen Erlebens und Verhaltens

„Neurotheologie" ist ein Ausdruck, den Aldous Huxley in seinem utopischen Roman „Island" (1962) als Erster gebrauchte. Im engeren wissenschaftlichen Kontext verwendete James Ashbrook diesen Begriff erstmals 1984 in seinem Aufsatz *The Working Brain and the Work of Theology* (Das arbeitende Gehirn und die Arbeit der Theologie). Neurotheologie verbindet Gehirn und Theologie zu einem gemeinsamen Forschungsgegenstand. Sie wagt einen Brückenschlag zwischen Religion und Hirnforschung, indem sie das religiöse Erleben und Verhalten von seiner neurobiologischen Grundlage her zu verstehen und zu erklären versucht. Dabei geht sie davon aus, dass religiöse Erfahrungen und spirituelle Erlebnisse mit bestimmten neuronalen Aktivitätsmustern im Gehirn einhergehen, und fragt: Was geschieht im Gehirn, wenn Menschen beten, meditieren, religiöse Rituale vollziehen oder über Gott nachsinnen? Nicht alle Neurotheologen bekennen sich zum Naturalismus.

Nach der These des Naturalismus sind Bewusstseinsphänomene, und mithin auch alle religiösen Erfahrungen und Erlebnisse, völlig natürliche Dinge. Sie beruhen auf neuronalen Aktivitäten im Gehirn und sind im Grunde elektrochemische Vorgänge. Der Harvard-Professor für Zoologie und Spezialist für Soziobiologie, Edward O. Wilson, erhofft sich von der Entdeckung der neurobiologischen Grundlage des religiösen Erlebens und Verhaltens die Entzauberung der Religion. Dieses Ziel sei dann erreicht, wenn es gelinge, Bewusstsein und Religion als rein materielle Phänomene zu erklären. Wenn die Wissenschaft beweist, dass der Glaube an Gott lediglich eine Notlüge der Natur ist, um die Angst des Menschen vor dem Tod zu mindern, dann könne kein vernünftiger Mensch mehr religiös sein. Wilson empfiehlt Alpers Buch über den göttlichen Teil des Gehirns allen Studierenden als exzellente Pflichtlektüre (vgl. Alper 2008; Wilson 1998).

Was liegt an empirischen Untersuchungen zum Thema Neurotheologie vor? Zu welchen Ergebnissen sind diese gekommen und welche Schlussfolgerungen ziehen ihre Autoren daraus? In diesem Kapitel werden die empirischen Befunde der Neurotheologie erörtert: die Untersuchungen von Andrew Newberg und Richard Davidson zum veränderten Selbsterleben in der mystischen Erfahrung, Mario Beauregards Studie mit Karmelitinnen, das Experiment von Nina Azari über die neuronalen Korrelate einer religiösen Erfahrung, die Untersuchung von Ogata und Miyakawa, Vilayanur Ramachandrans Untersuchung an Patienten mit Schläfenlappenepilepsie und Michael Persingers Experimente zur Simulation religiöser Erlebnisse.

Meditation und Hirnaktivität

Der Ausdruck „Meditation" bezeichnet ein breites Spektrum an Techniken und Praktiken. Diese reichen von bloßen Entspannungsmethoden bis zu langjährigen Übungen mit dem Ziel, einen besonderen geistigen Zustand zu

36

erreichen. Jede Form der Meditation beginnt mit einem Willensakt. Die passive Methode beginnt mit der willentlichen Absicht, den Geist von allen Gedanken, Gefühlen, Fantasien und Erinnerungen zu entleeren. Aktive Formen der Meditation hingegen wollen den Geist nicht entleeren, sondern die Aufmerksamkeit intensiv auf einen Gedanken, ein Mantra, ein Symbol, einen Vers aus der Heiligen Schrift oder einen Gegenstand, wie z. B. eine brennende Kerze oder eine Schale mit Wasser, richten. Dadurch soll ein völliges Absorbiert-Sein des Geistes durch den Gegenstand der Aufmerksamkeit erreicht werden. Andrew Newberg, der mit seinen Mitarbeitern seit Jahren den Zusammenhang zwischen meditativen Zuständen und Gehirnfunktionen erforscht, zählt zu den aktiven Methoden die transzendentale Meditation und verschiedene Meditationsformen des tibetischen Buddhismus.

Newberg und seine Mitarbeiter fragten sich: Was geschieht im Gehirn im Moment eines intensiven meditativen Erlebnisses? Solche Erlebnisse gehen häufig mit einer veränderten Wahrnehmung der eigenen Person, des Raumes und der Zeit einher. Den Betroffenen fällt es schwer, ihr unbegreifliches und höchst persönliches Erlebnis in passende Worte zu fassen. Sie spüren in solchen Momenten, dass sie keine isolierte Einheit, sondern ein Teil von jedem und allem sind, was existiert. Ihr Raum- und Zeitgefühl ist völlig verändert, und ein intensives Gefühl tiefer Ruhe stellt sich ein. Newberg meint, traditionelle Naturwissenschaftler würden derartige Beschreibungen als unbrauchbar für die empirische Forschung betrachten. Für sie gelte nur das als real, was objektiv erfassbar, messbar und berechenbar ist. Was mit naturwissenschaftlichen Methoden nicht bewiesen werden kann, sei folglich nicht wirklich real. Newberg und sein inzwischen verstorbener Kollege Eugene d'Aquili gelangten in ihren Studien zur Überzeugung, dass mystische Erfahrungen mit einer Reihe neurologischer Prozesse einhergehen, die zwar ungewöhnlich sind, aber innerhalb des Spektrums normaler Gehirnfunktionen liegen. Für sie sind diese Erfahrungen biologisch real und naturwissenschaftlich wahrnehmbar (vgl. Newberg et al. 2003 a, 17).

Warum Gott nicht fortgeht:
Experimente Andrew Newbergs

In einem kleinen dunklen Raum im Labor einer Universitätsklinik zündet Robert, ein gläubiger Buddhist und Praktiker der tibetischen Meditation, Kerzen und ein Räucherstäbchen an, verschränkt seine Beine zum Lotussitz und begibt sich auf eine meditative Reise nach innen, die er schon viele Hunderte Male unternommen hat. Gewinnt Robert den Eindruck, sich dem Höhepunkt seines meditativen Zustandes zu nähern, zieht er an einer Schnur. Für Newberg und seinen Mitarbeiter im Nebenraum, wo diese Schnur endet, ist dies das Signal, eine radioaktive Substanz in den langen intravenösen Schlauch zu spritzen, der in eine Vene in Roberts linkem Arm führt. „Wir warten noch einige Augenblicke, bis Robert seine Meditation beendet hat, und bringen ihn dann rasch in einen Raum in der Abteilung für Nuklearmedizin, in dem eine wuchtige, hochmoderne SPECT-Kamera bereitsteht. Kurz darauf streckt sich Robert auf einem Metalltisch aus, und die drei großen Kristallköpfe der Kamera surren in präzisen, roboterhaften Kreisbewegungen um seinen Schädel." (Newberg et al. 2003 a, 11–12)

SPECT steht für „Single Photon Emission Computed Tomography", ein bildgebendes Verfahren, das radioaktive

Strahlung registriert. Weil die radioaktive Substanz sich durch den Blutkreislauf bewegt und sich innerhalb kürzester Zeit in den Gehirnzellen festsetzt, kann man mit SPECT-Aufnahmen die regionale zerebrale Durchblutung sichtbar machen. Verstärkte Durchblutung in einer Gehirnregion, so die Annahme, geht in der Regel mit erhöhter Aktivität der Nervenzellen in dieser Region einher, und umgekehrt. Das SPECT-Verfahren besitzt eine relativ gute räumliche Auflösung, erfordert jedoch die Injektion eines radioaktiven Markierungsstoffes. Andere bildgebende Verfahren, wie die funktionelle Magnetresonanztomografie und die Positronen-Emissionstomografie, wären, so Newberg, zu lärmintensiv. Meditation erfordere eine ruhige und ablenkungsfreie Umgebung. Es dürfte schwierig sein, in einem Scanner zu meditieren.

Newberg und seine Mitarbeiter untersuchten acht gesunde Personen, vier Frauen und vier Männer im Alter zwischen 38 und 52 Jahren, die eine Form tibetisch-buddhistischer Meditation praktizierten. Alle blickten bereits auf mehr als fünfzehn Jahre Meditationserfahrung zurück, einschließlich dreimonatiger und jährlicher einmonatiger Exerzitien. Sie meditierten täglich circa eine Stunde lang, und das mindestens an fünf Tagen der Woche. Alle acht Teilnehmer der Studie wurden der gleichen Prozedur unterzogen. Zuerst führten Newberg und seine Mitarbeiter 45 Minuten lang ein SPECT-Scanning der Meditierer im Ruhezustand durch, um das Ausgangsniveau *(baseline)* der Hirndurchblutung zu erheben. Dasselbe machten sie bei den neun gesunden Personen der Kontrollgruppe, die für andere Untersuchungszwecke rekrutiert worden waren, um deren Ausgangsniveau *(baseline)* mit dem der Meditationsgruppe vergleichen zu können. Nach der Erhebung des Ausgangsniveaus meditierte jede der acht Personen in ihrer gewohnten Art zirka eine Stunde lang, während der letzten dreißig Minuten der Meditation mit geschlossenen Augen. Nach der Injektion des Markierungsstoffes auf dem Höhepunkt der Meditation meditierte jede Person noch zehn bis fünfzehn Minuten in derselben Intensität weiter. Dreißig Minuten nach der Injektion wurden eine halbe Stunde lang SPECT-Aufnahmen gemacht (vgl. Newberg et al. 2001).

Später untersuchte Newberg drei Franziskanerinnen beim Gebet mit der gleichen Technik (vgl. Newberg et al. 2003 b).

Bei praktisch allen Teilnehmern der Studie zeigten die SPECT-Aufnahmen in den Spitzenmomenten der Meditation und des Gebetes einerseits eine erhöhte regionale Durchblutung im Stirnhirn (Präfrontalkortex und Orbitofrontalkortex) auf beiden Seiten und andererseits eine Abnahme der regionalen Durchblutung im linken, oberen Scheitellappen, dem sogenannten Orientierungsareal. Es bestand eine auffallende Umkehrbeziehung zwischen der erhöhten Durchblutung im Stirnlappen, dem Hirnbereich, der für die Willensbildung, die Konzentration der Aufmerksamkeit und die Gefühlskontrolle zuständig ist, und dem Orientierungsareal im Scheitellappen. Die Zunahme der Durchblutung im linken Präfrontalkortex korrelierte signifikant mit der Abnahme der Durchblutung im linken oberen Scheitellappen. Die Untersuchung erfasste die regionale Hirndurchblutung nur zu einem einzigen Zeitpunkt der Meditation und nicht während ihrer gesamten Dauer. Die Aufnahmen wurden nur während des angenommenen Höhepunktes der Meditation gemacht. Es kann tatsächlich sein, dass sie einen anderen Aspekt der Meditation widerspiegeln (Newberg et al. 2001, 118–121). Bei den Franziskanerinnen zeigten die SPECT-Bilder ähnliche Veränderungen, die während der

40

intensivsten religiösen Erfahrung auftraten. Es gab keine signifikanten Unterschiede zwischen den Baseline-Scans der Meditationsgruppe und der Kontrollgruppe.

Die Meditierenden beschrieben den Höhepunkt ihrer Meditation als ein Aufgehen des Selbst in etwas Größerem, als ein Gefühl, eins zu sein mit dem Ganzen oder mit Gott, und als den Verlust des normalen Raum- und Zeitgefühls. „Im Gegensatz zu den Buddhisten beschrieben die Schwestern diesen Moment jedoch meist als ein greifbares Gefühl der Nähe zu Gott und der Verschmelzung mit ihm." (Newberg et al. 2003 a, 16) Im mystischen Erleben, so Newberg, verschwinden die Grenzen zwischen Innen und Außen.

Die Aufnahmen der Hirnaktivität der beiden Gruppen zeigten auch markante Unterschiede. Bei den Franziskanerinnen war ein Anstieg der Durchblutung in ihren Sprachzentren zu beobachten. Das sei, so Newberg, auf das Rezitieren von Gebetsversen zurückzuführen. Im Moment der mystischen Erfahrung trat auch bei ihnen eine verminderte Durchblutung im Orientierungsareal auf, genauso wie bei den Buddhisten. Newberg zufolge überschreiten Augenblicke intensiver religiöser Erfahrung, neurobiologisch gesehen, die Unterschiede der Glaubensrichtungen.

Wie interpretiert Newberg die Ergebnisse dieser Untersuchung?

Meditierende und Betende schalten ihre Sinne für die Außenwelt ab. Die passive Methode beruhe auf dem bewussten Vorsatz, den Geist von allen Gedanken, Empfindungen und Wahrnehmungen zu entleeren. Das habe drastische Auswirkungen sowohl auf das *Orientierungsareal* im linken als auch im rechten Scheitellappen. Das *linke Orientierungsareal* trage wesentlich zur Entstehung des Selbsterlebens bei. Es erzeuge das räumliche Empfinden des eigenen Selbst, des eigenen Körpers, und unterscheide zwischen dem, was innerhalb der eigenen Haut ist und was außerhalb. Da es während der Meditation nicht mehr die nötigen Informationen aus den Sinnesorganen erhält, könne es die Grenzen des eigenen Körpers nicht mehr definieren. Es könne nicht mehr feststellen, wo der eigene Körper endet und die äußere Welt beginnt. Die Wahrnehmung des Selbst sei entgrenzt. Im Grunde gebe es kein subjektives Selbst mehr, sondern nur noch ein absolutes Gefühl der Einheit ohne Gedanken und Worte. Der Geist existiere ohne Ego in einem Zustand reiner, undifferenzierter Bewusstheit (vgl. Newberg et al. 2003 a, 166).

Ähnlich verhalte es sich bei den aktiven Meditationsmethoden. Im linken Orientierungsfeld seien die gleichen Auswirkungen wie bei der passiven Meditation zu beobachten. Das intensive Ausrichten der Aufmerksamkeit auf ein Mantra, einen Gegenstand oder einen bestimmten Gedanken sorge jedoch dafür, dass das *rechte Orientierungsareal* zusammen mit dem visuellen Assoziationsfeld den realen oder vorgestellten Gegenstand im Geiste fixiert. Dadurch werde der normale sensorische Informationsfluss zum rechten Orientierungsfeld blockiert. Das rechte Orientierungsareal schaffe die räumlichen Koordinaten, die dem Körper eine Orientierungsgrundlage bieten, ein Gefühl für den Raum vermitteln, in dem das Selbst existiert. Durch die fehlende Stimulation dieses Areals verschwinde der Bezug zu Raum und Zeit, und ein Gefühl der Zeitlosigkeit und Grenzenlosigkeit tauche auf. „Wenn es jeglicher sensorischer Daten beraubt ist, bleibt ihm nichts anderes übrig, als ein subjektives Gefühl absoluter Raumlosigkeit zu erzeugen, das der Geist als Gefühl des unendlichen Raums und der Ewigkeit oder umgekehrt als raum- und zeitlose Leere deuten kann." (Newberg et al. 2003 a, 166)

42

Beide Orientierungsareale gemeinsam verbinden die rohen Sinnesdaten zu einer lebendigen, komplexen Wahrnehmung des Selbst und einer Welt, in der sich dieses Selbst bewegt. Der Geist kann nur mit Hilfe dieser komplexen und konstanten Leistung des Gehirns das eigene Selbst empfinden und den Unterschied zwischen Selbst und der übrigen Realität erleben (vgl. Newberg et al. 2003 a, 45 – 46). Im Zustand des absoluten Einsseins selbst sei keine subjektive Wahrnehmung mehr möglich. Es komme zu einer Auflösung des Raumgefühls, des Zeitgefühls und des Selbstgefühls. Einerseits bestehe kein subjektives Selbst, das etwas wahrnehmen könnte, andererseits gebe es nichts Bestimmtes wahrzunehmen. Der Beobachter und das Beobachtete sind ein und dasselbe, es gibt kein „dies" und kein „das", wie der Mystiker sagen würde (vgl. Newberg et al. 2003 a, 170). Die Abnahme der Neuronenaktivität in beiden Orientierungsarealen habe eine verminderte Körperwahrnehmung zur Folge. Der Meditierende empfinde sich nur noch als reinen Geist, losgelöst von seinem Körper.

Zur Realität mystischer Erfahrungen

Betroffene beschreiben ihre mystische Erfahrung als geistige Vereinigung mit etwas Größerem als dem eigenen Selbst. Mystische Zustände werden häufig von widersprüchlichen Gefühlen begleitet, von großer Angst und überwältigender Freude. Zeit und Raum werden als nicht existierend wahrgenommen, und das Denken weicht intuitiven Formen des Verstehens. Mystiker haben nicht selten den Eindruck, die eigentliche Bedeutung der Dinge erkannt zu haben, „was zu einer Verzückung führt, die mitunter als ein inneres Aufleuchten der Wirklichkeit beschrieben wird, das zu absoluter Freiheit führt" (Newberg

43

et al. 2003 a, 143). Sie sind überzeugt, die materielle Existenz überwunden und sich geistig mit dem Absoluten vereinigt zu haben. Der erste Schritt zur mystischen Vereinigung besteht darin, das Bewusstsein zum Schweigen zu bringen und den Geist von den beschränkenden Leidenschaften und Täuschungen des Ichs zu befreien.

In der Antike und im Mittelalter wurden die Mystiker häufig als die weisesten Mitglieder der Gesellschaft geschätzt und verehrt. Die rationalistischen und empirischen Erfordernisse der westlichen Naturwissenschaften scheinen dem wissenschaftlichen Beobachter indes keine andere Wahl zu lassen, als die Mystiker für geistig verwirrt oder gestört zu halten. Sie würden unter einer Psychose, einer funktionalen Störung des Gehirns, leiden und hätten den Kontakt zur Realität verloren. Empirische Beweise dafür fehlen allerdings. Natürlich können Psychotiker religiöse Wahnvorstellungen haben, doch reagieren sie auf ihre Erlebnisse völlig anders als Mystiker. Mystiker schildern ihre Erfahrungen fast durchwegs als freudvoll und entzückend, und die spirituelle Vereinigung umschreiben sie mit Worten wie „Klarheit", „Ganzheit", „Transzendenz" und „Liebe". Psychotiker hingegen fühlen sich von ihren religiösen Halluzinationen zutiefst geängstigt. Beide deuten ihre Erfahrungen unterschiedlich. Psychotiker haben häufig einen religiösen Größenwahn, ein übersteigertes Geltungsbedürfnis, sehen sich als Gesandte Gottes mit einer Botschaft an die Menschheit oder im Besitz einer spirituellen Kraft zu heilen. Mystische Zustände bewirkten in der Regel ein Ablegen des Stolzes, eine Einkehr in die Stille und eine Auflösung des Egos (vgl. Newberg et al. 2003 a, 153–154).

Menschen seien von Natur aus Mystiker und besäßen eine angeborene Gabe zur mühelosen Selbsttranszendenz. Wer erlebt habe, wie ein Musikstück ihn verzauberte oder

44

wie er sich von einer patriotischen Rede mitreißen ließ, habe im Ansatz das Wesen der mystischen Einheit gekostet. Wer sich verliebt habe oder von der Schönheit der Natur ergriffen sei, wisse, wie es sich anfühlt, wenn das Ego entweicht und man für ein paar beglückende Augenblicke lebhaft begreift, dass man Teil eines größeren Ganzen ist.

„Indem wir die mystische Erfahrung als neurologische Funktion erklären, wollen wir aber nicht zu verstehen geben, dass sie nicht auch etwas anders sein könnte. Eines wollen wir jedoch ganz klar signalisieren: Wissenschaftliche Untersuchungen bestätigen die Möglichkeit, dass ein Geist ohne Ego, dass ein Bewusstsein ohne ein Selbst existieren kann." (Newberg et al. 2003 a, 175) Die Mystiker beteuern, dass sie eine Wirklichkeit erfahren haben, die realer ist als die materielle Welt, der wir fraglos vertrauen. Die Naturwissenschaften und der gesunde Menschenverstand sagen uns aber, dass so etwas nicht möglich ist. Nichts könne realer sein als das materielle Universum, das alle realen Dinge enthält. Newberg betont, dass er und seine Mitarbeiter bei der eigenen wissenschaftlichen Forschung zunächst von derselben Annahme ausgingen. Die Ergebnisse ihrer Studie führten sie jedoch zur Schlussfolgerung, dass die Mystiker möglicherweise etwas Besonderem auf der Spur sind und dass die neurobiologische Grundlage des Geistes vielleicht tatsächlich ein Fenster bereithält, durch das wir, wenn auch nur flüchtig, die absolute Wirklichkeit von etwas wahrhaft Göttlichem ausmachen können. Dieser Schluss beruhe auf deduktivem Denken, und nicht auf religiösem Glauben (vgl. Newberg et al. 2003 a, 193).

Es herrsche Einigkeit darüber, dass es zwei Arten von Realität gibt: die objektive äußere Realität, die wir als „die Welt" bezeichnen, und das subjektive innere Erleben

45

der Realität, das wir auf „das Selbst" zurückführen. Gehen wir von der Alltagserfahrung aus, so können wir weder bestreiten, dass beide real sind, noch leugnen, dass sich die eine Realität grundlegend von der anderen unterscheidet.

Newberg meint: „... entweder ist die objektive äußere Welt oder unser subjektives Bewusstsein dieser Welt die wahre, ursprüngliche Wirklichkeit. Per Definition muss die ursprüngliche Wirklichkeit der Ausgangspunkt alles Realen sein; subjektive und objektive Realität können also nicht gleichzeitig als wahr gelten. Die eine muss die Quelle der anderen sein." (Newberg et al. 2003 a, 197) Philosophen versuchen seit Jahrhunderten, das Verhältnis von subjektiver und objektiver Realität zu ergründen. Den meisten Menschen gelinge es jedoch problemlos, sich in beiden einzurichten.

Erklärtes Ziel der Autoren ist es, so gut wie möglich zu verstehen, was die neurobiologische „Wirklichkeit" der spirituellen Erfahrung bedeuten könnte. Der Begriff der „wissenschaftlichen" bzw. objektiven Realität beruhe auf der Überzeugung, dass nichts realer sein könne als die materielle Welt. Mystiker haben dagegen eine völlig andere Vorstellung davon, was wahrhaftig real ist. Sie glauben, eine ursprüngliche Wirklichkeit erfahren zu haben, die sowohl die weniger bedeutende Realität der äußeren Welt als auch des subjektiven Erlebens einschließt und beide übersteigt. Für die Wissenschaft kann diese Wirklichkeit nicht als real betrachtet werden, weil sie objektiv nicht verifizierbar ist. Newberg und seine Mitarbeiter gelangten durch ihre Forschungsarbeiten zur Überzeugung, dass die Aussagen der Mystiker genauso wahr sein können. Sie glauben, dass das Gehirn über einen neurologischen Mechanismus der Selbsttranszendenz verfügt, der im Extremfall sogar das Selbstempfinden und jedes Bewusstsein der äußeren Welt ausschalten kann. Sie sehen diese Hypothese durch ihre SPECT-Studien bestätigt, die ein erstes Licht auf die neurologischen Korrelate der spirituellen Erfahrung geworfen haben. Ihr Verständnis des Gehirns erlaube es aber nicht, diese auf Hirnprozesse zu reduzieren. „Wer spirituelle Erfahrung als bloße neurologische Aktivität abtun wollte, müsste auch all den Wahrnehmungen der materiellen Welt durch das eigene Gehirn misstrauen. Wenn wir aber unseren Wahrnehmungen der dinglichen Welt trauen, haben wir keinen triftigen Grund, spirituelle Erfahrung zu einer Fiktion zu erklären, die nur im Kopf existiert." (Newberg et al. 2003 a, 200–201) Die tatsächliche Existenz des absoluten Einsseins könne man nicht objektiv beweisen, doch ihr Verständnis des Gehirns und seiner Art, zu beurteilen, was real ist, spreche eindeutig dafür, dass die Existenz einer absoluten höheren Realität zumindest genauso möglich ist wie die Existenz einer rein materiellen Welt.

Newberg zieht aus den Ergebnissen den Schluss, dass mystische Erfahrungen biologisch real und naturwissenschaftlich registrierbar sind. Dies sei jedoch kein Beweis für eine absolute spirituelle Wirklichkeit. Er glaubt, mit den Ergebnissen seiner Untersuchung gezeigt zu haben, dass der Glaube an Gott schon allein deshalb nicht verschwinden werde, weil das menschliche Gehirn auf solche Erfahrungen ausgelegt sei. Es besitze einen neurologischen Mechanismus zur Selbsttranszendenz.

Verändert Meditation das Gehirn?

In seinen neueren Veröffentlichungen befasst Andrew Newberg sich mit der Frage, inwiefern Meditation und Gebet das Gehirn verändern (vgl. Newberg et al. 2010 a,

2010 b). Buddhisten und Christen konzentrieren sich während der Meditation und dem Gebet auf Glaubensinhalte. Wenn diese jahrelange Meditations- und Gebetspraxis Glaube und Denken verändert, dann sollte diese Veränderung auch in der Hirnaktivität feststellbar sein. Es gebe nur wenige Untersuchungen mit bildgebenden Verfahren, welche die Langzeitwirkungen der Meditation zum Gegenstand haben. Newberg wollte herausfinden, ob die Grundaktivität (baseline) des Gehirns von Menschen, die jahrelang regelmäßig meditieren, sich von der Grundaktivität derer, die nicht meditieren, unterscheidet. Dazu untersuchte er zwölf gesunde Personen, sieben Frauen und fünf Männer im Alter zwischen 38 und 52 Jahren. Alle meditierten und beteten seit mehr als fünfzehn Jahren täglich eine halbe oder eine volle Stunde lang, wobei sie sich entweder auf ein Bild, auf verschiedene Worte oder auf ein Mantra konzentrierten. Alle Teilnehmer wurden aufgefordert, am Tag der Durchführung der SPECT-Aufnahmen nicht zu meditieren, um ein wahres Bild vom Durchblutungsmuster ihres Gehirns im Ruhezustand zu gewinnen. Sie verweilten in Ruhe fünf bis zehn Minuten mit geschlossenen Augen in einem Raum. In dieser Zeit wurde ihnen eine Tracersubstanz in die Vene des Arms injiziert. Fünfzehn Minuten nach der Injektion wurden bei jedem Teilnehmer 45 Minuten lang Gehirnscans (SPECT-Aufnahmen) durchgeführt. Die Kontrollgruppe bestand aus vierzehn gesunden Nichtmeditierern, sieben Frauen und sieben Männern, zwischen 22 und 60 Jahren.

Bei den Langzeitmeditierern war der durchschnittliche zerebrale Blutfluss signifikant höher als bei den Mitgliedern der Kontrollgruppe, und zwar in folgenden Bereichen: im Stirnhirn (Präfrontalkortex), in den Scheitellappen, im Thalamus, in den Stammganglien (nucleus

48

caudatus und putamen), in den unteren Schläfenlappen, im Kleinhirn (cerebellum) und in Regionen des Hirnstamms. Im Gegensatz zur Kontrollgruppe zeigte sich bei den Langzeitmeditierern auch eine stärkere asymmetrische Durchblutung im Thalamus: bei fünf von ihnen stärker auf der rechten als auf der linken Seite, und bei sieben stärker auf der linken als auf der rechten Seite.

Die Hypothese, dass Langzeitmeditation mit einer höheren Aktivität im Stirnhirn, vor allem im Präfrontalkortex, einhergeht, konnte durch die Ergebnisse bestätigt werden. Interessanterweise zeigte sich bei den Langzeitmeditierern eine stärkere zerebrale Durchblutung in den Scheitellappen. Newberg vermutet, dass dies mit der intensiven Abnahme der Durchblutung dort während der tatsächlichen Meditation zu tun habe. Die Aktivitätsabnahme in den Orientierungsarealen während der Meditation führe dann zu dem veränderten Raum- und Zeiterleben. Den stärkeren Blutfluss im limbischen System und in den Basalganglien deutet Newberg dahingehend, dass diese Hirnbereiche an der Beeinflussung und Kontrolle der Emotionen beteiligt sind. Religiöse und spirituelle Praktiken würden sich beträchtlich auf die Emotionen auswirken. Die höhere Durchblutung im Thalamus könnte damit zu tun haben, dass wichtige Funktionen des vegetativen Nervensystems auf Dauer verändert wurden. Der Thalamus, das so genannte Tor zum Bewusstsein, ist eine paarige Struktur im Zentrum des Gehirns, die vor allem für die Verarbeitung sensorischer Informationen und für die Regulierung des vegetativen Nervensystems zuständig ist.

Bemerkenswert, so Newberg, sei, dass die Langzeitmeditierer, die aus verschiedenen religiösen Traditionen stammen, ähnliche Durchblutungsmuster im Ruhezustand aufweisen. Das deute darauf hin, dass die von den Einzel-

49

nen angewandten Methoden zu ähnlichen Hirnveränderungen führen. Nicht klären konnte diese Untersuchung die Frage, ob die festgestellten Durchblutungsmuster darauf zurückzuführen sind, dass Langzeitmeditierer von Natur aus ein anderes Gehirn besitzen als Nichtmeditierer, das sie zur Meditation prädisponierte, oder ob ihr Gehirn sich erst durch die langjährige Meditationspraxis so verändert hat. In beiden Fällen sei das wichtig für das Verständnis der Beziehung zwischen Gehirn und Meditationspraxis.

In seinem gemeinsam mit Waldman herausgegebenen Buch mit dem Titel *How God Changes Your Brain* (Wie Gott dein Gehirn verändert) betont Newberg, er sei fest davon überzeugt, dass Gott das Gehirn verändern könne. Je mehr wir über Gott nachdenken, desto stärker verändern sich die Schaltkreise in bestimmten Bereichen unseres Gehirns. Dabei spiele es keine Rolle, welcher Religion man angehöre, denn dies treffe sowohl auf Christen, Muslime und Juden als auch auf Hindus, Atheisten und Agnostiker zu (vgl. Newberg & Waldmann 2010 b, 12). Ob Gott wirklich existiert und uns mit ausgestreckter Hand zu erreichen versucht, wie Gottvater im Deckengemälde von Michelangelo in der Sixtinischen Kapelle, oder ob unser Gehirn versucht, sich zu einem Gott zu bekennen, den es gar nicht gibt, darauf könne uns die Hirnforschung keine Antwort geben. Sie könne uns jedoch sehr wohl einiges darüber sagen, wie der religiöse Glaube und wie religiöse Erfahrungen sich auf das Gehirn auswirken. Seine eigenen Forschungen an Patienten mit Gedächtnisstörungen würden zeigen, dass Meditation potenziell das strukturelle Gleichgewicht des Gehirns instand halten und Alterungsprozesse verlangsamen könne (vgl. Newberg & Waldman 2010 b, Kap. 1).

50

Newberg wollte herausfinden, ob Meditation sich auf Patienten mit Gedächtnisproblemen positiv auswirkt und deren kognitive Leistungen verbessert, und wenn ja, ob diese Effekte nur vorübergehend oder von Dauer sind. Als Meditationsform für seine Studie wählte er „Kirtan Kriya", eine Technik aus der spirituellen Tradition Nordindiens, die drei Elemente integriert: Atmung, Klang und Bewegung. Im Zentrum steht die bewusste Atemregulierung. Das zweite Element der Kirtan-Kriya-Meditation besteht darin, in stetiger Wiederholung die Klänge *Sa, Ta, Na* und *Ma* laut oder in Gedanken zu rezitieren. Diese sogenannten Mantras seien vergleichbar mit der katholischen Praxis, kurze Gebete für eine bestimmte Zeit kontinuierlich zu wiederholen. Gemäß der Kirtan-Kriya-Tradition sprechen die Meditierenden jede einzelne Silbe des Mantras *Sa Ta Na Ma* mit Bedacht aus, während sie mit den Spitzen von Zeige-, Mittel-, Ring- und kleinem Finger der Reihe nach die Daumenspitze derselben Hand berühren. Diese Technik sei einfach zu erlernen und zu praktizieren. Sie sei vergleichbar mit dem Gebrauch von Rosenkränzen, Gebetsschnüren und Gebetsketten, einer Technik, die im Christentum, Islam, Hinduismus und Buddhismus Verwendung findet. „Das Experiment war so aufgebaut, dass die Testpersonen weder einen spezifischen religiösen Glauben annehmen noch länger als zwölf Minuten am Tag meditieren mussten." (Newberg & Waldman 2010 b, 42) Die Teilnehmer dieser Studie hatten zuvor noch nie meditiert und nur acht Wochen Zeit, in denen sie täglich zwölf Minuten meditierten.

Newberg macht keine konkreten Angaben darüber, wie viele Gedächtnispatienten an dieser Studie teilnahmen, berichtet jedoch ausführlich von einem Industriemechaniker mit dem Decknamen „Gus". Gus wollte etwas gegen sein schwerfälliges Gehirn, gegen seine Gedächtnisprobleme, unternehmen. Er hatte noch nie meditiert und interessierte sich nicht im Geringsten für Religion. Als Erstes wurde bei ihm ein Gehirnscan durchgeführt, der als Kontrolle diente, um diesen mit den Scans am Ende des achtwöchigen Meditationstrainings vergleichen zu können. Dann erklärte man Gus die Meditation im Detail und zeigte ihm ein Video von einer Person, die nach dieser Technik meditierte. Nachdem Gus das Mantra eine Weile lang geübt hatte, wurde der zweite Gehirnscan durchgeführt, der Aufschluss darüber geben sollte, wie ein untrainiertes Gehirn sich während der Meditation verhält. Dazu spritzte man Gus wenige Minuten vor Ende der Meditation eine leicht radioaktive Substanz, die sich vorübergehend im Gehirn ablagert und den zerebralen Blutfluss markiert. Nach acht Wochen täglicher Übung bat man Gus zu neuen Aufnahmen ins Labor. „Es hat mir sehr gut gefallen", sagte er. „Es war wunderbar, und ich habe mir fest vorgenommen, weiter zu meditieren." Seine Reaktion war die gleiche wie die der anderen Testpersonen, die genauso wie Gus unter Gedächtnisproblemen litten (Newberg & Waldman 2010 b, 45).

Hat die regelmäßige tägliche Meditation innerhalb von acht Wochen die Gehirnfunktionen von Gus verändert? Newberg sagt Ja und betont, dass im Vergleich zum ersten Hirnscan der zweite, welcher im Ruhezustand durchgeführt wurde, eine erhebliche Intensivierung der neuronalen Aktivität im Präfrontalkortex von Gus zeigte. Diese Hirnregion helfe uns unter anderem dabei, klare Gedanken zu fassen und uns auf eine Aufgabe zu konzentrieren. Eine erhöhte Aktivität war auch im vorderen cingulären Kortex festzustellen, der für die emotionale Regulierung, für Lernprozesse und für das Erinnerungsvermögen wich-

52

tig sei. Diese Hirnstruktur spiele zudem eine zentrale Rolle sowohl bei der Minderung von Angst und Reizbarkeit als auch bei der Förderung des sozialen Bewusstseins. Sie sei allerdings auch sehr anfällig für Altersschäden. Die Aktivierung des präfrontalen und des vorderen cingulären Kortex verbessere nicht nur das Gedächtnis und die Kognition, sondern wirke auch der Depression, die häufig ein Symptom altersbedingter Erkrankungen ist, entgegen. Bei Alzheimer- und Parkinson-Patienten habe man im vorderen cingulären Kortex eine verminderte Aktivität festgestellt. „Daraus schließen wir, dass man mit Hilfe dieser Meditationsübungen in der Lage sein sollte, die von diesen Krankheiten verursachten Abnutzungsprozesse zu verlangsamen. Des Weiteren hat man feststellen können, dass die Alzheimer-Krankheit bei Menschen, die regelmäßig persönliche religiöse Rituale ausüben oder auf einer höheren spirituellen Ebene schwingen, langsamer fortschreitet." (Newberg & Waldman 2010 b, 47)

Die Kirtan-Kriya-Meditation aktiviere einen bestimmten Schaltkreis, der ansonsten im Alter abnimmt. Dieser setze sich aus dem Präfrontalkortex, dem cingulären Kortex, den Basalganglien und dem Thalamus zusammen. Demnach werden wir während der Meditation konzentrierter und wachsamer (Präfrontalkortex), gesellschaftsbewusster (cingulärer Kortex), wir können unsere Körperbewegungen und Emotionen besser kontrollieren (Basalganglien) und dies beeinflusse auch unsere Wahrnehmung der Außenwelt (Thalamus) durch die Sinne (vgl. Newberg & Waldman 2010 b, 49).

Am Ende des Meditationstrainings wurde Gus gebeten, im Labor zu meditieren. Man injizierte ihm erneut einen Tracer, um eine weitere Aufnahme von seinem Gehirn machen zu können. Man wollte testen, ob er jetzt während der Meditation anders reagierte als zu Beginn des

Trainingsprogramms. „Wir konnten gegen Ende der zwölfminütigen Meditation tatsächlich reduzierte Aktivitäten im Parietallappen feststellen, das heißt in dem Teil der Großhirnrinde, in dem unser Selbstgefühl entsteht." (Newberg & Waldman 2010 b, 50) Gus wies ferner ein höheres Aktivitätsniveau in den Basalganglien auf. Diese seien einerseits an der Steuerung der Willkürmotorik, der Körperhaltung und der sequenziellen Bewegungen, andererseits an der Erinnerungsgestaltung, Verhaltenskontrolle und kognitiven Flexibilität beteiligt. Bei den Gedächtnispatienten habe man außerdem im Kleinhirn (cerebellum), das an der Ausführung bewusster Körperbewegungen mitwirkt, gesteigerte Aktivitäten feststellen können.

Bei allen Teilnehmern wurde vor Beginn und nach Abschluss des Meditationstrainings der sogenannte „Pfadfinder-" oder „Trail-Making-Test" durchgeführt. Dieser Test ist eine Variante des „Zahlen-Verbindungs-Tests" und erfordert neben visueller Wahrnehmungsorganisation auch die visuell-motorische Koordination und visuell-räumliche Fertigkeiten. Die Ergebnisse zeigten, dass die Teilnehmer ihr Erinnerungs- und Konzentrationsvermögen im Durchschnitt um zehn bis zwanzig Prozent verbessern konnten. Damit, so Newberg, sei endlich bewiesen, dass die Funktionen des Gehirns in weniger als zwei Monaten grundlegend verändert werden können. Zudem werde dadurch bestätigt, dass jeder Mensch die Kraft besitze, sein Gehirn bewusst zu verändern und dessen Funktionen viel schneller zu verbessern, als es die Wissenschaft bisher für möglich gehalten habe.

Bei der Deutung der Resultate seiner Studie betont Newberg besonders die Kraft der selektiven Aufmerksamkeit. Gus sei ein perfektes Beispiel für die erstaunliche Fähigkeit des Gehirns, sich selbst zu heilen und zu verändern. Das Gehirn sei in der Lage, genau jene Regionen zu verändern, die uns einzigartig und menschlich machen, jene des Stirnhirns. Dort liege auch der Schlüssel zur Verwirklichung unserer Träume. Durch tägliches Meditieren sind wir imstande, unsere Aufmerksamkeit derart zu stärken, dass wir uns auf nahezu jedes angestrebte Ziel konzentrieren und zugleich unsere Gedächtnisfunktionen verbessern können.

Die Konzentration der Aufmerksamkeit begünstige die Bildung neuer Schaltkreise im Gehirn. Sind diese erst einmal fest etabliert, dann aktivieren sie ganz automatisch die Regionen, die für die motivierenden Aktivitäten zuständig sind. Wie stark diese Schaltkreise werden, hänge davon ab, wie oft man sie aktiviert. Der Psychologe Donald Hebb formulierte die bekannte Lernregel „cells that fire together, wire together", die besagt, dass die Verbindung zwischen zwei Neuronen gefestigt wird, wenn beide gemeinsam feuern.

„Gus hat also sein Ziel erreicht und sein Erinnerungsvermögen verbessert. Andere Testpersonen haben mit ähnlichen Meditationstechniken allerdings noch ganz andere Ziele erreichen können. Manche haben für sich einen dauerhaften Zustand der Ruhe und des Friedens gefunden, während wieder andere bei der Arbeit produktiver geworden sind. Ausschlaggebend dabei ist, dass man seinem Ziel in der Meditation intensiv und beständig nachgeht. Dann fängt das Gehirn nämlich an, diese Zielvorstellung als ein handfestes Objekt der Außenwelt zu betrachten, und es erhöht die Aktivitäten im Thalamus, der bei der Entstehung der Realität mitwirkt. Das zuvor nur gedachte Konzept nimmt immer wirklichere und greifbarere Formen an, woraufhin andere Teile des Gehirns dazu angeregt werden, mit bedachten Handlungen in die Welt einzugreifen." (Newberg & Waldman 2010 b, 58)

Newberg unterstreicht, wie entscheidend der Glaube an die Erfüllung der eigenen Ziele ist. Dabei handle es sich nicht um Magie, sondern um die elementare Fähigkeit des Gehirns, die Ziele zu erreichen, die wir uns in den Kopf gesetzt haben. Das treffe auch auf das Verfolgen religiöser Ziele zu:

„Wer ein spirituelles Ziel vor Augen hat, der steigert auch aus neurologischer Sicht den Glauben, dass man geistige Wirklichkeiten erleben kann. Ebenso ist es möglich, dass Abraham, Moses, Mohammed, Jesus und Buddha ihre geistige Erleuchtung erreicht haben, weil sie sich jahrelang nahezu ausschließlich mit intensiver Meditation und Gebeten befasst haben. Gleichermaßen können auch Patienten, die wie Gus unter Gedächtnisproblemen leiden, ihr Erinnerungsvermögen mit täglichen Meditationen verbessern." (Newberg & Waldman 2010 b, 59)

Seine Gedächtnisstudie habe die Hypothese bestätigt, dass die positiven Eigenschaften des Gebetes und der Meditation vor allem auf die Atemtechnik, die Entspannung und die Konzentration auf den Gegenstand der Meditation, und weniger auf eine bestimmte Theologie, zurückzuführen sind. Es genüge, das Ritual auszuführen, ohne dabei an Gott zu denken. Keiner der Teilnehmer der Gedächtnisstudie habe von irgendwelchen spirituellen Erfahrungen berichtet und niemand habe das Wort Gott auch nur erwähnt. Newberg behauptet, man könne nahezu jede religiöse Ideologie von einer spirituellen Übung auf eine andere übertragen und trotzdem den gleichen neurologischen Nutzen daraus ziehen. Er betont, dass seine Untersuchung an acht buddhistischen Meditierern und drei Nonnen beim Gebet gezeigt habe, dass die neurologischen Veränderungen in beiden Gruppen fast identisch waren, obwohl sie jeweils ganz andere Glaubensvorstellungen hatten. Bei allen war eine verminderte Aktivität im Scheitellappenbereich zu beobachten, die zum Gefühl der Zeit- und Raumlosigkeit führte. In seiner

56

Studie an zwölf Langzeitmeditierern habe er entdeckt, dass diese im Ruhezustand eine höhere neuronale Aktivität in den Scheitellappen aufwiesen als die Nichtmeditierer. Außerdem habe er festgestellt, dass bei ihnen im Ruhezustand eine Hälfte des Thalamus aktiver war als die andere. Normalerweise sind die Aktivitäten in beiden Thalamushälften gleich. Newberg deutet diesen Befund folgendermaßen:

„Je mehr man sich auf Gott konzentriert, desto realistischer fühlt sich Gott an, aber diese Realität ist keineswegs symmetrisch. Stattdessen wird diese Realität asymmetrisch wahrgenommen, das heißt, sie unterscheidet sich von dem normalen Weltbild eines Menschen. Bei fortgeschrittenen Meditierenden wird der normale Bewusstseinszustand durch die asymmetrische Realität ersetzt, sodass Gott, Ruhe und Einheit nicht mehr nur Gedanken sind, sondern zu spürbaren Erfahrungen werden, die genauso echt sind wie das Buch, das Sie in Händen halten.

Der Thalamus unterscheidet nicht zwischen inneren und äußeren Realitäten, daher kann jede Vorstellung realitätsnahe Formen annehmen, wenn man sie sich nur lange genug vor Augen führt. Der eigene Glaube wird zur neurologischen Realität und das Gehirn reagiert dementsprechend. Wenn jemand über andere Glaubens- oder Zielvorstellungen meditiert, nimmt diese andere Wahrheit realitätsgetreue Formen an." (Newberg & Waldman 2010 b, 91)

Drogen und religiöse Erfahrungen

Lassen sich religiöse Erfahrungen mithilfe von Drogen hervorrufen? Halluzinogene Pflanzen wie der Peyote-Kaktus und das Lianengewächs Ayahuasca wurden verwendet, um mit spirituellen Wesen und Kräften zu kommunizieren. Meskalin des Peyote-Kaktus, das Dimethyltryptamin der Ayahuasca-Pflanze und LSD stimulieren zahlreiche Zentren des Gehirns und führen zu Vorstellungen und sinnlichen Wahrnehmungen, denen häufig ein religiöser

Charakter zugesprochen wird. Newberg unterstreicht, dass sich Experten aus Psychologie und Religion darin einig sind, dass spirituelle Erfahrungen, die durch Drogen hervorgerufen wurden, keine spirituelle Grundlage schaffen, nach der man sein Leben ausrichten könnte. Während die Meditation die Aktivitäten im Stirnhirn sanft anrege und jene in den emotionalen Zentren reduziere, erzeugen psychedelische Drogen im gesamten Gehirn überschüssige Reize, die den Symptomen akuter psychotischer Episoden ähneln. Es sei viel schwieriger, Erfahrungen, die durch Drogen bewirkt wurden, praktisch und sinnvoll zu integrieren.

Newberg bezieht sich auf eine Untersuchung an der medizinischen Fakultät der Johns-Hopkins-Universität, die in der Öffentlichkeit großes Aufsehen erregte. In dieser Studie verabreichte man 36 Teilnehmern, die zuvor noch nie psychedelische Drogen genommen hatten, zu verschiedenen Zeitpunkten zwei unterschiedliche Drogen: Psilocybin (einen Wirkstoff, der in sogenannten Zauberpilzen vorkommt) oder Ritalin, ein verschreibungspflichtiges Stimulans. Keiner der Probanden wusste, welche Droge ihm verabreicht wurde. Personen, die Psilocybin bekommen hatten, berichteten von einem Gefühl der Einheit und Heiligkeit, von intuitiver Erkenntnis und Unaussprechlichkeit. Zwei Monate später brachten sie diese Erfahrung noch immer mit intensivierten Gefühlen von Altruismus, Positivität und Konstruktivität in Verbindung. Die meisten von ihnen zählten diese Erfahrung zu den Top-Ten-Erlebnissen ihres Lebens, ein Drittel nannte sie ihre spirituell wohl bedeutsamste Erfahrung überhaupt. Bei einigen Teilnehmern, denen Ritalin verabreicht worden war, traten verstärkt Angstzustände auf, und etwa zehn Prozent von ihnen weigerten sich, eine derartige Erfahrung nochmal über sich ergehen zu lassen.

Vereinzelt gab es unter ihnen auch Berichte von mystischen Erfahrungen. Newberg folgert: „Wir wissen noch nicht genau, wie und warum bestimmte Drogen unsere spirituellen und religiösen Glaubensvorstellungen beeinflussen, aber eines steht fest: Meditation ist sicherer." (Newberg & Waldman 2010 b, 96)

Aus seinen Untersuchungen zieht Newberg den Schluss, dass unterschiedliche Meditationsübungen und Gebete einzelne Teile des Gehirns auf verschiedene Art und Weise beeinflussen. Da jeder Mensch eine andere Vorstellung von Gott besitze, könne man davon ausgehen, dass es Hunderte von verschiedenartigen neurologischen „Fingerabdrücken" gibt. Es existiere weder ein „Ort Gottes" im Gehirn noch lassen sich religiöse Glaubensvorstellungen nach einer einfachen Formel kategorisieren. Seine Forschungsergebnisse deuten darauf hin, „dass spirituelle Praktiken die kognitiven, emotionalen und erfahrungsbetonten Prozesse des Gehirns auf unendlich viele Arten beeinflussen können und dass jede einzelne Erfahrung zu einer unterschiedlichen Gotteserfahrung führt" (Newberg & Waldman 2010 b, 99).

Alle Formen der Meditation und des Gebetes scheinen sich positiv auf die Hirnfunktionen sowie auf den physischen und psychischen Gesundheitszustand auszuwirken. Je länger und je häufiger man meditiere, desto stärker verändern sich die Hirnfunktionen. Nach nur einer oder zwei Sitzungen verändern sie sich wenig bis gar nicht. Nach nur acht Wochen täglicher Meditation zeigen sich bereits Anzeichen von kleinen, aber bedeutsamen Veränderungen. Wer täglich dreißig Minuten lang meditiere, und das viele Jahre lang, bei dem treten nicht nur während der Meditation, sondern auch im Ruhezustand die größten Unterschiede in der neuronalen Aktivität auf. Aus neurologischer Sicht sei dies erstaunlich und widerlege die verbreitete Annahme, man könne unbewusste Bereiche des Gehirns nicht bewusst beeinflussen. „Je mehr wir uns also mit spirituellen Praktiken beschäftigen, desto mehr Kontrolle gewinnen wir über unseren Körper, unseren Geist und unser Schicksal." (Newberg & Waldman 2010 b, 104)

Diskussion der Experimente Newbergs

Was haben die Untersuchungen von Newberg de facto an Daten zu Tage gefördert und wie aussagekräftig sind diese? Die Aufnahmen der regionalen zerebralen Durchblutung bei den acht buddhistischen Meditierern und den drei Nonnen korrelieren nach der Interpretation Newbergs mit den Spitzenmomenten ihrer Meditation und ihres Gebetes. Das ist jedoch sehr unwahrscheinlich. Alle Teilnehmer dieser Studie hatte man gebeten, an der Schnur zu ziehen, wenn sie den Eindruck hatten, sich dem Höhepunkt der Meditation zu nähern. Anschließend erfolgte die Injektion des Markierungsstoffes, und erst eine halbe Stunde später wurden die Gehirnaufnahmen gemacht. Das ist zu spät, um genau jenes zerebrale Durchblutungsmuster zu erfassen, das mit dem Erleben des Meditationshöhepunktes einherging. Wir wissen nicht, ob der Höhepunkt der Meditation und des Gebetes bei den Teilnehmern unvermindert in derselben Intensität fortdauerte oder ob sie sich zur Zeit der Aufnahmen nicht längst in einem anderen mentalen Zustand befanden. Von einer sauberen Korrelation zwischen den Spitzenmomenten der Meditation und den entsprechenden neuronalen Aktivitätsmustern kann keine Rede sein. Abgesehen davon erlaubt die sehr niedrige Zahl der Untersuchten keine weitreichenden Verallgemeinerungen und Schlussfolgerungen.

60

Newbergs Annahme, das veränderte Selbsterleben während der Meditation sei neurobiologisch auf die verminderte neuronale Aktivität in den Orientierungsarealen der Scheitellappen zurückzuführen, ist umstritten. Am Identitätserleben ist außer den Orientierungsarealen wohl noch eine ganze Reihe weiterer Hirnstrukturen beteiligt – vor allem unterhalb der Großhirnrinde liegende Strukturen, die mit Emotionen zu tun haben, und solche, die für die Selbsterhaltung des Organismus bzw. für die Aufrechterhaltung des innerorganismischen Gleichgewichts sorgen. Newberg selbst äußert in einer Fußnote die Vermutung, dass zum Selbsterleben subkortikale Felder, die mit der grundlegenden Selbsterhaltung zu tun haben, erforderlich sind (vgl. Newberg et al. 2003 a, 241). Der Neurologe Antonio Damasio unterstreicht, dass das Gefühl des Selbst auf neuronalen Mustern beruht, die von Augenblick zu Augenblick den physischen Zustand des gesamten Organismus in seinen vielen Bereichen erfassen. Er betont die zentrale Bedeutung des Körpers und der Emotionen für das Bewusstsein und das Selbst. Körperzustände bilden demnach den Urgrund unseres Lebensgefühls. Die tieferen Wurzeln des Selbst, auch des biografischen Selbst, das Identität und Person einschließt, gründen nach Damasio in jenen Gehirnmechanismen, die ununterbrochen und unbewusst für die Stabilität der Körperzustände sorgen, die zum Überleben notwendig sind. Diese befinden sich in subkortikalen Bereichen, im Hirnstamm, im Mittelhirn und Zwischenhirn (vgl. Damasio 1999).

Newbergs Buchtitel *Wie Gott dein Gehirn verändert* (How God Changes Your Brain) suggeriert, dass Gott in das elektrochemische Geschehen des Gehirns eingreift und dort seine „Fingerabdrücke" hinterlässt. Nach der Lektüre gewinnt man jedoch den Eindruck, der Titel des Buches müsste lauten: *Wie du dein Gehirn veränderst.* Nicht Gott verändert unser Gehirn, so Newberg, sondern wir können es mithilfe verschiedener Meditationsmethoden bewusst verändern. Wir können diese Methoden erfolgreich anwenden, ohne dabei den religiösen Hintergrund, dem sie entstammen, berücksichtigen zu müssen. Jede religiöse Ideologie lasse sich beliebig von einer Übung auf die andere übertragen, und trotzdem bleibe der neurologische Nutzen der gleiche. Es sei nicht von Belang, wie wir an Gott glauben; diese Methoden und Praktiken funktionieren auch dann, wenn wir gar nicht an ihn glauben.

Newberg empfiehlt uns zur Gesunderhaltung des Gehirns und zur Verbesserung unseres körperlichen, geistigen und spirituellen Zustandes ein Trainingsprogramm, das aus acht Methoden besteht. Der Rangfolge ihrer Wirksamkeit entsprechend sind dies: Glaube, Gespräche mit anderen, Aerobic, Meditieren, Gähnen, Bewusst entspannen, Geistig fit bleiben und Lächeln. Bei der Auswahl dieser acht besten Methoden habe er sich vor allem an neurowissenschaftlich belegte Ergebnisse gehalten. Keine dieser Methoden beruhe auf religiösen Glaubensrichtungen, aber wir können sie alle leicht in die spirituelle Tradition unserer Wahl einbinden (vgl. Newberg & Waldman 2010 b, Kap. 8).

Newbergs psycho-spiritueller Machbarkeits-Optimismus ist trotz der äußerst bescheidenen empirischen Faktenlage erstaunlich ungebrochen. Seine Aussage, jede Vorstellung könne realitätsnahe Formen annehmen, wenn man sie sich nur lange genug vor Augen führt, sowie die Behauptung: „Der eigene Glaube wird zur neurologischen Realität und das Gehirn reagiert dementsprechend" (Newberg & Waldman 2010 b, 91) lassen sich wohl auch auf seine Deutungen der Hirnaufnahmen und auf die weitreichenden Schlussfolgerungen, die er daraus zieht, anwenden.

62

Wachheit und Aufmerksamkeit während der Meditation:
Die Studien von Richard Davidson und Sara Lazar

Die große Herausforderung der Erforschung des Bewusstseins besteht darin, das subjektive Erleben der untersuchten Personen den damit einhergehenden Hirnaktivitäten exakt zuzuordnen. Bewusstseinsphänomene sind, im Gegensatz zu Hirnvorgängen, öffentlich nicht beobachtbar. Es besteht eine Dichotomie zwischen den Erlebnisberichten einerseits und den ihnen zugeordneten Messungen der Hirnaktivität andererseits. Außerdem sind die Inhalte des Bewusstseins nicht zwangsläufig identisch mit dem sogenannten reinen Bewusstsein. Der französische Molekularbiologe und buddhistische Mönch *Matthieu Ricard* unterscheidet die Inhalte des Bewusstseins von der „reinen Bewusstheit" bzw. von der „Lichtnatur des Geistes". Im reinen, ungetrübten Bewusstsein sieht er den gemeinsamen Nenner aller Gedanken, Emotionen und mentalen Vorgänge. Durch unsere Wahrnehmungen werfe das reine Bewusstsein gleichsam sein Licht auf die äußere Welt und erhelle unsere innere Welt durch die Erinnerung an die Vergangenheit, die Vorstellungen von der Zukunft und das Gewahrsein der Gegenwart. Ricard nennt die Basiseigenschaft des Bewusstseins das „ungetrübte Bewusstsein" oder die „reine Bewusstheit". Diese Eigenschaft könne durch die Inhalte des Bewusstseins, wie Gedanken, Liebe oder Wut, Freude oder Eifersucht, weder bedingt noch verändert werden. Für Ricard gehören mentale Phänomene nicht wirklich zum Wesen des Bewusstseins. „Sie treten einfach nur innerhalb des Bewusstheitsraums, im Rahmen verschiedener Bewusstseinszustände in Erscheinung und werden von dieser Grundbewusstheit ermöglicht." (Singer & Ricard 2008, 16)

Was Ricard damit ausdrücken will, veranschaulicht er anhand mehrerer Beispiele. So könne Wasser zwar Giftstoffe und auch heilsame Substanzen transportieren, sei aber selbst weder giftig noch heilsam. Ein Spiegel könne alle Arten von Bildern reflektieren, aber keines gehöre zu ihm, durchdringe ihn oder bleibe in ihm. Wäre dies der Fall, dann überlagerten sich alle Bilder, und der Spiegel wäre nutzlos. Auf ähnliche Weise sorge das reine Bewusstsein dafür, dass alle mentalen Gebilde entstehen können, ohne dass es selbst dadurch verändert werde. Die reine Bewusstheit ist vergleichbar mit der Tonerde und die mentalen Phänomene mit den verschiedenen Formen, in die der Ton gebracht werden kann. Gleichgültig, welche Gestalt der Ton annehme: Er selbst bleibe im Wesentlichen unverändert. „Das Bewusstsein ist auf allen seinen Ebenen ein dynamischer Strom aus Momenten reiner Bewusstheit mit oder ohne Inhalt. Hinter der Trennwand aus Gedanken liegt immer und zu jeder Zeit ein reines Bewusstsein, das nicht von seinen Inhalten getrübt ist." (Singer & Ricard 2008, 17)

Kann man sich tatsächlich bewusst sein ohne jeglichen Inhalt? Wie wird man sich des Bewusstseins bewusst? Meditierende, denen es gelingt, ihr Bewusstsein von allen Inhalten zu entleeren, erleben dennoch eine intensive Präsenz, Wachheit, Aufmerksamkeit und Bewusstheit. Matthieu Ricard beschreibt Meditation wie folgt:

„Wir müssen lernen, die Gedanken kommen und gehen zu lassen, statt ihnen zu gestatten, immer wieder von uns Besitz zu ergreifen. Wir müssen lernen, in der Frische des Augenblicks zu verweilen – das Vergangene ist vorbei, die Zukunft noch nicht erschlossen, und wenn man in reiner Achtsamkeit und Freiheit verharrt, dann kommen die störenden Gedanken, aber sie gehen auch wieder, ohne Spuren zu hinterlassen – das ist Meditation." (Singer & Ricard 2008, 14)

Es gibt neurobiologische Hinweise darauf, dass sich das Gehirn während der Meditation in einem Zustand intensiver Wachheit und konzentrierter Aufmerksamkeit befindet. Richard Davidson und Antoine Lutz führten elektroenzephalografische Ableitungen durch, während Matthieu Ricard meditierte. Der Hirnforscher Wolf Singer bemerkt dazu in einem Gespräch mit Ricard:

„Ich war in hohem Maße überrascht, als ich sah, dass, während du dich in die Meditation versenkt hattest, die Amplitude oszillatorischer Hirnaktivität in einem Frequenzbereich zwischen 40 und 60 Hertz, dem sogenannten Gamma-Frequenzband, dramatisch zunahm. [...] Eine ganze Reihe von Arbeitsgruppen hat inzwischen Hinweise darauf gefunden, dass das Fokussieren von Aufmerksamkeit mit einer Zunahme von Gamma-Oszillationen und neuronaler Synchronizität einhergeht. Wenn die Aufmerksamkeit auf ein bestimmtes Teilsystem des Gehirns gelegt wird, um es für die Verarbeitung erwarteter Signale vorzubereiten, findet sich eine Zunahme synchroner Gamma-Oszillationen in diesem System. Richtet sich die Aufmerksamkeit auf ein visuelles Objekt, nimmt die Amplitude synchroner Gamma-Oszillationen in Hirnbereichen zu, die sich mit der Verarbeitung visueller Informationen befassen, insbesondere in der Hirnrinde." (Singer & Ricard 2008, 52–53)

Über den Meditationsprozess und dessen Einfluss auf das Gehirn gibt es bisher wenig gesicherte Erkenntnisse. Frühere Studien zeigen die wichtige Rolle der neuronalen Synchronizität, speziell im Gamma-Frequenzbereich von 25 bis 70 Hertz, bei Phänomenen wie Aufmerksamkeit, Arbeitsgedächtnis, Lernen und bewusster Wahrnehmung. Solche Synchronisationen oszillatorischer neuronaler Entladungen, so nimmt man an, spielen eine entscheidende Rolle bei der Bildung kurzzeitiger Netzwerke, die verstreute neuronale Prozesse integrieren. Neuronale Synchronizität scheint ein vielversprechender Mechanismus beim Studium jener Hirnprozesse zu sein, die mentalem Training zugrunde liegen.

Richard Davidson, Professor für Psychologie und Neurowissenschaften an der University of Wisconsin, und seine Mitarbeiter untersuchten die Hirnströme von acht Mönchen aus der Tradition des tibetischen Buddhismus (vgl. Lutz et al. 2004). Die von diesen praktizierte Meditationsform ist gegenstandslos und erfordert nicht die Konzentration auf bestimmte Objekte, Erinnerungen oder Bilder. Sie betont vor allem die Förderung eines bedingungslosen liebenden Mitgefühls gegenüber allen empfindenden Wesen und die uneingeschränkte Bereitschaft zu helfen. In der Meditation soll das gesamte Bewusstsein von Liebe und einem reinen, vorbehaltlosen Mitgefühl durchflutet werden. Die Autoren vermuten, dass aktive und gegenstandslose Meditationspraktiken wahrscheinlich mit unterschiedlichen Mustern von Hirnaktivität einhergehen.

Als Meditationsprofis hatten die acht Mönche bereits 10.000 bis 50.000 Stunden Meditationspraxis hinter sich, die sich über einen Zeitraum von fünfzehn bis vierzig Jahren erstreckte. Die Länge des Meditationstrainings schätzte man aufgrund ihrer täglichen Praxis und der Zeit, die sie in meditativen Exerzitien verbrachten, in denen sie acht Stunden pro Tag sitzend meditierten. Zehn Studierende, die keine Meditationserfahrung hatten, sich jedoch für Meditation interessierten, bildeten in der Studie die Vergleichsgruppe. Vor der Datenerhebung absolvierten die zehn Meditationsanfänger ein einwöchiges Training. Zuerst erhielten sie Anleitungen zur Durchführung der Meditation. Während der Trainingssitzung sollten sie an jemanden denken, für den sie große Zuneigung empfanden, wie beispielsweise an ihre Eltern oder Angehörigen, und ihr Bewusstsein von einem liebenden Mitge-

66

fühl gegenüber diesen Menschen durchfluten lassen. Nach einigen Übungen sollten sie versuchen, dieses Gefühl gegenüber allen empfindenden Wesen hervorzurufen, ohne dabei an jemand Konkreten zu denken. Man bat sie, jeden Tag eine Stunde lang zu meditieren.

Die Hirnströme aller Probanden wurden während der Meditation und in der Ruhephase vor dem Meditationsbeginn mithilfe der Elektroenzephalografie (EEG) registriert. Die zeitliche Auflösung des EEGs ist viel besser als die der bildgebenden Verfahren. Die räumliche Auflösung ist jedoch relativ grob und liegt im Bereich von mehreren Zentimetern. Während der EEG-Datenerhebung versuchten alle Teilnehmer, in der Meditation den Zustand des liebenden Mitgefühls hervorzurufen. Für die Messungen während der Ruhephase vor der Meditation bat man alle Teilnehmer, sich in einen nichtmeditativen, entspannten Zustand zu begeben.

Die Elektroenzephalogramm-Aufnahmen während der Meditation zeigten bei den acht Mönchen, im Gegensatz zu den zehn Mitgliedern der Vergleichsgruppe, einen deutlichen Anstieg der Aktivität und Synchronizität der sogenannten Gamma-Wellen, vor allem im Bereich des Stirnhirns und in Regionen der Scheitel- und Schläfenlappen, und zwar in einem Ausmaß, das bisher noch nie registriert worden war. Das genaue Frequenzspektrum wurde aus technischen Gründen nicht bestimmt, doch geben die Autoren einen Hinweis auf eine signifikante Zunahme der Synchronizität und Amplitude im Bereich von 80 bis 120 Hertz während der Meditation. Bei den Meditationsanfängern der Vergleichsgruppe zeigte sich nur ein leichter Anstieg der Gamma-Aktivität während der Meditation. Bei ihnen trat eine höhere Koordination der Hirnwellen nur während der Meditation mit geschlossenen Augen auf. Bei den Mönchen zeigte sich die hohe Koordination der Hirnwellen bereits bei der Meditation mit offenen Augen, nahm bei geschlossen Augen zu, wurde im Laufe der Meditation noch stärker und setzte sich auch nach der Meditation fort. Außerdem waren die hochfrequenten Gamma-Oszillationen bei den Mönchen stärker synchronisiert als bei den Meditationsanfängern.

Die bei den Mönchen erhobenen Daten deuten darauf hin, dass verstreute Neuronenpopulationen mit hoher zeitlicher Präzision in den schnellen Frequenzen synchron schwingen. Die beobachtete allmähliche Zunahme der Gamma-Aktivität während der Meditation entspricht der Ansicht, dass neuronale Synchronizität als Netzwerkphänomen Zeit benötigt, um sich aufzubauen. Gamma-Wellen treten bei intensiver Aufmerksamkeit, starker Konzentration und bei Lernprozessen auf. Sie sind ein Hinweis darauf, dass die Person extrem wach, aufmerksam und konzentriert ist. Nach Ricard ist Meditation weder eine „reine" noch eine geistlose Entspannung, sondern vielmehr ein Zustand lebhafter Bewusstheit (vgl. Singer & Ricard 2008, 118).

Die Forscher entdeckten zudem Unterschiede im EEG-Profil der beiden Gruppen während der Ruhephase vor der Meditation. Bei den acht Mönchen zeigte sich, im Gegensatz zu den zehn Anfängern der Meditation, bereits in dieser Phase eine erhöhte Gamma-Synchronizität und Amplitude. Diese nahm während der Meditation zu und wurde noch umfassender. Für das Ausmaß der registrierten Gamma-Aktivität während der Ruhephase war nicht das Alter der Probanden ausschlaggebend, sondern die zeitliche Länge ihrer Meditationspraxis.

Diese Daten deuten darauf hin, dass eine jahrelange Meditationspraxis zu längerfristigen Veränderungen bestimmter Hirnfunktionen führt. Die Mönche hatten bereits im Ruhezustand einen erhöhten Bewusstseinszustand, der dann während der Meditation an Intensität noch zunahm. Das Bewusstsein und damit die gesamte Persönlichkeit können durch Meditation gezielt beeinflusst und verändert werden. Geistiges Training kann zu bleibenden Veränderungen im Gehirn führen. Wolf Singer vertritt gleichfalls die Ansicht, dass Meditation die Mechanismen der Aufmerksamkeit nachhaltig verändern kann, und bemerkt zur Studie von Lutz und Davidson:

„Sie zeigt eine ungewöhnlich gute Korrelation zwischen der Amplitude von aufmerksamkeitsabhängigen, hochsynchronen Gamma-Oszillationen über zentralen Hirnrindenarealen und dem subjektiven Urteil meditierender Probanden über die jeweilige Tiefe und Klarheit des meditativen Zustandes. Solche Korrelationen zwischen biophysikalischen Maßen und subjektiver Empfindung sind besonders wertvoll. Wenn sie, wie in diesem Fall, statistisch hochsignifikant sind, wird es wahrscheinlich, dass es sich um kausale Beziehungen handelt und nicht nur um zufällige Übereinstimmungen. Soweit ich das Feld überblicke, sind dies die robustesten und überzeugendsten Hinweise darauf, dass Meditation mit spezifischen Hirnzuständen einhergeht und dauerhafte Modifikationen von Hirnfunktionen bewirkt." (Singer & Ricard 2008, 67)

Davidson und seine Mitarbeiter deuten ihren Befund dahingehend, dass die Tiefe und Klarheit des meditativen Zustandes mit dem synchronen Schwingen verstreuter Neuronenpopulationen in den schnellen Frequenzen einhergeht. Stuart Hameroff vermutet in einem Kommentar zu dieser Studie, dass die hochsynchronen Gamma-Oszillationen, welche bei den Mönchen registriert wurden, die höchste Form des Bewusstseins repräsentieren (vgl. www.quantumconsciousness.org).

Eine weitere Studie über die Auswirkungen langjähriger Meditationspraxis auf die Funktionsweise und Struktur des Gehirns stammt von der Hirnforscherin Sara Lazar. Sie ging von der Hypothese aus, dass regelmäßiges Meditieren zu signifikanten Veränderungen der Struktur jener Hirnregionen führt, die bei Aufmerksamkeit, Sinnesverarbeitung und Körperwahrnehmung eine wichtige Rolle spielen. Mithilfe der Kernspintomografie (Magnetresonanztomografie) untersuchte Lazar die Dicke der Hirnrinde von zwanzig Praktizierenden einer buddhistischen Form der Achtsamkeitsmeditation (vgl. Lazar et al. 2005). Während dieser Meditationsform richtet der Praktikant seine Aufmerksamkeit nicht auf ein Mantra oder auf einen Gegenstand, sondern achtet vorwiegend auf seinen Atem, auf auftauchende Empfindungen, Gefühle, Gedanken und Fantasien, ohne diese jedoch zu bewerten oder näher auf sie einzugehen. Die Teilnehmer der Studie waren keine Mönche, sondern typisch westliche Meditationspraktiker. Zwei von ihnen waren von Beruf Meditationslehrer, drei arbeiteten nebenberuflich als Yoga- oder Meditationslehrer und die übrigen Teilnehmer meditierten zirka vierzig Minuten pro Tag. Die durchschnittliche Meditationspraxis der Teilnehmer betrug sieben bis neun Jahre. Fünfzehn Personen ohne Erfahrung mit Yoga oder Meditation bildeten die Kontrollgruppe.

Die Messungen ergaben signifikante Unterschiede zwischen den beiden Gruppen bezüglich der Verteilung der regionalen Dicke der Hirnrinde, jedoch keine signifikanten Unterschiede in der durchschnittlichen Dicke der gesamten Hirnrinde. Bei den Meditierern waren ein großer Bereich der rechten vorderen Inselrinde (Insula) und Regionen des Stirnhirns, die in etwa den Brodmann-Arealen 9 und 10 entsprechen, signifikant dicker als bei den Mitgliedern der Vergleichsgruppe. Diese Stirnhirnregionen sind an der Integration von Emotion und Kognition beteiligt. Den größten Unterschied zwischen den beiden

70

Gruppen gab es in der Dicke der rechten vorderen Inselrinde. Die funktionellen Aufgaben der Inselrinde sind noch nicht umfassend geklärt. Der vordere Teil der Insel wird mit empathischen Fähigkeiten, mit Lustempfindungen, einem Gefühl der Liebe und Wonne und der Aufmerksamkeit für Körpervorgänge in Verbindung gebracht. Bei den ältesten Meditierern war die Dicke des Präfrontalkortex am stärksten. Dies deutet nach Lazar darauf hin, dass Meditation die altersbedingte Ausdünnung der Hirnrinde verhindern kann.

Nach Lazar zeigen die Daten, dass regelmäßiges Meditieren mit einer Zunahme der Dicke bestimmter Regionen der Hirnrinde einhergeht, die an der Verarbeitung somatosensorischer, akustischer, visueller und interozeptiver Informationen beteiligt sind. Zudem verlangsamt Meditation die altersbedingte Ausdünnung des Stirnhirns.

Die in dieser Studie registrierte größere Dicke bestimmter Hirnregionen könnte auf eine stärkere Verästelung der einzelnen Neuronen, auf ein größeres Volumen der Gliazellen oder auf größere Blutgefäße in diesen Bereichen zurückzuführen sein. Die verwendeten Messmethoden der Magnetresonanztomografie unterscheiden nicht zwischen diesen verschiedenen Möglichkeiten. Trotz der Auswirkungen des Alters auf das Stirnhirn war die durchschnittliche Kortexdicke im Bereich der Brodmann-Areale 9 und 10 der vierzig- bis fünfzigjährigen Meditierer ähnlich der Durchschnittsdicke bei den zwanzig- bis dreißigjährigen Meditierern und Nichtmeditierern. Das spricht für die Hypothese, dass regelmäßiges Meditieren das Ausmaß neuronaler Degeneration in diesen spezifischen Bereichen verlangsamt. Weitere Längsschnittstudien sind jedoch erforderlich, um diese Ergebnisse zu verifizieren. Bei den vorliegenden Daten, so Lazar, handelt es sich um eine Korrelation, aus der nicht auf eine kausale Beziehung zwischen Meditation und kortikaler Dicke geschlossen werden kann.

Lazar schlussfolgert, dass Meditation mit strukturellen Veränderungen in jenen Hirnregionen einhergeht, die für die sensorische, kognitive und emotionale Informationsverarbeitung zuständig sind. Darüber hinaus deuten die Ergebnisse darauf hin, dass Meditation die altersbedingte Abnahme kortikaler Strukturen beeinflussen kann.

Die beiden Studien von Davidson und Lazar sprechen für die Hypothese, dass eine Meditationspraxis, die sich über viele Jahre erstreckt, zu bleibenden Veränderungen von Funktionen und Strukturen des Gehirns führen kann. Wegen der geringen Zahl der untersuchten Personen ist bei der Verallgemeinerung der Ergebnisse jedoch Vorsicht geboten. Lazar betont ausdrücklich, dass von der Korrelation zwischen Meditationserfahrung und erhöhter Dicke bestimmter Hirnbereiche auf keine kausale Beziehung geschlossen werden kann. Untersucht wurden in beiden Studien lediglich momentane meditative Zustände und die damit korrelierenden EEG-Muster oder Verdickungen bestimmter Hirnregionen.

Verändert Meditation auf lange Sicht tatsächlich das Gehirn und die Persönlichkeit der Praktizierenden? Lassen sich grundlegende menschliche Qualitäten wie Liebe und Güte, Selbstlosigkeit und Nächstenliebe, innere Freiheit und Stärke, Friede und Glück durch bestimmte Meditationsformen regelrecht trainieren? Um diese Fragen zu beantworten, wären Langzeitstudien erforderlich, die an einer größeren Anzahl von Praktizierenden untersuchen, inwiefern jahrelange Meditationspraxis zu nachweisbaren dauerhaften Veränderungen im Erleben und Verhalten der betreffenden Personen führt (vgl. auch: Schnabel 2008, 251).

Die vorliegenden Untersuchungsergebnisse zur Wachheit und Aufmerksamkeit während der Meditation zeigen,

72

dass der klare und lebhafte Bewusstseinszustand während der Meditation mit einem synchronen Schwingen von Neuronenverbänden im Stirnhirn, in den Scheitellappen und den Schläfenlappen einhergeht. Die Ergebnisse sprechen für die Hypothese, dass langjährige Meditationspraxis bestimmte Hirnfunktionen verändert, eine Zunahme der Dicke der Hirnrinde in verschiedenen Bereichen bewirkt und die altersbedingte Ausdünnung der Hirnrinde verhindert.

Neurobiologie religiöser Erfahrung: Die Untersuchung von Mario Beauregard

Wie lassen sich mystische Erfahrungen neurobiologisch untersuchen?

So manchen Neurowissenschaftler fasziniert die Frage, welche Gehirnzustände mit einer mystischen Erfahrung einhergehen. Mario Beauregard wollte den Zustand der mystischen Vereinigung (unio mystica), in dem der Mensch sich ganz eins fühlt mit Gott, aus neurowissenschaftlicher Sicht untersuchen (vgl. Beauregard & O'Leary 2007). Eine intensive mystische Erfahrung ereignet sich höchstens einmal oder zweimal im Leben eines kontemplativen Menschen. Ein solches Erlebnis kann mehrere Elemente enthalten, wie das Empfinden, den letzten Grund der Wirklichkeit berührt zu haben, das Gefühl, eins zu sein mit der Menschheit und dem Universum, ein Gefühl der Raum- und Zeitlosigkeit, das Erleben tiefer Freude, bedingungsloser Liebe und des Friedens sowie die Erfahrung der Unaussprechlichkeit dieses Erlebnisses. Mystische Erfahrungen bewirken eine drastische Änderung des Lebens und führen zu dauerhaften Einstellungs- und Verhaltensänderungen. Ereignen sie sich im Alter zwischen zwanzig und vierzig Jahren, dann führen sie nicht selten zur Gründung eines Ordens oder einer Religion. Materialistisch orientierte Neurowissenschaftler betrachten derartige Erfahrungen jedoch als Folge eines Unfalls in der Hirnchemie junger Erwachsener.

Beauregard wollte mehr über die Hirnzustände während eines mystischen Erlebnisses herausfinden. Als Untersuchungsmethode wählte er die funktionelle Magnetresonanztomografie (fMRI) und die quantitative Elektroenzephalografie (QEEG). Am SPECT-Verfahren, das Newberg in seinen Untersuchungen verwendete, bemängelt Beauregard die niedrige räumliche und zeitliche Auflösung. Zudem würden die verschwommenen Bilder dieses Verfahrens zu erheblichen Fehlern bei der Messung der regionalen Hirndurchblutung führen. Das bildgebende Verfahren der Magnetresonanztomografie sei heute das Verfahren der Wahl. Es erfasst nicht die Aktivität der Gehirnzellen an sich, sondern misst, wie stark das Gehirn lokal mit Sauerstoff versorgt wird. Erhöhter Sauerstoff- bzw. Energieverbrauch, so die Annahme, geht mit erhöhter Neuronenaktivität einher. Das quantitative EEG erfasst die von der Schädeloberfläche abgeleiteten elektrischen Aktivitätsmuster. Diese werden statistisch ausgewertet und später in bunte Karten transformiert (vgl. Beauregard & O'Leary 2007, 262).

Beauregard konnte für seine Studie die Schwestern eines Karmelitinnenklosters in Quebec gewinnen. Diese religiösen Frauen führen ein Leben der Stille und des Gebetes und verbringen den Großteil ihrer Zeit mit Betrachtung und Beten. Sie sprechen täglich miteinander lediglich zwanzig Minuten lang während der Erholungszeit nach dem Mittagessen und nach dem Abendbrot. Beauregard betont, dass die fünfzehn Nonnen, die an der Untersuchung teilnahmen, insgesamt zirka 210.000 Stunden im Gebet verbracht hatten. Wenn Gebet und Betrachtung zu einem mystischen Bewusstsein führen, dann sollten diese Frauen das am ehesten bestätigen können.

Es sei keine Selbstverständlichkeit, meint Beauregard, dass Menschen, die ein kontemplatives Leben führen, an einem nicht unumstrittenen Forschungsprojekt teilnehmen. Auch sei es nicht einfach gewesen, die Nonnen für das Projekt zu gewinnen. Er musste ihnen versichern, dass er mit der Untersuchung nicht „beweisen" wollte, dass es mystisches Bewusstsein gar nicht gibt.

„Wir konnten ihnen glaubhaft versichern, dass wir keine Materialisten sind und auch nicht versuchten, die mystischen Erfahrungen, die sie veranlassten, Nonnen zu werden, als Humbug zu entlarven. Wir zweifelten prinzipiell nicht daran, dass kontemplative Menschen hin und wieder Kontakt mit einer Realität außerhalb ihrer selbst aufnehmen können oder dass ein solcher Kontakt ihr Leben auf eine positive Art verändern kann. Wir wollten vor allem herausfinden, ob wir mithilfe eines bildgebenden Verfahrens die neuronalen Korrelate mystischer Erfahrungen identifizieren könnten, und die Nonnen waren die wenigen Personen, die uns dabei helfen konnten." (Beauregard & O'Leary 2007, 263)

Glücklicherweise schrieb der Kardinal von Montreal, *Jean-Claude Turcotte*, den Nonnen einen Brief, in dem er ihnen versicherte, dass es keine religiösen Einwände gebe, an der Studie teilzunehmen, wenn sie sich dazu entschließen sollten. Die Nonnen forderten ausdrücklich so wenig Publicity wie nur möglich und den Verzicht auf Fotos, anhand derer man sie in der Öffentlichkeit identifizieren könnte. Ein Foto von Schwester Diane, der Priorin der Karmelitinnen, das in der kanadischen Tageszeitung *The Globe and Mail* erschien, hätte das ganze Unternehmen beinahe zum Scheitern gebracht. Fünfzehn Nonnen im Alter zwischen

23 und 64 Jahren erklärten sich bereit, an der Untersuchung teilzunehmen. Ihr Durchschnittsalter betrug zirka fünfzig Jahre. Alle beteuerten, dass sie zumindest einmal eine intensive mystische Erfahrung erlebt hatten.

Vonseiten materialistisch orientierter Neurowissenschaftler gab es eine Reihe von Einwänden gegen die Studie, und zwar von der Art, wie sie bereits gegen die Vorlesung des Dalai Lama bei einer neurowissenschaftlichen Tagung 2005 vorgebracht worden waren. Manche von Beauregards Kollegen waren der Meinung, Spiritualität solle man überhaupt nicht wissenschaftlich untersuchen. Von religiöser Seite gab es den Einwand, dieses Forschungsprojekt habe nichts mit der Wahrheit der Religion zu tun. Am Ende stünde nur eine Erfahrung, und diese würde die Existenz Gottes nicht beweisen. Eine mystische Erfahrung zu replizieren sei für die Religion eine Katastrophe und würde deren Sinn und Bedeutung entstellen. Beauregard hatte nicht vor, mit der Untersuchung die Existenz Gottes zu beweisen. Sein Ziel war viel bescheidener. Genau genommen wollte er zwei Dinge herausfinden: Erstens, ob während des mystischen Bewusstseins im Schläfenlappen erhöhte Gehirnaktivität stattfindet, wie manche behaupteten, und zweitens, ob mystische Kontemplation zu Gehirnzuständen führt, die nicht mit dem gewöhnlichen Bewusstsein assoziiert sind (vgl. Beauregard & O'Leary 2007, 265).

In der kanadischen Tageszeitung *The Globe and Mail* stand Folgendes zu lesen: „Nur etwas Außergewöhnliches kann die Karmelitinnen von Montreal dazu verleitet haben, ihr Gelübde der Stille zu brechen und sich aus der Klausur hinauszuwagen. Sie haben sich mit der Wissenschaft verbündet, um nach einem konkreten Zeichen von Gott innerhalb des menschlichen Gehirns zu suchen." (Beauregard & O'Leary 2007, 267)

76

Aus der allgemeinen Öffentlichkeit war auch der Vorwurf zu hören, mystische Erfahrungen stammten aus dem Reich der Sagenwelt. Die Nonnen wären neurotisch, bildeten sich bloß Dinge ein oder täuschten diese vor. Dieser spezielle Einwand wäre zudem schwieriger zu widerlegen als alle anderen Einwände gegen diese Studie. Beauregard meint dazu, dieser Einwand sei überhaupt nicht schwer zu entkräften. Eine Person, die in einer neurowissenschaftlichen Studie „etwas vortäuscht", produziere eine Menge Beta-Wellen, die für angestrengte bewusste Aktivität kennzeichnend sind, und nicht viele Theta-Wellen, die auf einen tiefen meditativen Zustand hinweisen. Im EEG zeige sich, dass man bestimmte Dinge einfach nicht vortäuschen könne. Andere Vorbehalte gegen diese Studie äußerten sich in der Sorge, man könnte versuchen, mystische Erfahrungen zu vermarkten und entsprechende Pillen zu entwickeln. Diese Bedenken sind nicht ganz neu. Im Laufe der Geschichte entwickelten viele Kulturen „Methoden und Techniken", wie z. B. Trommeln, den Konsum heiliger Pflanzen und Pilze, Fasten und Meditation, um außergewöhnliche Bewusstseinszustände hervorzurufen und dadurch mit der spirituellen Welt interagieren zu können. Natürlich können sich Menschen durch bestimmte Tätigkeiten empfänglicher machen für religiöse und mystische Erfahrungen. Es sei aber nie eine einfache Angelegenheit. Eine wesentliche Veränderung der elektrochemischen Gehirnfunktionen sei notwendig, damit sich eine mystische Erfahrung einstellen und bewusst wahrgenommen werden kann.

Beauregard sah das Problem der vorliegenden Untersuchung nicht so sehr in den gegen sie erhobenen Einwänden als vielmehr in der Frage: Wie lässt sich ein mystisches Erlebnis erfassen und untersuchen? Ursprünglich hatte er gedacht, die Nonnen könnten ein solches Erlebnis im Labor produzieren, doch Schwester Diane lachte nur über diese Idee und meinte: Gott könne man nicht nach Belieben herbeizitieren; man könne auch nicht nach einer mystischen Erfahrung suchen, denn je intensiver man danach suche, desto länger müsse man darauf warten (vgl. Beauregard & O'Leary 2007, 266).

Wie lassen sich mystische Erfahrungen neurobiologisch erforschen? Eine Möglichkeit besteht darin, sich an eine vergangene Erfahrung dieser Art zu erinnern und dabei zu untersuchen, welche Gehirnaktivitäten mit dieser Erinnerung einhergehen. Wenn Menschen sich an eine Erfahrung erinnern und diese wieder erleben, dann tendiert ihr Gehirn dazu, dieselben Regionen und Nervenbahnen zu benutzen wie zur Zeit, als sie diese Erfahrung zum ersten Mal machten. Bittet man Menschen, sich an eine wichtige Erfahrung zu erinnern, dann lässt sich herausfinden, welche Hirnregionen und Nervenbahnen dabei am aktivsten sind. Wenn ein Schauspieler furchterregende oder schmerzhafte Erfahrungen eines Charakters darstellen soll, dann hält er am besten Ausschau nach ähnlichen Erfahrungen in seinem eigenen Leben und versucht, diese auf der Bühne in Erinnerung zu rufen und wieder zu erleben. Schauspieler erinnern sich an markante persönliche emotionale Erlebnisse, wenn sie Rollen spielen, die von ihnen die Darstellung ähnlicher Emotionen verlangen. Dabei sind sie nicht unaufrichtig oder unehrlich, wie man oft glaubt, sie drücken tatsächliche Emotionen in einem vorgestellten Rahmen aus.

Beauregard verglich in einer Untersuchung die Hirnregionen, die bei Schauspielern aktiv waren, als man sie bat, traurige oder glückliche Erlebnisse aus ihrem Leben zu erinnern und wieder zu erleben, mit den Hirnregionen, die aktiv waren, während sie Filmausschnitte emotionaler Situationen beobachten. Auf ähnliche Weise bat er die Nonnen, sie sollten im Tomografen bei geschlossenen Augen versuchen, die intensivste mystische Erfahrung in Erinnerung zu rufen, die sie jemals in ihrem Leben erlebt hatten. Unmittelbar nach dem Experiment forderte er sie auf, ihre Erfahrung im Tomografen zu beschreiben und zu bewerten.

Gehirnaktivität während einer mystischen Erfahrung

In einer ersten Untersuchung wollte Beauregard vor allem die Hypothese testen, ob es im Gehirn tatsächlich ein „Gottes-Modul" gibt, wie manche Autoren behaupteten. Dazu führte er bei den Schwestern Hirnscans mit Hilfe der funktionellen Magnetresonanztomografie durch, um herauszufinden, welche Gehirnregionen während der mystischen Erfahrung besonders aktiv waren. In der Woche vor der Untersuchung forderte er die fünfzehn Nonnen auf, das Erinnern und Wiedererleben ihrer intensivsten mystischen Erfahrung, die sie jemals in ihrem Leben als Mitglieder des Ordens der Karmelitinnen hatten, zu üben. Ebenso sollten sie das Erinnern und Wiedererleben ihres intensivsten Zustandes der Verbundenheit mit einem anderen Menschen praktizieren. Die Hirnscans wurden sowohl während des Erinnerns und Wiedererlebens der mystischen Erfahrung *(mystical condition)* als auch während der Erinnerung an den intensivsten Zustand der Verbundenheit mit einem Mitmenschen *(control condition)* durchgeführt. Zusätzlich wurden Scans im Ruhezustand gemacht *(baseline condition)*, um die Gehirnaktivität während eines normalen Bewusstseinszustandes zu messen. Bei allen Aufnahmen im Tomografen hatten die Nonnen die Augen geschlossen.

Alle fünfzehn Nonnen nahmen auch an einer zweiten Untersuchung teil, in der die gleichen drei experimentellen Bedingungen zum Einsatz kamen: mystische Erfahrung, Kontrollbedingung (Verbundenheit mit einem Mitmenschen) und Ruhezustand. Doch diesmal wurden die Hirnwellen der Nonnen mithilfe der quantitativen Elektroenzephalografie (QEEG) aufgezeichnet. Dazu bat man sie, in einem kleinen, dunklen und schalldichten Raum Platz zu nehmen. Während der drei experimentellen Bedingungen wurden die elektrischen Aktivitäten, welche die Gehirn-Wellen-Muster reflektieren, von der Schädeloberfläche abgeleitet.

Die Ergebnisse der Untersuchung zeigen, dass es den Schwestern gelang, einen tiefen mystischen Zustand dadurch zu erreichen, dass sie sich zunächst intensiv an eine frühere mystische Erfahrung erinnerten. Unmittelbar nach dem Experiment bat man sie, ihre Erfahrung mit eigenen Worten zu beschreiben und zu bewerten, um die subjektive und objektive Perspektive vergleichen zu können. Zusätzlich wurde ein Fragebogen (Hood's Mysticism Scale) zur Erhebung der Intensität und Qualität der mystischen Erfahrung verwendet, um einen Vergleich mit anderen Forschungsergebnissen zu ermöglichen. Während des qualitativen Interviews am Schluss der Untersuchung berichteten die Nonnen, dass sie die Gegenwart Gottes, seine bedingungslose und unendliche Liebe sowie Fülle und Frieden verspürt hatten. Erstaunlicherweise betonten alle, dass sich der mystische Zustand, den sie während der Hirncans und während der EEG-Aufzeichnungen erlebten, qualitativ deutlich von der Erinnerung an eine mystische Erfahrung unterschied. Zunächst hatten sie versucht, sich an eine mystische Erfahrung zu erinnern und diese wieder zu erleben. Dies führte dann zur Erfahrung eines mystischen Zustandes, der sich subjektiv vom erinnerten Zustand deutlich unterschied. Beauregard meint, es sei gelungen, die Gehirnaktivität der Nonnen zu messen, während diese einen tatsächlichen mystischen Zustand erlebten.

Die Ergebnisse der Hirnscans und der EEG-Aufzeichnungen ergaben ein sehr komplexes Bild neuronaler Aktivierung während des Wiedererlebens einer mystischen Erfahrung. Im Vergleich zum Ruhezustand zeigte sich während der mystischen Erfahrung eine signifikant höhere neuronale Aktivierung in einer ganzen Reihe von Hirnregionen: im unteren Scheitellappen (Brodmann-Areal 7, 40), im visuellen Kortex (Brodmann-Areal 18, 19) und im Nucleus caudatus. Andere Orte signifikanter Aktivierungen fanden sich im Stirnhirn (im rechten medialen Orbitofrontalkortex; Brodmann-Areal 11), im rechten mittleren Schläfenlappen (Brodmann-Areal 21), im rechten oberen Scheitellappen (Brodmann-Areal 7), im linken Hirnstamm, in der linken Insel (Brodmann-Areal 13) und im linken vorderen cingulären Kortex (Brodmann-Areal 32). Darüber hinaus zeigte sich im Vergleich zum Ruhezustand während der mystischen Erfahrung eine signifikant höhere Aktivierung im rechten Stirnhirn (im medialen Präfrontalkortex, Brodmann-Areal 10), im rechten mittleren Schläfenlappen (Brodmann-Areal 21), im rechten vorderen cingulären Kortex (Brodmann-Areal 32), im linken unteren Scheitellappen (Brodmann-Areal 40) und im linken oberen Scheitellappen (Brodmann-Areal 7).

Die Aktivierung im rechten mittleren Schläfenlappen, so vermutet Beauregard, bezieht sich auf den subjektiven Eindruck, mit einer spirituellen Realität in Kontakt zu stehen. Die Aktivierungen im Nucleus caudatus, im rechten Stirnhirn (Brodmann-Areal 11), im linken Stirnhirn (Brodmann-Areal 10), im linken cingulären Kortex (Brodmann-Areal 32), in der linken Insel (Brodmann-Areal 13) und im linken Hirnstamm deuten auf physiologische, kognitive und gefühlsmäßige Veränderungen hin, die mit dem emotionalen Zustand der Personen zu tun haben. Aktivierungen im visuellen Kortex beziehen sich auf bildhafte Vorstellungen. Die Aktivierungen in Regionen der Scheitellappen während der mystischen Erfahrung spiegeln Veränderungen der Körperwahrnehmung, die mit dem Eindruck einhergehen, von etwas Größerem absorbiert zu werden. Zudem gibt es Belege dafür, dass der linke untere Scheitellappen Teil eines neuronalen Systems ist, das an der Verarbeitung visuell-räumlicher Repräsentationen des Körpers beteiligt ist. Die Aktivierung dieser Region während der mystischen Erfahrung bezieht sich wahrscheinlich auf eine Veränderung des Körperschemas. Der untere Scheitellappen spielt jedoch auch eine wichtige Rolle bei Bewegungsvorstellungen. Es ist daher möglich, dass sich die Aktivierungen im rechten und linken unteren Scheitellappen auf die Bewegungsvorstellungen beziehen, welche während der mystischen Erfahrung erlebt wurden (vgl. Beauregard & O'Leary 2007, 273).

Die EEG-Aufzeichnungen zeigten während der mystischen Erfahrung im Vergleich zum Ruhezustand eine signifikant höhere Aktivität der Theta-Wellen (im Frequenzbereich zwischen vier und sieben Hertz), und zwar im Inselkortex (Brodmann-Areal 13), im rechten unteren Scheitellappen (Brodmann-Areal 40), im oberen Scheitellappen (Brodmann-Areal 7), im rechten unteren Schläfenlappen (Brodmann-Areal 20) und mittleren Schläfenlappen (Brodmann-Areal 20). Zudem gab es während der mystischen Erfahrung im Vergleich zum Ruhezustand signifikant mehr Theta-Aktivität im vorderen cingulären Kortex (Brodmann-Areal 24) und im medialen Präfrontalkortex (Brodmann-Areal 9, 10).

Sowohl die Hirnscans (fMRI) als auch die EEG-Aufzeichnungen zeigen, dass es keinen „Ort Gottes" oder kein „Gottes-Modul" in den Schläfenlappen gibt, die reli-

82

giöse und mystische Erfahrungen irgendwie erklären könnten. Alle objektiven und subjektiven Daten der Untersuchung weisen darauf hin, dass mystische Erfahrungen sehr komplex und vieldimensional sind und neurobiologisch mit Aktivitäten in einer ganzen Reihe unterschiedlicher Gehirnregionen einhergehen. Diese Regionen sind normalerweise an Funktionen wie Wahrnehmung, Kognition, Emotion, Körperrepräsentation, Selbstbewusstsein sowie an visuellen Vorstellungen und Bewegungsvorstellungen beteiligt. Dies stimmt auch sehr gut mit den subjektiven Berichten überein, die mystische Erfahrungen als komplex und multidimensional charakterisieren (vgl. Beauregard & O'Leary 2007, 270–276).

Wie deutet Beauregard die Ergebnisse seiner Untersuchung? Die Frage, ob seine Befunde zeigen, dass Mystiker mit einer Macht außerhalb ihrer selbst Kontakt aufnehmen, beantwortet Beauregard mit einem eindeutigen Nein, denn es gebe keine Möglichkeit, das von außen zu beweisen oder zu widerlegen. Würde man Gehirnaufnahmen von einer Versuchsperson machen, während diese sich an ein Gespräch erinnert, so könnte man allein aufgrund der Hirnscans auch nicht feststellen, ob es sich um ein Gespräch mit einem Verkehrspolizisten, mit der ersten Liebe oder mit einem Angehörigen, der im Sterben liegt, handelt, wenn die Person selbst sich dazu nicht äußert und auch keine Informationen darüber vorliegen, wie sie in solchen Situationen gewöhnlich reagiert. Feststellen lasse sich allerdings, welche neuronalen Aktivitätsmuster mit welchen Erfahrungen zuverlässig einhergehen. Dadurch könne man bereits gewisse Erklärungen ausschließen. Komplexe Aktivitätsmuster seien mit einer simplen Erklärung nicht vereinbar. Insofern spirituelle Erlebnisse Erfahrungen sind, bei denen die Betreffenden Kontakt mit der tieferen Wirklichkeit unseres Universums aufnehmen, sei zu erwarten, dass die damit einhergehenden Aktivitätsmuster im Gehirn sehr komplex sind. Mit Sicherheit könne man davon ausgehen, dass die Aktivitätsmuster seriöser Mystiker komplex sind.

Die Feststellung neuronaler Korrelate mystischer Erfahrungen sei kein Beweis für die Existenz Gottes oder für einen spirituellen Bereich. Der Nachweis, dass bestimmte Gehirnzustände mit mystischen Erfahrungen assoziiert sind, sei jedoch auch kein Beweis dafür, dass diese Erfahrungen „nichts anderes" sind als bloße Gehirnzustände. Genauso bedeute die Tatsache, dass mystische Erfahrungen eine neurobiologische Grundlage haben, nicht, dass sie deshalb reine Illusionen sind. Die materialistische Neurowissenschaft könne Bewusstsein, Geist, Selbst und mystische Erfahrungen nicht auf „reine Neurobiologie" reduzieren. Die Tatsache, dass mystische Erfahrungen und Zustände identifizierbare neuronale Korrelate haben, sei von Journalisten üblicherweise so interpretiert worden, dass diese Erfahrungen irgendwelche Täuschungen sind.

Zum Verhältnis von Wissenschaft und Spiritualität bemerkt Beauregard: Es gehe nicht darum, zwischen Wissenschaft und Spiritualität, sondern darum, zwischen Materialismus und Spiritualität zu wählen. Die Wissenschaft könne die Existenz Gottes weder beweisen noch widerlegen. Sie könne auch nicht Kontroversen zwischen Religionen und Glaubensdogmen entscheiden. Allerdings könne sie inadäquate Theorien über spirituelle und mystische Erfahrungen, die Materialisten ausknobeln, ausschließen. Die Schlüsselfrage sei, was wir unter „wissenschaftlich" verstehen. Wenn wir als „wissenschaftlich" nur jene Forschungsergebnisse betrachten, die eine materialistische Weltanschauung bestätigen, dann wird unser Verständnis des Gehirns für immer beschränkt bleiben.

84

Wenn wir mit „wissenschaftlich" jedoch die Anwendung wissenschaftlicher Methoden und Standards meinen, dann sind die Untersuchungen der neuronalen Korrelate religiöser, spiritueller und mystischer Zustände als wissenschaftlich zu bezeichnen. Die Neurowissenschaft könne nützliche Informationen für die Diskussion dieser Zustände liefern. Besteht der eigentliche Zweck der Wissenschaft darin, uns zu helfen, die Welt, in der wir leben, besser zu verstehen, oder darin, eine bestimmte, eingeschränkte Sicht dieser Welt zu unterstützen? Die Wahl, meint Beauregard, liege bei uns. Er plädiert für einen neuen wissenschaftlichen Bezugsrahmen, der das Innen und das Außen, das Subjektive und das Objektive, die Erlebnisperspektive und die Beobachterperspektive zusammenbringt (vgl. Beauregard & O'Leary 2007, 277–295).

Beauregard vertritt die These, das Bewusstsein lasse sich nicht auf neurobiologische Prozesse reduzieren, denn Bewusstsein sei eine irreduzible Qualität. Man könne das Gehirn nicht ohne das Bewusstsein und das Bewusstsein nicht ohne das Gehirn verstehen. Geist und Körper seien zwei komplementäre Aspekte ein und derselben zugrunde liegenden Wirklichkeit, wobei keiner auf Kosten des anderen abgetan werden könne (vgl. Beauregard & O'Leary 2007, 292).

Neuronale Korrelate religiöser Erfahrung:
Das Experiment von Nina Azari

Es ist eine verbreitete Meinung, dass religiöse Erfahrungen mehr eine Sache des Gefühls als des Verstandes sind. Arbeiten in Philosophie und Psychologie deuten jedoch darauf hin, dass religiöse Erfahrungen ein Phänomen kognitiver Zuschreibungen sind. Nina Azari und ihre Mitarbeiter fragten sich, ob das Rezitieren eines Gebetes bei religiösen und nichtreligiösen Menschen mit unterschiedlichen Gehirnaktivitäten einhergeht oder nicht (vgl. Azari et al. 2001).

Dazu wählten sie für ihr Experiment zwölf Personen aus. Sechs von ihnen, zwei Frauen und vier Männer, bezeichneten sich als religiös, und sechs, zwei Frauen und vier Männer, als nichtreligiös. Die religiösen Teilnehmer waren Mitglieder einer evangelikalen Freikirche, verstanden die biblischen Texte als wortwörtliche Offenbarung Gottes und blickten alle auf ein besonderes Bekehrungserlebnis zurück. Bei diesem Erlebnis und in ihrer persönlichen religiösen Erfahrung spielte der erste Vers des biblischen Psalms 23 eine entscheidende Rolle: „Der Herr ist mein Hirte, nichts wird mir fehlen." Alle arbeiteten als Lehrer an einer höheren Schule, die von ihrer Glaubensgemeinschaft geführt wurde. Für diese Berufstätigkeit waren sie aufgrund strenger Glaubenskriterien ausgewählt worden. Die sechs Personen bildeten eine religiös homogene Gruppe. Die nichtreligiösen Teilnehmer waren Studierende verschiedener naturwissenschaftlicher Fächer an der Universität Düsseldorf. Die vor dem Experiment durchgeführten psychologischen Tests ergaben, dass beide Gruppen der Teilnehmer ähnliche Werte bei Persönlichkeitsmerkmalen und Lebenszufriedenheit aufwiesen.

Die Teilnehmer am Experiment hatten drei Aufgaben zu erledigen: Rezitieren des ersten Verses von Psalm 23, Aufsagen des lustigen Kinderreims „Das ist der Daumen …" und Lesen der Gebrauchsanweisung für eine Telefonkarte aus dem Düsseldorfer Telefonbuch. Die Texte waren in ihrer Länge aufeinander abgestimmt. Den Kinderreim wählten die Autoren deshalb, weil alle Teilnehmer ihn kannten und weil er nicht mit Musik assoziiert wurde. Zum Zeitpunkt der Gehirnaufnahmen konnten alle Ver-

86

suchspersonen sowohl den Psalmvers als auch den Kinderreim auswendig wiedergeben.

Die Mitglieder der religiösen Gruppe betrachteten die Aufforderung, sie sollten während der Hirnscans versuchen, sich wiederholt in einen religiösen Zustand zu versetzen, als despektierlich und als mit ihrer persönlichen religiösen Erfahrung nicht vereinbar. Sie akzeptierten den Vorschlag, stattdessen zu versuchen, einen religiösen Zustand in sich hervorzurufen und diesen während der Dauer der gesamten Gehirnaufnahmen aufrechtzuerhalten.

Als bildgebendes Verfahren verwendeten die Autoren die Positronen-Emissions-Tomografie (PET), um die regionale Gehirndurchblutung ihrer Probanden zu messen. Für jede Versuchsperson (Vpn) umfasste das Experiment sechs Hirnscans, mit jeweils zehn Minuten Pause dazwischen. Vor jedem Scan wurde der Vpn eine leicht radioaktive Substanz in die rechte Oberarmvene injiziert. Diese Tracer-Substanz verteilt sich im Körper und Gehirn, und mit ihrer Hilfe kann die Blutversorgung der Gehirnzellen sichtbar gemacht werden. Das PET-Verfahren bildet die Durchblutung im Gehirn mit großer Genauigkeit ab. Die PET-Scans wurden unter den folgenden sechs Bedingungen durchgeführt: (1) beim Lesen des Psalms, (2) beim Rezitieren des Psalms mit geschlossenen Augen, (3) beim Lesen des Kinderreims, (4) beim Rezitieren des Kinderreims mit geschlossenen Augen, (5) beim stillen Lesen der Gebrauchsanweisung für die Telefonkarte und (6) während einer Ruhephase (ruhiges Liegen) mit geschlossenen Augen. Beim Rezitieren waren die Augen der Vpn jeweils bedeckt, und beim Lesen wurde ihnen der Text auf einem Flachbildschirm dargeboten. Wie die Vpn jede der Aufgaben erlebte, wurde mithilfe eines Fragebogens über positive und negative Gefühle erhoben.

Während der Rezitation des Psalms versetzten sich die Mitglieder der religiösen Gruppe erfolgreich in einen religiösen Zustand. Wie frühere Untersuchungen auf dem Gebiet der Religionspsychologie zeigen, haben religiöse Bewertungsprozesse in der Regel den Zweck, negativen Situationen oder Krisensituationen entgegenzuwirken oder diese zu verbessern. Die religiöse Gruppe zeigte einen Trend zu verminderten negativen Emotionen während der Rezitation des Psalms, bei den übrigen Aufgaben waren bei ihr keine Veränderungen in den positiven oder negativen Emotionen festzustellen. Die nichtreligiöse Gruppe zeigte keine Veränderungen in den Werten des Tests über positive und negative Emotionen. Die Autoren betonen, dass eine religiöse Erfahrung aus der Perspektive des Subjekts beschrieben werden muss, denn ihre persönliche Interpretation ist ein wesentlicher Teil dieser Erfahrung. Zudem gebe es keine akzeptable, subjektunabhängige Definition von „Religion" oder „religiös". Ob ein religiöser Zustand erreicht wurde oder nicht, könne allein aufgrund der persönlichen Selbsteinschätzung der Vpn festgestellt werden. Die Vpn versetzte sich in einen religiösen Zustand und hielt diesen aufrecht, dann und nur dann, wenn sie selbst äußert, dass dies der Fall war.

Die PET-Aufnahmen zeigten deutliche Unterschiede zwischen der religiösen und der nichtreligiösen Gruppe. Bei den religiösen Versuchspersonen war im Vergleich zu den nichtreligiösen Teilnehmern während des religiösen Zustandes eine signifikant höhere Durchblutung im Bereich des Stirnhirns, speziell im rechten dorsolateralen Präfrontalkortex, zu beobachten. Die Durchblutung dieser Region war auch höher als während der anderen Testbedingungen wie Lesen des Kinderreims, beim Lesen der Gebrauchsanweisung und in der Ruhephase. Während des religiösen Zustandes war zudem eine erhöhte Durchblutung in einem Bereich des Stirnhirns (dorsomedialer Frontalkortex) sowie im rechten Precuneus zu beobachten. Precuneus ist der Name einer Gehirnregion, die zwischen dem Scheitellappen und dem Hinterhauptslappen lokalisiert ist. Diese Region unterhält starke anatomische Verbindungen zum Stirnhirn und spielt eine Schlüsselrolle beim visuellen Gedächtnis. Bereiche im Stirnhirn sind entscheidend für das Abrufen von Erinnerungen und für das bewusste Steuern der Gedanken. Bei den religiösen Teilnehmern war keinerlei erhöhte Durchblutung in den Regionen des limbischen Systems zu beobachten (Mandelkerne und orbitofrontaler Kortex eingeschlossen), die an emotionalen Reaktionen und Gefühlserlebnissen beteiligt sind. Das ist bemerkenswert, da die Versuchspersonen nach ihren eigenen Aussagen vom Rezitieren des Psalmverses positiv angetan waren.

Bei den nichtreligiösen Teilnehmern zeigte sich hingegen eine erhöhte Durchblutung des linken Mandelkerns (Amygdala) während des amüsant-lustigen Zustandes. Diese Versuchspersonen empfanden das Lesen des bekannten Kinderreims als amüsant. Der Psalm hatte für sie keine besondere Bedeutung und löste auch keine religiöse Erfahrung aus. Den religiösen Teilnehmern bereitete das Hersagen des Kinderreims nach eigenen Angaben kaum Vergnügen. Sie versetzten sich, wie sie sagten, durch das Rezitieren des Psalms in einen religiösen Zustand. Bei ihnen waren vor allem Gehirnbereiche erhöht durchblutet, die an Denkprozessen beteiligt sind. Dies belegt, so die Schlussfolgerung der Autoren, dass eine religiöse Erfahrung vor allem ein kognitives Phänomen ist.

Das wichtigste Ergebnis dieser Studie besteht darin, dass bei religiösen Erfahrungen vor allem kognitive Bewertungsprozesse beteiligt sind. Diese werden durch etablierte neuronale Schaltkreise vermittelt. Religiöse Zuschreibungen geschehen in Übereinstimmung mit bereits bestehenden Glaubensüberzeugungen und Einstellungen. Vor allem in unbekannten und ungewissen Situationen, in denen eine Person nicht weiß, was sie erwartet und was sie tun soll, aber aktiv nach einer Lösung sucht, werden religiöse Bewertungen aktiviert. Für die Mitglieder der religiösen Gruppe des Experimentes war Psalm 23 offensichtlich der Anlass für eine religiöse Erfahrung. Aus einer Erfahrung wird jedoch erst dann eine religiöse Erfahrung, wenn die Person sie bewusst in Übereinstimmung mit ihren religiösen Überzeugungen als solche identifiziert. „Religiöse Erfahrungen werden selbst strukturiert von früheren und gegenwärtigen Überzeugungen, von der wahrgenommenen Bedeutung und Interpretation eines gegebenen Erfahrungsrahmens", unterstreicht Nina Azari und fügt hinzu: „Die religiösen Erlebnisse, die wir oder auch Newberg studiert haben, setzen eine bereits existierende religiöse Tradition voraus. Daher können sie auch nicht einfach benutzt werden, um die Entstehung religiöser Traditionen zu erklären. Da landet man in einem Teufelskreis." (zit. nach Schnabel 2008, 262–263)

Eine Herausforderung für zukünftige Untersuchungen sehen die Autoren dieser Studie in der Erforschung vorübergehender religiöser Zustände und der Entstehung weiterer Formen religiöser Erfahrungen und Erlebnisse. Es könnte sich durchaus herausstellen, dass man eine religiöse Erfahrung letztlich in eine Reihe von Einzelprozessen unterteilen kann, so wie es beispielsweise bei der Erforschung des Gedächtnisses der Fall war. Die Ergebnisse der Gedächtnisforschung zeigen nämlich, dass es verschiedene, klar voneinander unterscheidbare Formen des Kurzzeit- und Langzeitgedächtnisses gibt (vgl. Goller 2009, Kap. 3).

Nina Azari konstatiert nüchtern, dass die Hirnforschung uns nichts über Gott sagen kann, weil ihr Studienobjekt der Mensch ist und nicht Gott. Die Hirnforschung könne bestenfalls etwas darüber herausfinden, wie sich der religiöse Glaube im Gehirn auswirkt. Wir Menschen seien verkörperte Wesen, und deshalb hinterlassen die Erfahrungen, die wir machen, Spuren in unserem Körper. Man könne das mit der Spur vergleichen, die ein Stock hinterlässt, den man in den Sand wirft. „In der Hirnforschung untersuchen wir diese Spur im Sand, nicht den Stock selbst. Aber das erklärt leider kaum eines dieser populären Bücher über Neurotheologie." (zit. nach Schnabel 2008, 263)

Schläfenlappenepilepsie und religiöse Erlebnisse

Jahrhundertelang glaubte man, Götter oder Dämonen verursachten epileptische Anfälle, denn gegen diese Krankheit waren alle menschlichen Heilkünste machtlos. Hippokrates, der Vater der Medizin, wandte sich bereits zu Beginn des vierten Jahrhunderts vor Christus in einer ihm zugeschriebenen Schrift über Epilepsie mit dem Titel „Über die heilige Krankheit" entschieden gegen diese Ansicht. Epilepsie sei nicht heiliger oder göttlicher als andere Krankheiten. Wie alle Krankheiten habe auch sie eine ganz natürliche Ursache. Schuld an diesem Leiden sei, wie auch an den wichtigsten Krankheiten sonst, das Gehirn.

Auf eine ähnliche Art und Weise argumentieren Jeffrey Saver und John Rabin, zwei Neurologen an der University of California. Sie verfassten einen einflussreichen Artikel mit dem Titel „Die neuronalen Substrate religiöser Erfahrung" (vgl. Saver & Rabin 1997). Die beiden gehen davon aus, dass religiöse Erfahrungen wie alle menschlichen Erfahrungen eine neuronale Grundlage besitzen. Religiöse Bewusstseinszustände seien genauso gehirnabhängig wie wissenschaftliches Argumentieren, moralisches Urteilen und künstlerisches Schaffen. Hinweise auf die neuronalen Grundlagen religiöser und mystischer Erfahrungen können uns Studien über Schläfenlappenepilepsien, über Nahtoderfahrungen und über den Konsum halluzinogener Substanzen wie LSD, Psilocybin und Meskalin geben. Die Feststellung der neuronalen Grundlage religiöser Erfahrungen und Erlebnisse mindere nicht automatisch deren spirituelle Bedeutung, denn die Wirklichkeit, auf die religiöse Erfahrungen sich beziehen, könne durch den Aufweis neuronaler Korrelate weder bewiesen noch widerlegt werden. Es gebe auch das Argument, die Entdeckung des neuronalen Apparates, der für religiöse Erfahrungen zuständig ist, könne den Glauben sogar bestärken, denn dies zeige, dass eine höhere Macht den Menschen so konstruiert hat, dass er fähig ist, das Göttliche zu erfahren. Für die Gehirnforschung bestehe die große Herausforderung darin, die genauen neuronalen Korrelate religiöser Erfahrungen und deren Veränderung bei Gehirnstörungen zu beschreiben.

Religiöse Erlebnisse können während eines epileptischen Anfalls auftreten, in der Zeit zwischen zwei oder mehreren Anfällen, in der die Gehirnaktivität normal ist, und nach einem oder mehreren Anfällen. Die dramatischen Grand-Mal-Anfälle, die zu Muskelkrämpfen, rhythmischen Muskelzuckungen und Bewusstlosigkeit führen, unterscheiden sich von der sogenannten Schläfenlappenepilepsie. Grand-Mal-Anfälle entstehen, weil irgendwo im Gehirn eine Ansammlung von Neuronen chaotisch feuert und diese Aktivität sich dann auf das gesamte Gehirn ausbreitet. Die Schläfenlappenepilepsie oder Temporal-

92

lappenepilepsie hingegen ist eine partielle Form der Epilepsie, deren Herd im Schläfenlappen liegt und auf eine kleine Region beschränkt bleibt. Die Anfälle dauern zwar nur wenige Sekunden, aber diese kurzen Schläfenlappenstürme sollen in der Lage sein, die Persönlichkeit des Patienten auf Dauer zu verändern.

Die Untersuchung von Ogata und Miyakawa

In Japan befragten die Ärzte Ogata und Miyakawa 234 Epileptiker, alles ambulante Patienten, nach religiösen Erfahrungen in Verbindung mit ihren Anfällen (vgl. Ogata & Miyakawa 1998). Von den untersuchten 234 Patienten berichteten lediglich drei (1,3 Prozent) von religiösen Erlebnissen, alle anderen dagegen nicht. Die drei Patienten, zwei Frauen und ein Mann, gehörten zur Gruppe der 137 Patienten, die Symptome einer Schläfenlappenepilepsie zeigten. Der Anteil der Patienten mit religiösen Erfahrungen in dieser Gruppe betrug 2,2 Prozent. Die Autoren erwähnen eine ähnliche japanische Studie aus dem Jahr 1994, in welcher nur sechs von 606 Patienten mit Schläfenlappenepilepsie von religiösen Erfahrungen berichteten (1,0 Prozent). Vergleichbare Erhebungen und Statistiken über die Auftrittshäufigkeit von speziellen religiösen Erlebnissen bei Schläfenlappen-Epileptikern in Europa und Amerika liegen nicht vor.

Obwohl die Mehrheit der Japaner sich zum Buddhismus bekenne, besuchen viele von ihnen keinen Tempel und lesen auch nicht die Schriften des Buddhismus (Sutra). In Japan gebe es keine starke Präsenz der Religion. Die Autoren fragten sich deshalb, welche Auswirkungen dieser Umstand auf die Epilepsie-Patienten hatte. In ihrer Untersuchung der religiösen Erfahrungen dieser Patienten be-

93

rücksichtigten sie biologische, soziale und psychologische Einflüsse gleichermaßen. Eingehend beschreiben sie die drei Epilepsie-Patienten, die von religiösen Erlebnissen im Zusammenhang mit ihren Anfällen berichteten.

Die erste Patientin, eine 44-jährige Frau, stammt aus einer Familie, deren religiöser Glaube in einer Mischung aus Buddhismus und Shintoismus bestand. Ihre Mutter, eine Wahrsagerin, sagte ihr wiederholt, sie solle vor den Göttern und Buddha niederknien und beten. Wenn sie erwachsen sei, werde ihr eine außergewöhnliche Erleuchtung zuteilwerden. Mit siebzehn Jahren begannen die epileptischen Anfälle. Im Alter von 28 Jahren wurde bei ihr eine Schläfenlappenepilepsie diagnostiziert. Hirnstrommessungen (EEG) in der Zeit zwischen den Anfällen zeigten Spike-Wave-Entladungen in den vorderen Regionen der Schläfenlappen. Die Anfälle traten mehrere Male im Monat auf und waren von akustischen Halluzinationen begleitet. Die Frau hörte Stimmen, die ihr sagten, sie solle vor den Göttern und Buddha niederknien und beten. Mit siebzehn Jahren hatte sie einen schweren Anfall von Epilepsie, dem eine Phase von großer Klarheit des Bewusstseins (Luzidität) folgte, die zwei Tage andauerte. Anschließend trat sie in einen Zustand der Verwirrtheit ein. Eine Woche lang hatte sie eine episodische Psychose, in der sie mystisch-religiöse Erfahrungen durchlebte. Sie sagte: „Gott und Buddha erschienen mir, und ich sah Texte des Buddhismus (Sutra), die mich inspirierten." Diese religiösen Erlebnisse veranlassten sie dazu, Schamanin zu werden. Nannte man ihr in der Rolle als Schamanin den Namen und das Geburtsdatum eines Klienten, so schien sie wie von Geistern besessen zu sein und begann mit einer tranceartigen Stimme zu singen und zu beten. Sie wurde hyperreligiös und betete stundenlang zu den Göttern oder zu Buddha.

94

Die Autoren deuten die akustischen Halluzinationen der Patientin als Imitation der ständigen Aufforderung ihrer Mutter, vor Gott und Buddha zu knien und zu beten. Obwohl, biologisch betrachtet, die Anfälle kortikalen Entladungen zuzuschreiben sind, sei doch bekannt, dass das Gedächtnis mit den Schläfenlappen und dem limbischen System in Verbindung steht. Da die Patientin in einer strenggläubigen Familie aufwuchs, sei es offenkundig, dass eine Kombination aus psychologischen, sozialen und biologischen Einflüssen das Auftreten und den Inhalt ihrer Halluzinationen bestimmte. Ihre epileptischen Anfälle waren das Ergebnis biologischer, psychologischer und sozialer Einflussfaktoren, die von Aktivitäten in den Schläfenlappen, im limbischen System und von vergangenen Erfahrungen herrührten, die während der Anfälle erinnert wurden.

Fall zwei ist eine 55-jährige Frau, die im Alter von 22 Jahren heiratete und auf den Rat ihrer Schwiegermutter ein Jahr später zu einer neuen christlichen Sekte konvertierte. Sie war jedoch nicht ernsthaft gläubig, bis sie im Alter von 34 Jahren während eines postepileptischen Zustandes eine mystisch-religiöse Erfahrung machte. Ihre Anfälle begannen mit 33 Jahren. Im Elektroenzephalogramm (EEG) zeigten sich bei ihr Spike-Wave-Entladungen in der Region des linken vorderen Schläfenlappens. Deshalb erhielt sie die Diagnose Schläfenlappenepilepsie. Die klinischen Anfälle, die ein bis zweimal pro Monat auftraten, konnten durch Medikamente nicht kontrolliert werden und wurden als schwer behandelbar eingestuft. Obwohl ihr erster Anfall im Alter von 33 Jahren auftrat, hatte sie eine postiktale Psychose („postiktal" bedeutet: nach einem oder mehreren Anfällen) erst im Alter von 34 Jahren. Sie erlebte psychotische Zustände circa einmal alle fünf Jahre. Wenn komplexe partielle (fokale) Anfälle auftraten, dann hatte sie während einer Woche eine Bewusstseinsstörung in Form eines Dämmerzustandes, der dann in einen Zustand der Verwirrtheit überging. Während dieser Zeit hatte sie religiös-mystische Erlebnisse. Sie sagte, sie hätte Jesus gesehen und seine Stimme gehört. Seit dieser Erfahrung begann sie, jeden Tag eine Stunde in der Bibel zu lesen, und engagierte sich auch stärker in ihrer neuen christlichen Sekte. Gelegentlich erlebte sie paranoide Zustände, in denen sie die Stimme des Nachbarn hörte oder glaubte, dass „irgendjemand" versuchte, sie zu „kriegen".

Der dritte Fall ist ein 44 Jahre alter Mann, dessen Mutter eine strenggläubige Buddhistin war, die regelmäßig mit ihm betete, damit seine Epilepsie geheilt werde. Mit zwölf Jahren hatte er seinen ersten Anfall. Die EEG-Aufzeichnungen in der Zeit zwischen den Anfällen zeigten Spike-Wave-Entladungen in der Region des linken vorderen Schläfenlappens, und er erhielt die Diagnose Schläfenlappenepilepsie. Die Anfälle traten ein bis zweimal im Monat auf. Im Alter von 23 Jahren erlebte er einen heftigen Anfall, weil er die regelmäßige Einnahme der Medikamente vernachlässigt hatte. Nach einem Dämmerzustand von drei Tagen hatte er eine mystisch-religiöse Erfahrung, die eine Woche anhielt. Im Alter von 29 Jahren und dann wieder mit 35 Jahren hatte er eine postiktale Psychose, die mit religiösen Erlebnissen einherging. Diese führte nicht zu einer religiösen Konversion, doch seine Hyperreligiosität breitete sich als Folge davon aus. Bei jedem psychotischen Zustand, den er durchlebte, war die Religion, die sich zeigte, eine andere. Während einer psychotischen Episode im Alter von 35 Jahren berichtete er: „Ich sah verschiedene göttliche Welten, eine neue christliche Sekte und andere Formen zeitgenössischer Religionen. Ich hörte die Stimmen der Gegenstände der Vereh-

96

rung jeder Religion und ich sah, wie Himmel und Erde jeder Religion entsprechend geschaffen wurden." Hyperreligiosität wurde bei ihm im Alter von 21 Jahren festgestellt, als er häufig Anfälle erlebte. Zu der Zeit war er Anhänger einer Volksreligion, deren Mitglieder den Gott des Wassers verehrten. Diese Religion praktizierte er beinahe zehn Jahre lang, bevor er zu einer zeitgenössischen japanischen Religion konvertierte. Ein Jahr später, im Alter von 31 Jahren, konvertierte er zu einer neuen christlichen Sekte, bei der er drei Jahre blieb, bevor er erneut konvertierte, diesmal zu einer allgemeinen Volksreligion. Alle seine plötzlichen Konversionen wurden durch Stress und Angst ausgelöst. Jedes Mal, wenn er sich in einem psychotischen Zustand befand, hatte er unterschiedliche religiöse Erfahrungen, wobei jede von ihnen mit der Religion übereinstimmte, zu der er vorher übergetreten war.

Bei allen drei Patienten stellte man sowohl eine postiktale Psychose als auch Hyperreligiosität in der Zeit zwischen den Anfällen fest, jedoch keine religiösen Wahnvorstellungen. In ihrem Glauben folgten die drei nicht dem traditionellen japanischen Buddhismus, sondern einer Kombination aus Buddhismus und Shintoismus, einer neueren christlichen Sekte oder Varianten des Volksglaubens. In einem Land wie Japan, in dem die traditionellen Religionen relativ statisch und nicht-dynamisch sind, bilden nicht-traditionelle Religionen eher den Gegenstand der Hyperreligiosität. Dies zeige, dass die religiösen Erfahrungen der drei Patienten nicht nur mit ihren Persönlichkeitsmerkmalen, sondern auch mit dem Mangel an religiöser Überzeugung und Praxis in Japan zu tun haben. Die Schläfenlappenepilepsie der drei Patienten war stark mit religiösen Erfahrungen sowohl während der Anfälle als auch zwischen den Anfällen verbunden. Beide Formen religiöser Erfahrungen beeinflussten sich wechselseitig.

Ramachandrans Untersuchung von Patienten mit Schläfenlappenepilepsie

Der Neurologe Vilayanur Ramachandran von der University of California in San Diego hatte schon länger vermutet, dass die Schläfenlappen, vor allem der linke, etwas mit religiösen Erfahrungen zu tun haben (vgl. Ramachandran & Blakeslee 2002, Kap. 9). Jeder Medizinstudent lerne, dass Patienten mit epileptischen Anfällen, die in diesen Gehirnregionen entstehen, während der Anfälle häufig intensive spirituelle Erlebnisse haben. In den Zeiten zwischen den Anfällen beschäftigten sie sich ausführlich mit religiösen und moralischen Themen. Kann man daraus den Schluss ziehen, dass es in unserem Gehirn ein religiöses Zentrum, einen Schaltkreis für religiöse Erfahrungen, gibt?, fragt Ramachandran. Tragen wir ein „Gottesmodul" im Kopf? Keine menschliche Eigenschaft sei so rätselhaft wie die Neigung, an eine höhere Macht zu glauben, welche die Welt der Erscheinungen transzendiert. Das Wissen um die Begrenztheit des Lebens und um den unausweichlichen Tod werfe die Frage auf: Welche Bedeutung hat mein kleines Leben im großen Plan der Welt? Wir Menschen seien in einem Paradox gefangen: Einerseits scheint uns das Leben unendlich wichtig zu sein, andererseits wissen wir, dass unsere kurze Existenz im kosmischen Plan gar nichts gilt. In diesem Dilemma suchen viele Menschen Trost in der Religion. Doch dies sei wohl nicht die ganze Wahrheit. Wäre der Glaube bloß eine Mischung aus Wunschdenken und der Sehnsucht nach Unsterblichkeit – wie ließen sich dann die intensiven religiösen Erlebnisse erklären, über die Patienten mit Schläfenlappenepilepsie berichten? Manche von ihnen sprechen von einem „göttlichen Licht", das alle Dinge erhellt, oder von einer „letzten Wahrheit", die den gewöhnlichen Menschen verborgen bleibt, weil sie sich allzu sehr in der Geschäftigkeit ihres Alltags verstricken. Natürlich sei es denkbar, dass diese Patienten an Halluzinationen und Wahnideen leiden. Doch warum treten solche Halluzinationen nur dann auf, wenn die Schläfenlappen beteiligt sind?, fragt Ramachandran. Als Neurowissenschaftler möchte er herausfinden, wie und warum religiöse Gefühle im Gehirn entstehen. Diese Frage habe aber nicht die geringste Auswirkung auf die Frage, ob Gott wirklich existiert oder nicht.

Ramachandran vermutet, dass bei der Entstehung religiöser Gefühle vor allem die Kommunikation zwischen den sensorischen Zentren für Sehen, Hören, Tasten, Riechen und Schmecken einerseits und der Amygdala (Mandelkern) andererseits eine zentrale Rolle spielt. Die Amygdala, eine mandelförmige paarige Struktur, die sich an der medialen Fläche der Schläfenlappen befindet, ist darauf spezialisiert, Informationen aus der Außenwelt und aus dem Körperinneren mit einer emotionalen Bedeutung zu versehen. Ramachandran nennt die Amygdala das Tor zum limbischen System. Dieses System wird oft verkürzt als „emotionales Gehirn" bezeichnet. Es besteht aus einer Reihe von funktionell eng miteinander verbundenen Hirnstrukturen, die zwischen dem Hirnstamm und der Großhirnrinde lokalisiert sind und den Hirnstamm wie einen Saum (Latein: *limbus*) umgeben. Dieses System spielt nicht nur eine wichtige Rolle bei Emotionen und Motivation, sondern auch beim Lernen und Erinnern. Ramachandran meint, unser Wissen über die Funktionen des limbischen Systems stamme hauptsächlich von Patienten mit epileptischen Anfällen, die in diesem Teil des Gehirns ihren Ursprung haben. Wenn der epileptische Herd im limbischen System liegt, so Ramachandran, dann sind die auffälligsten Symptome emotionaler Natur.

Die Patienten berichten, ihre Gefühle stünden „in Flammen", sie sprechen von Ekstase, von tiefer Verzweiflung, von Wut und Schrecken und einem Gefühl bevorstehenden Unheils. Frauen erleben während der Anfälle manchmal Orgasmen, während das bei Männern aus unbekannten Gründen nicht der Fall sei. Am auffälligsten seien Patienten, die tief bewegende spirituelle Erlebnisse haben, wie das Gefühl der Gegenwart Gottes und der direkten Kommunikation mit ihm. Für sie sei alles mit kosmischer Bedeutung erfüllt. Sie sagen: „Jetzt weiß ich, was das alles soll. Das ist der Augenblick, auf den ich mein ganzes Leben lang gewartet habe. Plötzlich ergibt alles einen Sinn." Oder: „Endlich habe ich Einblick in das wahre Wesen des Kosmos." (Ramachandran & Blakeslee 2002, 290) Für Ramachandran besteht eine gewisse Ironie darin, dass das Gefühl der Erleuchtung und die Überzeugung, der letzten Wahrheit teilhaftig geworden zu sein, limbischen Strukturen entspringt, die sich mit Emotionen befassen, und nicht den denkenden und vernünftigen Teilen des Gehirns, die so stolz darauf sind, zwischen Wahrheit und Unwahrheit unterscheiden zu können.

Ramachandran schildert den Fall eines zweiunddreißigjährigen Mannes, der spontan in sein Labor kam und von außergewöhnlichen religiösen Erlebnissen berichtete. Er trat majestätisch auf, trug ein prächtiges, juwelenbesetztes Kreuz um den Hals und strahlte die Anmaßung eines Rechtgläubigen aus, aber nicht die Demut eines tiefreligiösen Menschen. Im Alter von acht Jahren hatte er seinen ersten Anfall, dem später weitere folgten, die sein Leben veränderten. „Ich erinnere mich noch, dass ich helles Licht sah, bevor ich zu Boden fiel, und mich fragte, woher es komme. Plötzlich sah ich alles kristallklar vor mir. Ich hatte nicht mehr den geringsten Zweifel." Als Ramachandran ihn bat, diese Erlebnisse etwas eingehender zu beschreiben, meinte er: „Ach, wissen Sie, Herr Doktor, das ist nicht leicht. Es ist, als wollten Sie einem Kind, das noch nicht in der Pubertät ist, die Wonnen der Sexualität erklären. Halten Sie das für vernünftig?" Auf die Frage, was er selbst von den Wonnen der Sexualität halte, antwortete er: „Also, um ehrlich zu sein, sie interessieren mich nicht mehr besonders. Sie verblassen vollständig neben dem göttlichen Licht, das ich erblickt habe." Trotzdem flirtete er kurze Zeit später mit zwei Studentinnen und versuchte, ihnen ihre privaten Telefonnummern zu entlocken. Diese paradoxe Mischung aus Libidoverlust und übermäßiger Beschäftigung mit sexuellen Ritualen, meint Ramachandran, sein keine Seltenheit bei Patienten mit Schläfenlappenepilepsie (vgl. Ramachandran & Blakeslee 2002, 292–294).

Eine Hypothese zur Erklärung der religiösen Erlebnisse von Schläfenlappenepileptikern, die Ramachandran für empirisch überprüfbar hält, geht von den Verbindungen zwischen den sensorischen Zentren (Sehen, Hören, Tasten, Riechen, Schmecken) und der Amygdala aus. Er nennt sie die „Kindling-Hypothese". Ihr zufolge werde durch das Feuern der Neuronen des epileptischen Herdes im limbischen System die Kommunikation zwischen den sensorischen Rindenfeldern und den emotionalen Zentren angefacht und intensiviert. Als Folge davon erhalte jedes Objekt und Ereignis eine tiefe Bedeutung, sodass der Patient das Universum in einem Sandkorn erblickt, auf einem Meer religiöser Ekstase schwimmt und von dessen Wogen an die Ufer des Nirwana getragen wird (vgl. Ramachandran & Blakeslee 2002, 296). Die These, dass Kindling unterschiedslos alle Bahnen zwischen den Schläfenlappen und der Amygdala verstärkt habe, lasse sich direkt testen, indem man die galvanische Hautreaktion des Patienten misst. Der Ausdruck „galvanische Hautreaktion" (elektrodermale Aktivität) bezeichnet die Veränderung der elektrischen Leitfähigkeit der Haut, die durch eine Zunahme der Aktivität der Schweißdrüsen verursacht wird. Sie wird mithilfe kleiner Elektroden an der Haut der Finger oder der Handfläche registriert und gilt als Indikator für physiologische Aktivierung, die mit Emotionen und Stress einhergeht. Im Unterschied zu Nichtepileptikern, die eine erhöhte galvanische Hautreaktion nur auf Reize, wie beispielsweise Eltern, Ehepartner, Löwen oder erschreckende Geräusche, zeigen, müsste ein Patient mit Schläfenlappenepilepsie der Kindling-Hypothese zufolge bei allen Dingen unter der Sonne eine erhöhte galvanische Hautreaktion zeigen.

Ramachandran untersuchte zwei Patienten mit Schläfenlappenepilepsie. Er befestigte Elektroden an ihren Händen, um die galvanische Hautreaktion zu messen, während sie auf einem vor ihnen stehenden Computerbildschirm zufällig ausgewählte Wörter und Bilder beobachteten. Es waren Wörter für alltägliche Gegenstände (Schuh, Vase, Tisch), vertraute Gesichter (Eltern, Geschwister), unbekannte Gesichter, sexuell erregende Wörter und Bilder (Fotos aus erotischen Magazinen), Vulgärwörter für sexuelle Handlungen, Darstellungen extremer Gewalt (einen Alligator, der einen lebenden Menschen frisst; einen Mann, der sich selbst anzündet) sowie religiöse Wörter und Symbole, wie zum Beispiel das Wort „Gott".

Würden Sie und ich uns diesem Test unterziehen, bemerkt Ramachandran, dann würden wir eine heftige galvanische Hautreaktion bei Gewaltszenen und bei sexuell eindeutigen Wörtern und Bildern produzieren, eine recht starke Reaktion bei vertrauten Gesichtern, bei allen anderen Kategorien jedoch keine Reaktion zeigen.

Der *Kindling*-Hypothese zufolge müssten die beiden Epilepsie-Patienten mit einer gleichförmig starken elek-

102

trodermalen Aktivität auf alle Kategorien von Wörtern und Bildern reagieren. Überraschenderweise reagierten die beiden getesteten Patienten mit einer erhöhten galvanischen Hautreaktion jedoch nur auf religiöse Wörter und Symbole, während ihre Reaktion auf die anderen Reize, einschließlich der sexuellen Wörter und Bilder, die bei normalen Versuchspersonen eine heftige Reaktion auslösen, ungewöhnlich gedämpft ausfiel. Bei ihnen war eine selektive Verstärkung der galvanischen Reaktion auf bestimmte Kategorien von Reizen, wie religiöse Wörter und Symbole, zu beobachten.

Ramachandran bemerkt, dass dieses Ergebnis die *Kindling*-Hypothese ausschließt, nach der die Patienten ihre spirituelle Neigung deshalb entwickelten, weil *alles* in ihrer Umgebung eine tiefe Bedeutung erhalten hatte. Weist das Ergebnis darauf hin, dass es in den Schläfenlappen einen neuronalen Schaltkreis gibt, der auf Religion und Spiritualität spezialisiert ist und der durch den epileptischen Prozess selektiv verstärkt wird?, fragt Ramachandran. Er meint, die Veränderungen, welche die religiöse Inbrunst dieser Patienten auslösen, können überall stattfinden, nicht nur in den Schläfenlappen. So stark die galvanische Hautreaktion auch sein mag, sie biete keine Garantie dafür, dass die Schläfenlappen direkt an der Religion beteiligt sind. An einer religiösen Einstellung, bemerkt er in einer Fußnote, seien wahrscheinlich verschiedene Hirngebiete beteiligt. Außerdem werde nicht jeder Patient mit Schläfenlappenepilepsie religiös. Es gebe viele neuronale Parallelverbindungen zwischen den Schläfenlappen und der Amygdala.

Die Frage, welche Rolle die Schläfenlappen bei religiösen Erlebnissen spielen, ließe sich ein für alle Mal nur durch ihre chirurgische Entfernung klären. Was würde dadurch mit der Persönlichkeit des Patienten, besonders mit seinen religiösen Neigungen, passieren? Würde er keine mystischen Erfahrungen mehr haben und Atheist oder Agnostiker werden? Würde damit an ihm eine Art „Gottektomie" vorgenommen? Man könnte Epilepsiepatienten untersuchen, bei denen man Teile der Schläfenlappen chirurgisch entfernte, weil ihre Anfälle lebensbedrohlich wurden und durch Medikamente nicht mehr zu kontrollieren waren. Eine solche Untersuchung stehe allerdings noch aus.

Insgesamt zieht Ramachandran aus seiner Studie den Schluss, dass es bei Epileptikern zu dauerhaften Veränderungen in den Schaltkreisen der Schläfenlappen kommt. Diese Veränderungen werden durch selektive Verstärkung einiger Verbindungen und die Beseitigung anderer verursacht, sodass die emotionale Landschaft der Patienten ein ganz anderes Relief mit neuen Gipfeln und Tälern erhalte. Ganz offensichtlich gebe es im menschlichen Gehirn Schaltkreise, die an religiösen Erfahrungen beteiligt sind und die bei manchen Epileptikern hyperaktiv werden (vgl. Ramachandran & Blakeslee 2002, 303–304).

Ramachandran führte in seinem Experiment bei den beiden Schläfenlappen-Epileptikern keinerlei Messungen der Gehirntätigkeit durch, während sie verschiedene Wörter, Symbole und Bilder auf dem Bildschirm beobachteten. Daher wissen wir auch nicht, ob die Schläfenlappen der beiden Patienten immer dann besonders aktiv waren, wenn ihnen religiöse Wörter und Symbole gezeigt wurden. Ramachandrans Untersuchungsergebnisse sind mit Vorsicht zu genießen, solange sie nicht an einer größeren Anzahl von Patienten bestätigt werden. Systematische Untersuchungen liegen bisher nicht vor. Ein Befund, der sich lediglich auf zwei Individuen stützt, erlaubt keine verallgemeinernden Schlussfolgerungen. Allein auf der Grundlage der Ergebnisse dieser Untersuchung kann man

104

nicht den Schluss ziehen, dass religiöse, spirituelle und mystische Erfahrungen in erster Linie durch die Schläfenlappen vermittelt werden. Zudem gehen Schläfenlappenepilepsien nicht notgedrungen mit besonderen religiösen Erlebnissen einher, wie Erhebungen in Japan belegen. In der einen Untersuchung von 606 Patienten mit Schläfenlappenepilepsie traten nur bei sechs von ihnen derartige Erfahrungen auf und in der anderen Untersuchung nur bei drei von 137 Patienten mit dieser Form der Epilepsie. Die meisten Menschen, die intensive religiöse Erlebnisse haben, sind keine Epileptiker, und nach Anne Runehov berichten nur sechs bis sieben Prozent der Epileptiker von religiösen Erlebnissen während ihrer Anfälle (vgl. Runehov 2007). Wenn Epilepsie religiöse und mystische Erlebnisse produzierte, dann müssten die meisten Epileptiker solche haben. Der Bonner Neurologe Christian Elger, Direktor des Epilepsie-Zentrums an der Universität Bonn, meint in einem Interview: „Wir sehen hier sehr viele Epileptiker. Aber von einer besonderen Neigung zur Religiosität haben wir nie etwas bemerkt." (vgl. Der Spiegel, 21/2002, 194) Der Bonner Neuropsychologe Christian Hoppe betont: „Wir sehen pro Jahr mehrere Hundert Patienten, größtenteils mit Schläfenlappen-Epilepsie, doch tatsächliche Ekstasen wurden bisher bei uns nicht berichtet." (zit. nach Schnabel 2008, 209)

Saver und Rabin empfehlen zur Erklärung religiöser und mystischer Erfahrungen eine „Limbische-Marker-Hypothese". Der Inhalt religiöser und mystischer Erlebnisse, einschließlich ihrer visuellen und sensorischen Komponenten, sei nicht anders als die jeder alltäglichen Erfahrung. Das limbische System markiere diese Erlebnisse jedoch für das Individuum als höchst bedeutungsvoll und kennzeichne sie durch große Freude und Harmonie. Da während religiöser und mystischer Erlebnisse tatsächlich nichts Wesentliches passiere, sei es sehr schwer, diese nachher in Worte zu fassen. Berichtet die Person von ihrem Erlebnis, so könne sie nur dessen Inhalt und den Eindruck vermitteln, dass diese Erfahrung völlig anders sei, jedoch nicht die viszeralen Empfindungen beschreiben. Saver und Rabin versuchen sich die Unbeschreiblichkeit religiöser und mystischer Erfahrungen so zu erklären: Die Wahrnehmungen und der kognitive Gehalt mystischer Erfahrungen sind denen gewöhnlicher Erfahrungen ähnlich, außer dass sie vom limbischen System als von tiefgreifender Bedeutung, als abgehoben, als Eins-Sein mit dem Ganzen und als freudvoll etikettiert werden. Folglich sind Beschreibungen der Inhalte mystischer Erfahrungen ähnlich den Beschreibungen der Inhalte gewöhnlicher Erfahrungen. Die markanten Gefühle, die ihnen anhaften, können aber nicht in Worte gefasst werden. Ähnlich wie heftige Emotionen können diese „limbischen Marker" zwar benannt, aber nicht in ihrer vollen viszeralen Intensität kommuniziert werden, was zum Bericht der Unbeschreiblichkeit führt (vgl. Saver und Rabin 1997, 507).

Die „Limbische-Marker-Hypothese" hat ihre eigenen Schwächen. Die Ergebnisse der umfassenden und gründlichen Studie von Beauregard an Karmelitinnen zeigen, dass religiöse, spirituelle und mystische Erfahrungen nicht bloß mit neuronalen Aktivitäten im Schläfenlappen und im limbischen System einhergehen, sondern mit Aktivitäten in einer ganzen Reihe unterschiedlicher Gehirnregionen. Diese Erfahrungen sind sehr komplex, und die dabei involvierten Gehirnstrukturen sind an so unterschiedlichen Funktionen beteiligt wie Selbstwahrnehmung, Denken, Emotionen, Veränderungen des räumlichen Gefühls für das eigene Selbst und an visuellen und motorischen Vorstellungen. Die Hypothese von Saver und Rabin bezieht sich nur auf die Schläfenlappen und das limbische System und ist daher als unangemessen zu betrachten (vgl. Beauregard & O'Leary 2007, 60-63).

Gibt es eine hyperreligiöse Schläfenlappen-Persönlichkeit?

Traditionell wird Schläfenlappenepilepsie mit besonderen Persönlichkeitsmerkmalen in Verbindung gebracht. Ramachandran beispielsweise betont, dass seine Studie zur galvanischen Hautreaktion an zwei Epileptikern eindrucksvoll zeige, wie Anfälle von Schläfenlappenepilepsie die geistige Verfassung der Patienten dauerhaft verändern und zu Verzerrungen ihrer Persönlichkeit führen. Nur selten seien bei anderen neurologischen Störungen so tiefgreifende emotionale Verwerfungsprozesse oder derart ausgeprägte religiöse Interessen zu beobachten. Ramachandran ist sich durchaus dessen bewusst, dass das Konzept der „Temporallappen-Persönlichkeit" umstritten ist. Die Fachleute seien sich nicht einig, ob diese Persönlichkeitsmerkmale bei Epileptikern häufiger anzutreffen sind als bei Nichtepileptikern (vgl. Ramachandran & Blakeslee 2002, 300-303).

Als markante Merkmale der sogenannten hyperreligiösen „Schläfenlappen-Persönlichkeit", vielfach auch als „Geschwind-Syndrom" bezeichnet, gelten: Hyperreligiosität, die zu zahlreichen Konversionen führen kann; Hypergrafie, d. h. Tagebücher führen, in denen alltägliche Ereignisse in allen Einzelheiten festgehalten werden; Überbetonung von Nebensächlichkeiten und Trivialitäten des täglichen Lebens, intensive philosophische Interessen, das Erblicken kosmischer Bedeutung in trivialen Ereignissen, eine pedantische Sprache, Humorlosigkeit, Egozentrik, Beharren auf persönlichen Problemen im Gespräch, paranoide Züge, eine Neigung zu aggressiven Ausbrüchen sowie eine übertriebene Anhänglichkeit an andere oder Abhängigkeit von anderen (vgl. Kolb & Whishaw 1996, 254; Gazzaniga 2005, 157). Es gibt wohl nur wenige Menschen, auf die alle diese Charakterzüge zutreffen dürften. Ähnliche Veränderungen der Persönlichkeit werden als Folge von Läsionen des Schläfenlappens beschrieben. Das Konzept der Schläfenlappen-Persönlichkeit hat nie Eingang in die Diagnoseschlüssel psychischer Störungen gefunden. Sowohl in der „Internationalen Klassifikation Psychischer Störungen" (ICD-10) als auch im „Diagnostischen und Statistischen Manual Psychischer Störungen" (DSM-IV-TR) findet sich unter den Persönlichkeitsstörungen keine mit dem Namen Schläfenlappen-Persönlichkeit.

Die Zahl charismatischer, historischer Persönlichkeiten, von denen behauptet wird, sie hätten an Epilepsie oder speziell an Schläfenlappenepilepsie gelitten, ist beeindruckend: Aristoteles, Pythagoras, Alexander der Große, Hannibal, Julius Cäsar, Dante, Napoleon Bonaparte, Georg Friedrich Händel, Jean-Jacques Rousseau, Ludwig van Beethoven, Fjodor Dostojewski, Vincent van Gogh, Peter Tschaikowsky, um nur einige zu nennen. Der Neurologe John Hughes, der detaillierte Untersuchungen dieser berühmten Persönlichkeiten durchführte, kommt hingegen zum Schluss, dass nur Julius Cäsar, Napoleon und Dostojewski tatsächlich oder wahrscheinlich Epilepsie hatten (vgl. Beauregard & O'Leary 2007, 64–67).

Michael Gazzaniga zufolge wurde bei dem niederländischen Maler Vincent van Gogh eine Schläfenlappenepilepsie diagnostiziert, und dieser habe alle Symptome des Geschwind-Syndroms gezeigt. Er habe zwei- oder dreimal täglich mehr als fünf Seiten lange Briefe an seinen Bruder geschrieben. Die zahlreichen von ihm geschaffenen Gemälde standen wahrscheinlich mit seiner Hypergrafie in Zusammenhang. Das beweise die Zunahme seiner Produktivität bei jeder Verschlimmerung der Schläfenlappenepilepsie. Als junger Mann sei er ein Verfechter des protestantischen Glaubens gewesen, habe Lumpen getragen und sich durch Fasten bestraft. Er habe auch mystische Visionen erlebt, einschließlich einer des „auferstandenen Christus". Der große Maler habe häufig Wutausbrüche gehabt und in einem Anfall von Wut seinen Freund Paul Gauguin verfolgt und umzubringen versucht. Später schnitt er sich ein Ohr ab, weil er es als Quelle der Stimmen sah, die ihm befahlen, seinen Freund zu töten. Van Gogh sei mit Sicherheit emotional von seinem Bruder Theo abhängig gewesen. Als Theo sich verlobte, schrieb van Gogh, er könne sich wegen der Traurigkeit über sich selbst und wegen seiner Verlassenheitsgefühle darüber nicht freuen. Der Künstler sei zudem sehr abhängig gewesen von Paul Gauguin, der eine Zeit lang in seinem Gästehaus wohnte. Als Gauguin seine Abreise ankündigte, habe van Gogh ihn angefleht zu bleiben. Schließlich gebe es Beweise dafür, dass van Gogh ein allgemeines „Desinteresse an Sex" gezeigt habe (vgl. Gazzaniga 2005, 157–158).

Entgegen der Behauptung, dass Vincent van Gogh mit Sicherheit Merkmale einer Schläfenlappenpersönlichkeit besaß, betont John Hughes, dass der niederländische Maler nicht an Schläfenlappenepilepsie litt und dass seine Ohnmachtsanfälle höchstwahrscheinlich auf starken Substanzmissbrauch zurückzuführen waren. Die meisten Spezialisten für Epilepsie in unseren Tagen glauben nicht, dass Religiosität ein typisches Merkmal von Menschen ist, die an Schläfenlappenepilepsie leiden (vgl. Beauregard & O'Leary 2007, 64–71).

Saver und Rabin zufolge gibt es in der medizinischen Literatur Belege dafür, dass eine erhebliche Anzahl von

Religionsstiftern, Propheten und Heiligen vermutlich an Epilepsie litt. Sie erwähnen in ihrer Aufzählung unter anderem den Apostel Paulus, den islamischen Propheten Mohammed, den schwedischen Mystiker Emanuel Swedenborg, den Gründer der christlichen Glaubensgemeinschaft „Kirche des neuen Jerusalem", Joseph Smith, den Stifter des Mormonentums und Gründer der Kirche Jesu Christi der Heiligen der Letzten Tage, Thérèse von Lisieux, Teresa von Ávila und Johanna von Orléans (vgl. Saver & Rabin 1997, 500). Im Folgenden wird nur das Beispiel des Apostels Paulus näher erörtert.

Saver und Rabin sowie Michael Gazzaniga behaupten, dass Saulus, der spätere Apostel Paulus, an Schläfenlappenepilepsie gelitten habe. Gazzaniga verweist auf Medizinhistoriker, die derselben Meinung sind, und deutet das „Damaskuserlebnis" des Apostels als epileptischen Anfall, der zu akustischen und visuellen Halluzinationen führte. Die kurzzeitige Blindheit, die Paulus nach seinem Damaskuserlebnis hatte, sei eine bekannte, wenn auch seltene Folgeerscheinung epileptischer Anfälle (vgl. Gazzaniga 2005, 158–159). Paulus sei sich seiner Krankheit bewusst gewesen und habe seine Erlebnisse in einem Brief an die Korinther interpretiert, in dem er schrieb: „Viel lieber will ich mich meiner Schwachheit rühmen, damit die Kraft Christi auf mich herabkommt. [...] Deswegen bejahe ich meine Ohnmacht, alle Misshandlungen und Nöte, Verfolgungen und Ängste, die ich für Christus ertrage, denn wenn ich schwach bin, dann bin ich stark." (2 Korinther 12,9–10)

Über das Leben des Apostels Paulus gibt es, abgesehen von wenigen Texten im Neuen Testament, fast keine historischen Daten. Der Evangelist Lukas, der Autor der Apostelgeschichte, verfasste die Bekehrungserzählung des Paulus.

110

„Saulus wütete immer noch mit Drohung und Mord gegen die Jünger des Herrn. Er ging zum Hohenpriester und erbat sich von ihm Briefe an die Synagogen in Damaskus, um die Anhänger des (neuen) Weges, Männer und Frauen, die er dort finde, zu fesseln und nach Jerusalem zu bringen. Unterwegs aber, als er sich bereits Damaskus näherte, geschah es, dass ihn plötzlich ein Licht vom Himmel umstrahlte. Er stürzte zu Boden und hörte, wie eine Stimme zu ihm sagte: Saul, Saul, warum verfolgst du mich? Er antwortete: Wer bist du, Herr? Dieser sagte: Ich bin Jesus, den du verfolgst. Steh auf und geh in die Stadt; dort wird dir gesagt werden, was du tun sollst. Seine Begleiter standen sprachlos da; sie hörten zwar die Stimme, sahen aber niemand. Saulus erhob sich vom Boden. Als er aber die Augen öffnete, sah er nichts. Sie nahmen ihn bei der Hand und führten ihn nach Damaskus hinein. Und er war drei Tage blind, und er aß nicht und trank nicht." (Apostelgeschichte 9,1-9)

Michael Reichardt gibt zu bedenken, dass der Inhalt der „Damaskusaudition", des Dialogs mit der Stimme, nicht mehr rekonstruiert werden könne. Das in der Apostelgeschichte dreifach berichtete Erscheinungsgespräch Jesu mit Paulus verdanke sich wohl ausschließlich der Redaktionstätigkeit des Verfassers, des Evangelisten Lukas, und trage zur Klärung der historischen Gegebenheiten nichts bei. Paulus selbst beschreibe seine Damaskuserfahrung als visuelles Erlebnis, wobei es ihm vor allem auf das „Dass" und nicht auf das „Wie" seiner Erfahrung ankomme (vgl. Reichardt 1999, 221).

Die Behauptung, Paulus habe an Epilepsie gelitten, stützt sich zum einen auf die Bekehrungslegende des Evangelisten Lukas und zum anderen auf eine Stelle im zweiten Korintherbrief, in dem Paulus schreibt: „Damit ich mich wegen der einzigartigen Offenbarungen nicht überhebe, wurde mir ein Stachel ins Fleisch gestoßen: ein Bote Satans, der mich mit Fäusten schlagen soll, damit

111

ich mich nicht überhebe. Dreimal habe ich den Herrn angefleht, dass dieser Bote Satans von mir ablasse." (2 Korinther 12,7–9)

Saver und Rabin deuten den Ausdruck „Stachel im Fleisch" als Hinweis auf eine Schläfenlappenepilepsie. Die Diskussion darüber, wie dieser Ausdruck zu verstehen ist und auf welches Gebrechen oder auf welche Beeinträchtigung des Paulus er sich bezieht, hat noch kein Ende gefunden. Epilepsie, Hysterie, Kopfschmerz, Augenmigräne, Malaria, Neurasthenie, Schwerhörigkeit, Aussatz und Trigeminusneuralgie wurden als mögliche Krankheiten des Paulus bisher erörtert. Angesichts der Tatsache, dass Paulus sich einer weitestgehend metaphorisch-dämonologischen Sprache bedient, bemerkt Michael Reichardt, sei es wohl am besten, sich jeglicher Diagnose zu enthalten. Ebenso problematisch bezüglich ihrer Historizität sei die Notiz von einem Nicht-sehen-Können des Paulus zu beurteilen. Lukas stellt die Blindheit des Paulus als Folge des himmlischen Lichtes dar. Paulus selbst erwähnt ein solches Widerfahrnis im Zusammenhang mit seiner Damaskusvision jedoch mit keinem Wort (vgl. Reichardt 1999, 222–223).

Der Augenarzt Prof. Kluxen schrieb einen Artikel mit dem Titel „Sehstörungen des Apostels Paulus", in dem er den Anfall vor Damaskus als Folge der langen Reise in unerträglicher Hitze und unter der brennenden Sonne darstellt.

„Wo die heiße Luft aus der Ebene mit der kalten Gebirgsluft zusammenstieß, spiegelte sich das Sonnenlicht, und es gab charakteristische Phänomene von gleißenden Lichtblitzen. Es war zur Mittagszeit, als die Sonne am höchsten stand und ein blendendes Licht auf ihn traf. […] Als Paulus sich erhob, konnte er nichts sehen, und er musste von seinen Begleitern in die Stadt geführt werden.

112

Er war krank und konnte drei Tage nicht essen und trinken. Während dieser Zeit war er blind, bis Hananias kam und ihn berührte und er sein Sehvermögen wiedererlangte." (Kluxen 1993, A1-2007)

Die dreitägige Blindheit des Paulus führt Kluxen auf die Einwirkung ultravioletter Strahlen auf das ungeschützte Auge zurück. Die Folge davon sei eine „Verblitzung", wie sie zum Beispiel nach Schweißarbeiten, durch Höhensonne oder im Hochgebirge vorkommen kann. Die Bekehrung des Paulus sei nicht aus heiterem Himmel erfolgt, sondern aufgrund einer Wandlung nach langen inneren Zweifeln am eigenen Handeln wegen der beeindruckenden Selbstlosigkeit der Christen. Den „Stachel im Fleisch" deutet Kluxen dahingehend, dass Paulus für den Rest seines Lebens an einer Beeinträchtigung des zentralen Sehvermögens litt. Er habe beim Lesen, Schreiben und Erkennen von Personen Schwierigkeiten gehabt (vgl. Kluxen 1993, A1-2008). Dabei beruft Kluxen sich auf folgenden Satz im Galaterbrief: „Seht, mit welchen großen Buchstaben ich euch mit eigener Hand schreibe." (Galater 6,11)

Diese Deutung blieb nicht unwidersprochen. Peter Dabrock wirft Kluxen vor, er habe die Grundregeln der Bibelwissenschaft verletzt. Vor der Analyse eines Textes gelte es, zuerst Rechenschaft darüber abzulegen, wie der Text zu verstehen sei. Dem Autor der Apostelgeschichte gehe es keineswegs um einen Krankheitsbericht im heutigen Sinn, sondern um die große Bedeutung der Bekehrung des Paulus vom gesetzestreuen Juden zum christlichen Heidenmissionar. Dazu bediene er sich der literarischen Gattung „Bekehrungsgeschichte". Mit dem „Verlieren und Wiedergewinnen des Augenlichts" lasse sich sehr treffend veranschaulichen, wie sich ein Mensch auf neue Weise Gott zuwendet, von dem er sich aus alten Lebenskontexten herausgerissen glaubt. Für medizinische Spekulationen liefere der historisch-kritisch untersuchte Textbefund keinerlei Anhaltspunkte. Der autobiografische Bericht der Bekehrung des Paulus im Galaterbrief (Kap. 1) enthalte auch nichts von Sehproblemen im Zusammenhang mit dem Damaskuserlebnis. Kluxen scheine über den biblischen Textbefund hinaus Informationen zu besitzen über den genauen Weg, das Klima und die Zeitumstände des „Damaskuserlebnisses", welches in dieser Form wahrscheinlich nie stattgefunden hat (vgl. Deutsches Ärzteblatt, Heft 12, 25. März 1994, A-846).

Udo Borse betont in seinem Kommentar zum Galaterbrief, dass der Briefschluss „Seht, mit welchen großen Buchstaben ich euch mit eigener Hand schreibe" als Hinweis auf die Eigenhändigkeit und nicht als Entschuldigung für unbeholfene Schreibweise zu verstehen sei. Paulus habe, wie im Altertum üblich, seine Briefe diktiert. Ihm sei es darum gegangen, die Eigenhändigkeit der Schlussworte und damit die Authentizität des ganzen Briefes aufzuzeigen (vgl. Borse 1984, 118–119).

Ein Hinweis auf ein mögliches Augenleiden des Apostels findet sich an einer Stelle im Galaterbrief, wo Paulus schreibt, dass er krank und schwach war und wie er von den Gemeinden in Galatien liebevoll aufgenommen wurde. „Wäre es möglich gewesen, ihr hättet euch die Augen ausgerissen, um sie mir zu geben." (Galater 4,15). Um welches Augenleiden es sich handelt und ob dieses nur vorübergehend oder dauerhaft war, bleibt Gegenstand von Spekulationen.

Trotz der zahlreichen Deutungen des Damaskuserlebnisses und der vielen Interpretationen des Ausdrucks „Stachel im Fleisch" liegen keine gesicherten Beweise dafür vor, dass der Apostel Paulus jemals an irgendeiner Form von Epilepsie litt.

114

Der „Gottes-Helm": Versuche, religiöse Erlebnisse durch Magnetstimulation zu erzeugen

Die Experimente von Michael Persinger

Der schillerndste Vertreter der Neurotheologie ist der Psychologe Michael Persinger vor der Laurentian University in Sudbury Ontario, Kanada. Er ist bekannt wegen seiner Experimente, in denen er versuchte, religiöse Erlebnisse durch transkranielle Magnetstimulation hervorzurufen (vgl. Persinger 2002; Persinger and Healey 2002). Das wichtigste Utensil in seinem Labor ist ein gelber Motorradhelm. An diesen montierte er Magnetspulen, um schwache komplexe Magnetfelder gezielt auf die Hirnhälften seiner Versuchspersonen ausrichten zu können. Diese saßen während des Experiments in einem schalldichten Raum mit verbundenen Augen. An seinen wichtigsten Experimenten, so Persinger, haben über vierhundert Personen teilgenommen. Bis zu achtzig Prozent von ihnen berichteten in dieser Situation von einem „Gefühl der Anwesenheit" eines empfindenden Wesens im Raum. Sie beschrieben dieses Wesen als Gott, als Geister, als Außerirdische oder als andere Wesen. Die von Persinger publizierten Ergebnisse seiner Experimente mit dem „Gotteshelm" erhielten enorme Aufmerksamkeit in den Medien und führten zu Reaktionen von atheistischer und religiöser Seite gleichermaßen.

Persinger betrachtet das Gefühl der Anwesenheit als Prototyp der Gotteserfahrung. Es sei das Gefühl, irgendjemand ist bei uns, vielleicht eine Art zweites Selbst, obwohl wir offensichtlich allein sind. Er vermutet, dieses Gefühl tritt dann auf, wenn die linke Hirnhälfte sich des „Selbstgefühls" (sense of self) der rechten Hirnhälfte bewusst wird. Das Gefühl der Anwesenheit könne sowohl traditionelle religiöse und mystische Erfahrungen erklären als auch zeitgenössische Berichte über Entführungen durch Außerirdische. Persinger behauptet, dieses Gefühl lasse sich künstlich erzeugen, und zwar durch magnetische Felder einer bestimmten Stärke, die in den Schläfenlappen Ausbrüche elektrischer Aktivität verursachen. Derartige elektrische Mikro-Stürme innerhalb der Schläfenlappen produzieren eine ganze Reihe veränderter Bewusstseinszustände, die mystische Visionen, außerkörperliche Erfahrungen und Erinnerungen an die Entführung durch Außerirdische zur Folge haben können. Mit seinem „Gotteshelm", der die Schläfenlappen mit elektromagnetischen Wellen stimuliert, lasse sich das Erlebnis der Gegenwart eines empfindenden Wesens künstlich erzeugen.

Er selbst, so Persinger, glaube natürlich nicht an Gott oder an eine transzendente Wirklichkeit. Religiöse Erlebnisse und der Glaube an Gott seien Artefakte von neuronalen Aktivitätsmustern im Schläfenlappen. Ihre primäre Funktion bestehe darin, die Angst vor dem eigenen Tod zu vermindern. Da Hirnstrukturen und Aktivitätsmuster, die religiöse Erfahrungen hervorrufen, auch mit sexuellem Verhalten und mit Aggression in Verbindung stehen, könne der Glaube an Gott zu aggressivem Verhalten gegenüber Andersgläubigen führen und zu deren Tötung ermutigen. Für das Überleben der Menschheit sei es deshalb sehr wichtig, die neuroelektrischen Aktivitätsmuster zu identifizieren, welche die gefühlte Anwesenheit erzeugen, und die vielen Auslöser zu isolieren, welche diese Erfahrung provozieren (vgl. Persinger 2002; Persinger & Healey 2002, 540).

Michael Persinger und Faye Healey berichten von einem unter Doppelblind-Bedingungen durchgeführten Experiment, an dem 48 Studierende teilnahmen: 24 Männer und 24 Frauen im Alter zwischen 19 bis 25 Jahren (vgl.

116

Persinger & Healey 2002). Als Belohnung erhielten die Teilnehmer eine Bonusgutschrift für ihre Abschlussnote in einem erstjährigen Psychologiekurs. Ihnen wurde gesagt, das Experiment befasse sich mit Entspannung, und sie würden eventuell einem Magnetfeld ausgesetzt werden, das jedoch schwächer sei als das von einem Haartrockner erzeugte. Man erwähnte ihnen gegenüber kein Wort von den Erlebnissen, die auftreten könnten.

Mit diesem Experiment wollten Persinger und Healey die Hypothese testen, dass die gleichzeitige Stimulierung der linken und der rechten temporo-parietalen Region (des Grenzbereichs zwischen Schläfenlappen und Scheitellappen) mit komplexen Magnetfeldern beziehungsweise die Stimulierung desselben Bereichs nur auf der rechten Gehirnhälfte die Auftrittshäufigkeit des Gefühls der Anwesenheit, im Vergleich zur Stimulierung nur auf der linken Gehirnhälfte oder im Vergleich zu keiner Stimulierung, erhöhen würde. Die verwendeten Magnetfelder waren nicht viel stärker als die, welche ein Computerbildschirm oder ein Mobiltelefon erzeugt.

Die Versuchspersonen wurden einer der folgenden vier Gruppen zugeteilt: (1) Kontrollgruppe (Scheinbehandlung), d. h. die Teilnehmer dieser Gruppe wurden keiner Magnetstimulation ausgesetzt, (2) Stimulation der linken Gehirnhälfte, (3) Stimulation der rechten Gehirnhälfte, (4) Stimulation sowohl der linken als auch der rechten Gehirnhälfte. Um die Entspannung zu erleichtern, nahm jede Versuchsperson (Vpn) in einem bequemen Armsessel in einer schalldichten Kammer Platz. Sie trug den umgebauten Motorradhelm, und ihre Augen waren verbunden. Sie erhielt Anweisungen, sich zu entspannen, indem sie sich vorstellen sollte, wie ihre linke Hand auf einem Ballon schwebt. Während dieser Prozedur wurde ihre linke Hand mehrmals durch eine Mitarbeiterin berührt. Diese war über den wahren Zweck des Experimentes ebenfalls nicht informiert. Ihr hatte man gesagt, bei dem Experiment ginge es um Hypnotisierbarkeit und Entspannung. Sie bat die Vpn, das Gefühl der Entspannung aufrechtzuerhalten. Anschließend verließ sie den Raum und schloss die Tür. Mithilfe eines Knopflochmikrofons konnte die Vpn die Mitarbeiterin kontaktieren, falls sie das Experiment abbrechen wollte. Während der folgenden zwanzig Minuten wurde jede Vpn mit einem komplexen Magnetfeld entweder auf der linken Gehirnhälfte, auf der rechten Gehirnhälfte oder auf beiden Gehirnhälften stimuliert. Die Versuchspersonen der Kontrollgruppe trugen zwar den Helm, bei ihnen wurden aber keine Magnetfelder eingeschaltet. Nach zwanzig Minuten Aufenthalt in der Versuchskammer wurde die Vpn gebeten, einen Fragebogen auszufüllen über die während der Stimulation durch komplexe Magnetfelder gewöhnlich auftretenden Erfahrungen, wie zum Beispiel ein Gefühl der Anwesenheit, Schwindel, Angst oder Schrecken, Kribbeln, eigenartige Gerüche, Kindheitserinnerungen, Ärger, Traurigkeit und tickende Geräusche.

In der Kontrollgruppe berichteten 33 Prozent der Versuchspersonen von einem Gefühl der Anwesenheit, in der Gruppe mit der Stimulation der linken Gehirnhälfte null Prozent, in der Gruppe mit der Stimulation der rechten Gehirnhälfte 42 Prozent und in der Gruppe mit der Stimulation beider Gehirnhälften 66 Prozent. Die Ergebnisse zeigen, dass zwei Drittel der Teilnehmer, bei denen beide Gehirnhälften stimuliert worden waren, von einem Gefühl der Anwesenheit eines empfindenden Wesens berichteten. Jedoch auch in der Kontrollgruppe berichteten 33 Prozent von einem solchen Gefühl. Schilderten diese Personen ungewöhnliche Erfahrungen einfach deshalb, weil sie für das Experiment ausgewählt worden waren?

Wenn ja, dann wäre das auf einen Placebo-Effekt zurückzuführen, d. h. darauf, dass die Teilnehmer glaubten, sie erhielten eine Magnetstimulation, und deshalb erwartete Wirkungen erlebten.

Die Versuchspersonen in diesem Experiment wurden nicht näher über die Natur der „gefühlten Anwesenheit" befragt. Teilnehmer an anderen Untersuchungen dieser Art berichteten über die Anwesenheit von „jemandem" im geschlossenen, dunklen Raum und wunderten sich darüber, wie dieser hereinkommen konnte. Andere berichteten, dass das empfindende Wesen sich bewegte, wenn sie ihre Aufmerksamkeit auf seine Anwesenheit richteten. Manche wiederum brachten das Gefühl der Anwesenheit mit einem verstorbenen Familienmitglied in Verbindung.

Persinger und Healey betonen, dass sie mit diesem Experiment nicht beabsichtigten, die Existenz von Göttern oder Geistern, die ein charakteristisches Merkmal des Glaubens vieler Menschen sind, zu widerlegen oder zu beweisen. Behauptungen über die Existenz von Göttern außerhalb von Gehirnprozessen seien leere Hypothesen, die weder bewiesen noch widerlegt werden können.

Persinger folgerte aus diesem und anderen Experimenten erstens: Das Erleben eines Gefühls der Anwesenheit kann experimentell manipuliert werden, und zweitens: Dieses Gefühl sei die eigentliche Quelle religiöser und paranormaler Phänomene. Die erste Schlussfolgerung ist ein Forschungsergebnis und sollte wiederholbar sein, wenn sie stimmt. Die zweite Schlussfolgerung ist eine Deutung.

Im Jahr 2003 reiste sogar der erkläre Atheist Richard Dawkins von Oxford nach Sudbury, um in Persingers Versuchskammer auch einmal eine mystische Erfahrung zu erleben. Vor dem Experiment meinte er: „Ich freue mich auf das Experiment. Ich wollte schon immer ein religiöses

Erlebnis haben. Sollte ich tief religiös werden, droht meine Frau, mich zu verlassen." Nun, dieses Experiment schlug fehl. Ein Gefühl der Anwesenheit stellte sich bei Dawkins nicht ein. Während des Experimentes berichtete er: „Ich fühle mich ein wenig schwindelig." Als Persinger das Magnetfeld auf beide Schläfenlappen ausrichtete, bemerkte Dawkins: „Ich spüre ein Stechen beim Atmen. Ich weiß nicht, was das ist. Mein linkes Bein bewegt sich, mein rechtes Bein zuckt. Ich bin angenehm entspannt." Nach dem Experiment sagte er: „Ich bin enttäuscht. Ich hätte gerne eine Erfahrung der Verbundenheit mit dem Universum gemacht."

Warum konnte Persinger bei Dawkins kein religiöses Erlebnis hervorrufen? Persinger verweist auf individuelle Unterschiede in der Sensibilität der Schläfenlappen. Demnach haben Schläfenlappenepileptiker die höchste Sensibilität, und Dawkins sei wohl am anderen Ende dieser Sensibilitätsskala anzusiedeln. Den Fragebogen zur Messung der Schläfenlappen-Sensibilität entwickelte Persinger selbst. Dieser Fragebogen wurde jedoch nie einer unabhängigen Validierung unterzogen (vgl. Beauregard & O'Leary 2007, 79–81).

Persingers Untersuchungen sind sehr umstritten und entsprechen nicht den in der empirischen Psychologie üblichen methodischen Standards der Datenerhebung, Datenanalyse und Datendokumentation. Über seine Experimente wurde in populären Zeitschriften, in Magazinen und im Fernsehen viel berichtet. Die Medien nannten Persingers „Gotteshelm" eine dramatische revolutionäre Entdeckung, einen Sieg der Wissenschaft über die Religion. Wenige Journalisten wunderten sich darüber, dass Persingers Untersuchungsergebnisse vonseiten der Fachwelt, vor allem vonseiten der Neurowissenschaften, kaum Beachtung fanden (vgl. Beauregard & O'Leary 2007, 84–

120

94). Er selbst betonte in einem Interview mit dem österreichischen Rundfunk: „Religiöse Erfahrungen stehen außerhalb der Wissenschaft. Wenn du religiöse Erfahrungen untersuchst, dann setzt du deine wissenschaftliche Reputation aufs Spiel." (ORF-Sendung „Kreuz und Quer" vom 10. 2. 2004)

Beauregard sieht das größte Manko in Persingers Untersuchungen darin, dass keinerlei Messungen mithilfe bildgebender Verfahren durchführt wurden, um die Behauptungen darüber, was im Gehirn der Versuchspersonen geschieht, zu untermauern. Persinger stütze sich in seinen Schlussfolgerungen allein auf die subjektiven Berichte seiner Versuchsteilnehmer. Daher lasse sich auch nicht mit Sicherheit feststellen, ob die von ihm gezielt stimulierten Gehirnregionen bei diesen Personen tatsächlich die berichteten Erfahrungen auslösten oder nicht oder ob die Magnetstimulation die beabsichtigte oder überhaupt eine Wirkung erzielte. Obwohl die bildgebenden Verfahren inzwischen hoch entwickelt sind, habe Persinger sie nicht verwendet. Interessant sei auch, dass so wenige, die über seine Forschungen berichteten, auf diesen Mangel aufmerksam machten (Beauregard & O'Leary 2007, 89).

Die schwedische Studie zur Magnetstimulation

Es war notwendig, die Untersuchungsergebnisse von Persinger durch eine unabhängige Forschergruppe zu überprüfen – nicht nur wegen ihrer weitreichenden Konsequenzen oder wegen der großen Aufmerksamkeit, die sie in den Medien erhielten, sondern auch wegen der von Persinger verwendeten fragwürdigen Versuchsanordnung. Eine schwedische Gruppe von Psychologen um Pehr

Granqvist an der Universität von Uppsala machte sich 2005 die Mühe, das Experiment von Persinger und Healey aus dem Jahr 2002 in einer kontrollierten Doppelblindstudie zu wiederholen (vgl. Granqvist et al. 2005). Diese Gruppe erhob auch Persönlichkeitsmerkmale der Teilnehmer, um festzustellen, ob Charakterzüge, die auf Suggestibilität hinweisen, für das Erleben der gefühlten Anwesenheit und ähnlicher Phänomene verantwortlich sind. Sie gingen von der Hypothese aus, dass die Anwendung schwacher komplexer Magnetfelder auf die Schläfenlappen bei den Versuchspersonen, im Gegensatz zu den Mitgliedern der Kontrollgruppe, ein erhöhtes Auftreten des Gefühls der Anwesenheit eines empfindenden Wesens und anderer von Persinger beschriebenen somatosensorischen Erfahrungen verursachen wird. Sie erwarteten auch, dass mystische Erfahrungen in der Gruppe der mit Magnetfeldern behandelten Personen häufig auftreten werden. Darüber hinaus rechneten sie mit einer Wechselwirkung zwischen der Magnetstimulation und dem Persönlichkeitsmerkmal Suggestibilität, sodass vor allem bei den Versuchspersonen mit hoher Suggestibilität die erwarteten Wirkungen auftreten würden.

Am Experiment nahmen 89 Studierende der Universität Uppsala teil, 46 Studierende der Theologie und 43 Studierende der Psychologie, mit einem Durchschnittsalter von 24 Jahren. Ausgewählt wurden nur Teilnehmer, die nie einen epileptischen Anfall oder eine psychotische Phase hatten. Den Teilnehmern wurde gesagt, in diesem Experiment gehe es um den Einfluss schwacher Magnetfelder auf Erfahrungen und Gefühlszustände. Die verwendeten Magnetfelder seien, im Vergleich zu denen, die Mobiltelefone umgeben, ziemlich schwach und harmlos. Die Teilnehmer erhielten keinerlei Informationen bezüglich spiritueller oder paranormaler Erfahrungen, und ihnen wurde auch nicht mitgeteilt, dass es eine Kontrollgruppe gibt. Die Zuteilung der Versuchspersonen zur experimentellen Gruppe (43 Mitglieder) und zur Kontrollgruppe (46 Mitglieder) erfolgte streng nach dem Zufallsprinzip. Weder die Versuchspersonen noch die Personen, die mit ihnen interagierten, wussten, bei wem und wann die Magnetfelder eingeschaltet wurden und bei wem nicht. Vor dem Experiment füllte jede Vpn einen Fragebogen aus über Persönlichkeitsmerkmale wie zum Beispiel Suggestibilität, Offenheit für außergewöhnliche Bewusstseinszustände, Anzeichen abnormer Schläfenlappen-Aktivität und Aufgeschlossenheit gegenüber dem esoterischen Denken des *New Age*. Anschließend führte ein Mitarbeiter die Vpn in den schalldichten Raum. Diese nahm auf einem bequemen Sessel in der Mitte des Raumes Platz, ihr wurde der Magnethelm aufgesetzt, sie erhielt Gehörschutzstöpsel und man bat sie, sich zu entspannen. Ihr wurde gesagt, dass sie über eine Gegensprechanlage im Raum nach draußen kommunizieren könne. Dann verließ der Mitarbeiter den Raum, schloss die Tür und drehte das Licht ab.

Nach dreißig Minuten kehrte der Mitarbeiter zurück und bat die Vpn, einen Fragebogen auszufüllen über mögliche Wirkungen der Magnetstimulation wie zum Beispiel Schwindel, ein Gefühl der Anwesenheit eines empfindenden Wesens, Kribbeln, lebhafte Vorstellungen, Vibrationen, tickende Geräusche, eigenartige Gerüche und Geschmacksempfindungen, sexuelle Erregung, außerkörperliche Erfahrungen, Gefühle der Unwirklichkeit sowie verschiedene emotionale Zustände wie Zorn und Traurigkeit.

Die Auswertung der Daten ergab keine signifikanten Unterschiede zwischen den 43 Mitgliedern der experimentellen Gruppe, die Magnetstimulation erhalten hatten, und den 46 Mitgliedern der Kontrollgruppe, die keine Magnetstimulation erhalten hatten. Die Anwendung schwacher komplexer Magnetfelder, so die Schlussfolgerung der Autoren, hatte keinerlei erkennbare Wirkungen. Im Gegensatz zu früheren Untersuchungen dieser Art verursachte die Anwendung schwacher komplexer Magnetfelder kein Gefühl der Anwesenheit eines empfindenden Wesens, keine mystischen Erlebnisse oder sonstige, von Persinger und seinen Mitarbeitern beschriebenen, somatosensorischen Reaktionen. Die Autoren untersuchten auch, ob die Anwendung der Magnetfelder bei Studierenden der Theologie, von denen viele religiös aktiv waren, und bei Studierenden der Psychologie, von denen die meisten religiös nicht aktiv waren, zu unterschiedlichen Wirkungen führte. Die Auswertung der Daten ergab keine signifikanten Unterschiede zwischen diesen beiden Gruppen.

Persönlichkeitsmerkmale, die auf Suggestibilität hinweisen, konnten jedoch die berichteten mystischen und somatosensorischen Erfahrungen sowohl bei den religiösen als auch bei den nichtreligiösen Teilnehmern zuverlässig vorhersagen. Diese Merkmale beinhalten Offenheit für außergewöhnliche Erfahrungen, Aufgeschlossenheit gegenüber dem esoterischen Denken des *New Age* und Anzeichen einer abnormen Schläfenlappen-Aktivität. Drei Versuchspersonen berichteten von starken religiösen Erfahrungen. Eine davon hatte Magnetstimulation erhalten, die beiden anderen als Mitglieder der Kontrollgruppe nicht. Von 22 Teilnehmern, die über „subtile" Erfahrungen berichteten, waren elf Mitglieder der Kontrollgruppe. Die Teilnehmer, die auf dem nach dem Experiment ausgefüllten Fragebogen einen hohen Wert bei Suggestibilität erzielten, berichteten von paranormalen Erfahrungen, unabhängig davon, ob bei ihnen, während sie den Helm trugen, das Magnetfeld eingeschaltet war oder nicht.

124

Granqvist und seine Kollegen meinen, die Ergebnisse ihres Experimentes zeigen schlicht und einfach, dass Individuen mit einem hohen Grad an Offenheit für außergewöhnliche Erfahrungen tatsächlich auch mehr außergewöhnliche Erfahrungen machen, wenn man sie einer sensorischen Deprivation aussetzt, d. h. in einem dunklen, schallisolierten Raum von allen visuellen und akustischen Reizen abschottet (vgl. Boxton et al. 1954). Im Hinblick auf die Ergebnisse ihrer Studie sei diese Interpretation nicht auszuschließen. Sie vermuten, Suggestibilität habe zu den von Persinger und seinen Mitarbeitern berichteten Ergebnissen geführt, und kritisieren vor allem, dass Persingers Experimente keine wirklichen Doppelblindversuche waren. Die Anzahl der Versuchspersonen in ihrer eigenen Studie war doppelt so hoch wie die im Experiment von Persinger und Healey und bestand aus religiösen und nichtreligiösen Teilnehmern. Zudem seien die von ihnen verwendeten Fragebögen nachgewiesenermaßen zuverlässig und valide. Die Voraussetzungen, mögliche Wirkungen der Magnetfelder zu entdecken, seien in ihrer Studie optimal gewesen.

Die Autoren geben Folgendes zu bedenken: Wenn künftige Käufer, die für Suggestion anfällig sind, den Magnethelm erwerben und diesen in einer reizarmen Umgebung aufsetzen, dann werden sie die erwarteten Wirkungen erleben, und zwar unabhängig davon, ob das Kabel angeschlossen ist oder nicht. Abschließend betonen sie: Religiöse Erfahrungen sind höchstwahrscheinlich sehr komplex und durch vielfältige Einflussfaktoren bedingt wie Motivation, Einstellungen, Gefühle, Überzeugungen und den gesamten Kontext, in dem sie stattfinden. Diese vielfältigen Einflussfaktoren können nicht einfach definierten, neurophysiologischen Zuständen zugeordnet oder mit diesen gleichgesetzt werden. Außerdem zeigen die Ergebnisse ihres Experimentes, wie wichtig es ist, den Beitrag individueller Persönlichkeitsmerkmale zu berücksichtigen.

Im Anschluss an die Veröffentlichung der schwedischen Studie kam es zu einer Kontroverse zwischen Persinger und der Gruppe um Granqvist (vgl. Persinger & Koren 2005). Persinger wirft den Schweden vor, sie seien deshalb zu anderen Ergebnissen gekommen, weil sie bei der Magnetstimulation nicht genau die gleiche Methode verwendeten wie er. Für eine maximale Reaktion auf ein schwaches Magnetfeld seien zwanzig bis dreißig Minuten Anwendung erforderlich, während fünfzehn Minuten zu wenig seien. Die schwedische Gruppe sieht den Hauptgrund für die unterschiedlichen Ergebnisse hingegen darin, dass die von Persinger durchgeführten Experimente keine echten Doppelblindversuche waren. Nach der klassischen Definition bedeutet Doppelblindversuch, dass weder die Versuchspersonen noch die Versuchsleiter, die mit ihnen während des Experimentes interagieren, wissen, welche Versuchspersonen zur experimentellen Gruppe gehören und welche zur Kontrollgruppe. Im Experiment von Persinger und Healey (2002) habe es nur eine Versuchsleiterin gegeben. Diese sei angeblich sowohl für den Umgang mit den Versuchspersonen zuständig gewesen als auch dafür, wer von ihnen die Magnetstimulation auf der linken Gehirnhälfte, auf der rechten oder auf beiden Gehirnhälften erhielt und bei wem keine Magnetstimulation erfolgte. Solange keine echten Doppelblindversuche vorliegen, die ihre Interpretation überprüfen, dass individuelle Unterschiede bezüglich Suggestibilität hier am Werk sind, betont die schwedische Gruppe, liege die Beweislast bei denen, die keine echten Doppelblind-Studien durchführten (vgl. Fredrikson & Granqvist 2005, 349).

126

Zusammenfassung

Der Großteil der vorliegenden Studien über die neurobiologischen Grundlagen religiöser Erfahrungen und Erlebnisse versucht folgende Fragen zu beantworten: Welche Gehirnprozesse gehen mit meditativen und mystischen Zuständen einher? Sind religiöse Visionen und Bekehrungserlebnisse die Folge epileptischer Anfälle? Können religiöse Erlebnisse durch Magnetstimulation künstlich erzeugt werden? Aktiviert das Rezitieren eines Gebetes bei religiösen und nichtreligiösen Menschen unterschiedliche Gehirnregionen? Verändert langjähriges, regelmäßiges Meditieren das Gehirn?

Andrew Newberg untersuchte vier Frauen und vier Männer während der Meditation und drei Nonnen während des Gebetes mit einem bildgebenden Verfahren. Er entdeckte, dass die Spitzenmomente der Meditation und des Gebetes mit einer erhöhten Durchblutung des Stirnhirns auf beiden Seiten und einer Abnahme der Durchblutung im Bereich des linken Scheitellappens, dem sogenannten Orientierungsareal, einhergingen. Bei den Nonnen war zudem ein Anstieg der Durchblutung in ihren Sprachzentren zu beobachten. Newberg führt das mystische Erlebnis, eins zu sein mit etwas Größerem, und den Verlust des Gefühls für das eigene Selbst, für Raum und Zeit, auf die Abnahme der Neuronenaktivität in den Orientierungsarealen zurück. Der Glaube an Gott werde schon allein deshalb nicht verschwinden, weil das Gehirn über einen neurologischen Mechanismus der Selbsttranszendenz verfüge, der im Extremfall sogar das Selbstempfinden und jedes Bewusstsein der äußeren Welt auszuschalten vermag. Um die Frage zu klären, ob sich die Grundaktivität des Gehirns von Menschen, die jahrelang täglich meditieren, von der Grundaktivität derer, die nicht meditieren, unterscheidet, untersuchte er zwölf Langzeitmeditierer. Bei diesen war der durchschnittliche Blutfluss im Gehirn höher als bei den Nichtmeditierern, vor allem im Stirnhirn, im Thalamus und in Regionen des Hirnstamms. Dabei spiele der religiöse Hintergrund der jeweils verwendeten Meditationstechnik keine Rolle. Je mehr man meditiere, desto stärker würden sich die Hirnfunktionen verändern. Meditation verbessere die Gedächtnisleistung, erhöhe die Konzentrationsfähigkeit, wirke Depressionen entgegen und verlangsame Alterungsprozesse.

Richard Davidson untersuchte die Hirnströme von acht Mönchen, die eine gegenstandslose Form der Meditation praktizierten. Bei ihnen war ein starker Anstieg der Gamma-Wellen im Bereich des Stirnhirns und in Regionen der Scheitellappen und Schläfenlappen zu beobachten, und zwar in einem bisher noch nie registrierten Ausmaß. Dies zeige, dass die Mönche extrem wach und aufmerksam waren. Die Tiefe und Klarheit ihres meditativen Zustandes ging mit dem synchronen Schwingen verstreuter Neuronengruppen in den schnellen Frequenzen einher. Durch langjährige Meditationspraxis könnten das Bewusstsein und die Persönlichkeit gezielt verändert werden. Geistiges Training führe zu bleibenden Veränderungen im Gehirn.

Sara Lazar untersuchte die Dicke der Hirnrinde von zwanzig Praktizierenden der Achtsamkeitsmeditation mithilfe eines bildgebenden Verfahrens. Ihre Daten zeigen, dass regelmäßige Meditation mit einer Zunahme der Dicke der Hirnrinde in jenen Regionen einhergeht, die für sensorische, kognitive und emotionale Informationsverarbeitung zuständig sind. Meditation verhindere zudem die altersbedingte Ausdünnung der Hirnrinde. Die Befunde von Davidson und Lazar sprechen für die Hypothese, dass langjährige Meditationspraxis Funktionen und Strukturen des Gehirns auf Dauer verändert.

Mario Beauregard untersuchte fünfzehn Karmelitinnen, um herauszufinden, welche Gehirnregionen während der Erinnerung an eine mystische Erfahrung besonders aktiv sind. Die durchgeführten Hirnscans zeigen, dass mystische Erfahrungen mit sehr komplexen neuronalen Aktivitätsmustern einhergehen. Mystische Bewusstseinszustände werden von erhöhter Neuronenaktivität an vielen verschiedenen Orten sowohl in der Großhirnrinde als auch in subkortikalen, unterhalb der Großhirnrinde liegenden Regionen begleitet, die an Funktionen beteiligt sind wie Wahrnehmen, Denken, Erinnern, Emotionen, Selbstbewusstsein, Körperbewusstsein, bildhaften Vorstellungen und Bewegungsvorstellungen. Dieser Befund passe sehr gut zu den subjektiven Beschreibungen der Betroffenen, denen zufolge mystische Erfahrungen sehr komplex und vielfältig sind. Eine Blockierung der Orientierungsareale in den Scheitellappen, auf die Newberg das veränderte Selbsterleben in der Meditation zurückführt, konnte Beauregard nicht beobachten. Im Gehirn gebe es keinen einzelnen „Ort Gottes" und auch kein „Gottes-Modul".

Nina Azari untersuchte sechs religiöse und sechs nichtreligiöse Personen, um herauszufinden, ob das Rezitieren eines Gebetes bei ihnen mit unterschiedlichen Gehirnaktivitäten einhergeht. Im Gegensatz zur nichtreligiösen Gruppe war bei der religiösen Gruppe beim Rezitieren des Gebetes eine erhöhte Durchblutung in Regionen zu beobachten, die an Denkprozessen und am visuellen Gedächtnis beteiligt sind. Für die nichtreligiöse Gruppe hatte das Gebet keine Bedeutung und führte daher auch zu keiner religiösen Erfahrung. Religiöse Erfahrungen setzen eine existierende religiöse Tradition voraus und geschehen in Übereinstimmung mit bereits bestehenden Glaubensüberzeugungen und Einstellungen. Nach diesen Untersuchungsergebnissen scheinen religiöse Erfahrungen eher eine Angelegenheit kognitiver Bewertungsprozesse als des Gefühls zu sein.

Sind außergewöhnliche religiöse Erfahrungen wie Visionen und Bekehrungserlebnisse die Folge epileptischer Anfälle? Litten die meisten Religionsstifter, Propheten und Heiligen vermutlich an Schläfenlappenepilepsie? Religiöse Erlebnisse können zwar im Rahmen eines epileptischen Anfalls auftreten, die vorliegenden empirischen Befunde zur Schläfenlappenepilepsie zeigen aber, dass diese Anfälle keineswegs notgedrungen besondere religiöse Erlebnisse hervorrufen. Von 234 Epileptikern berichteten in einer japanischen Studie lediglich drei von religiösen Erfahrungen und in einer anderen dortigen Untersuchung erwähnten von 606 Patienten mit Schläfenlappenepilepsie nur sechs religiöse Erlebnisse im Zusammenhang mit ihren Anfällen. Nach Runehov berichten sechs bis sieben Prozent der Epileptiker von religiösen Erlebnissen. Die meisten Menschen, die intensive religiöse Erfahrungen machen, sind keine Epileptiker. Wenn religiöse und mystische Erlebnisse die Folge epileptischer Anfälle wären, dann müssten die meisten Epileptiker von solchen Erfahrungen berichten. Ramachandran untersuchte in seinem Experiment zwei Patienten mit Schläfenlappenepilepsie, führte jedoch bei ihnen keinerlei Messungen der Gehirnaktivität durch. Daher ist nicht bekannt, ob die Schläfenlappen der beiden Patienten während des Experimentes besonders aktiv waren oder nicht. Insgesamt spricht kaum etwas dafür, dass religiöse und spirituelle Erfahrungen, Visionen und Bekehrungserlebnisse in erster Linie auf neuronale Aktivitäten im Schläfenlappen zurückzuführen sind. Die empirische Grundlage für die Annahme, alle Religionsgründer seien Schläfenlappenepileptiker ge-

130

wesen, sowie die Befundlage zum Konzept der hyperreligiösen Schläfenlappen-Persönlichkeit sind mehr als dürftig. Die umfangreichen Spekulationen über das Bekehrungserlebnis des Apostel Paulus vor Damaskus beruhen gleichfalls auf einem äußerst spärlichen Quellenmaterial. Können religiöse Erlebnisse durch transkranielle Magnetstimulation künstlich erzeugt werden? Michael Persinger betrachtet religiöse Erlebnisse als Artefakte neuronaler Aktivitätsmuster im Schläfenlappen. Das Gefühl der Anwesenheit eines empfindenden Wesens, das Urbild der Gotteserfahrung, lasse sich durch beidseitige Magnetstimulation der Übergangsregion zwischen Schläfenlappen und Scheitellappen hervorrufen. In seiner Studie an 48 Studierenden berichteten zwei Drittel jener Teilnehmer, die beidseitig stimuliert worden waren, von einem solchen Gefühl. Eine schwedische Gruppe wiederholte dieses Experiment von Persinger an 89 Studierenden und fand, dass Magnetstimulation zu keinerlei religiösen Erfahrungen führte. Für die wenigen in der experimentellen Gruppe wie auch in der Kontrollgruppe berichteten religiösen Erlebnisse war ihren Ergebnissen zufolge nicht die Stimulation durch Magnetfelder verantwortlich, sondern Suggestibilität, Offenheit für außergewöhnliche Erfahrungen und Aufgeschlossenheit gegenüber dem esoterischen Denken des New Age. Menschen mit einem hohen Grad an Offenheit für außergewöhnliche Erfahrungen machen tatsächlich mehr außergewöhnliche Erfahrungen, wenn sie einer reizarmen Umgebung ausgesetzt sind. Die schwedische Gruppe sieht den Hauptgrund für die unterschiedlichen Ergebnisse darin, dass die von Persinger durchgeführten Experimente keine echten Doppelblindstudien waren.

Aus den bisher vorliegenden Forschungsergebnissen zu den neurobiologischen Grundlagen religiöser Erfahrun-

131

gen kann man den Schluss ziehen, dass es keinen singulären Ort für religiöse Erlebnisse und mystische Zustände im Gehirn gibt. Am aussagekräftigsten sind die Untersuchungsergebnisse von Beauregard, die zeigen, dass mystische Bewusstseinszustände mit sehr komplexen neuronalen Aktivitätsmustern in verschiedensten Bereichen des Gehirns korrelieren. Religiöse Erfahrungen sind sehr komplex und werden durch bereits bestehende religiöse Überzeugungen und Einstellungen, durch emotionale Zustände, durch Bedürfnisse und kognitive Bewertungen sowie durch die gesamte Situation, in der sie stattfinden, bedingt. Diese vielfältigen Einflussfaktoren lassen sich nicht schön abgrenzbaren neurophysiologischen Zuständen zuordnen und noch viel weniger mit diesen gleichsetzen.

Was bisher an sogenannten neuronalen Korrelaten religiöser Erfahrungen zu Tage gefördert wurde, sind ganz grobe, globale Zuordnungen von bestimmten Regionen höherer Durchblutung im Gehirn zu mystischen und meditativen Zuständen und Praktiken sowie zum Rezitieren eines Gebetes. Von eindeutigen und klaren psychophysischen Korrelationen kann bisher noch keine Rede sein. Orte höherer Durchblutung im Gehirn deuten auf einen höheren Energieverbrauch hin, und von diesem wird auf eine erhöhte Aktivität der Nervenzellen an diesen Orten geschlossen. Die durchgeführten Hirnscans sind im Übrigen Momentaufnahmen des Gehirns, die einen sehr kurzen Zeitraum abdecken. Die Befunde von Newberg, Davidson und Lazar sprechen für die Hypothese, dass jahrelange Meditationspraxis zu langfristigen strukturellen und funktionellen Veränderungen in bestimmen Gehirnregionen führt und die altersbedingte Ausdünnung der Hirnrinde verhindert. Es handelt sich um Korrelationsstudien an einer geringen Anzahl von untersuchten Personen. Die Frage, inwiefern jahrelange Praxis der Me-

132

ditation und des Gebetes tatsächlich zu nachweisbaren dauerhaften Veränderungen im Erleben und Verhalten der betreffenden Menschen führt, kann nur durch Langzeitstudien an einer größeren Anzahl von Praktizierenden beantwortet werden.

Die bisher vorliegenden Befunde zu den neurobiologischen Grundlagen religiöser Erfahrungen beruhen auf einer geringen Anzahl von untersuchten Personen und befassen sich vorwiegend mit außergewöhnlichen religiösen Erfahrungen von Menschen mit langjähriger Meditationspraxis. Derartige Erfahrungen, die nur eine kleine Minderheit religiöser Menschen macht, sind nicht repräsentativ für das religiöse Erleben und Verhalten der Mehrheit religiöser Menschen. Die vorliegenden Studien befassen sich auch nicht mit der Komplexität und Vielfalt religiöser Erfahrungen. Wie Menschen beten, wie sie meditieren und welche religiösen Erfahrungen sie machen, hängt von ihrer Lebensgeschichte, ihren Glaubensüberzeugungen und vom kulturellen Umfeld, in dem sie leben, ab. Religiöses Erleben und Verhalten ist durch biologische, psychologische und soziale Einflüsse bedingt und kann nicht ausschließlich von seiner neurobiologischen Grundlage her umfassend verstanden und erklärt werden.

Religiöse Erlebnisse sind keine von außen am Gehirn beobachtbaren Eigenschaften. Neurowissenschaftler können die neuronalen Korrelate religiöser Erlebnisse erforschen, jedoch nicht die Erlebnisse selbst. Diese sind uns, wie alle Bewusstseinszustände, nur in der Innenperspektive, der Perspektive des erlebenden Subjekts, unmittelbar gegeben. In der Beobachterperspektive der Neurowissenschaft kommen religiöse Erlebnisse überhaupt nicht vor. Sie lassen sich nicht von außen direkt am Gehirn registrieren, auch nicht mithilfe der leistungsfähigsten bildgebenden Verfahren, denn diese eröffnen uns keinen Zugang zu den Inhalten des Bewusstseins. Man kann mit bildgebenden Verfahren allein weder Gedanken lesen noch feststellen, wie es sich anfühlt, in einem Zustand meditativer Versenkung zu sein.

Die in den vorliegenden Untersuchungen festgestellten Veränderungen im Gehirn, welche mit intensiven Zuständen der Meditation und des Gebetes einhergehen, besagen lediglich, dass die berichteten Erfahrungen etwas mit der Veränderung des Körperempfindens und Selbsterlebens zu tun haben. Gehirnregionen höherer Durchblutung lassen sich darüber hinaus keine bestimmten Bewusstseinsinhalte des Meditierenden zuordnen. Je nach Glaubensüberzeugung kann der Meditierende die Aufhebung seiner Ich-Grenzen als Einssein mit dem Gott des Judentums, des Christentums, des Islam oder aber mit einem östlich verstandenen Absoluten deuten und erleben (vgl. Grom 2003). Dies alles zeigt sich jedoch nicht in den Hirnbildern.

Welchen Beitrag die Hirnforschung zur Erklärung religiöser Erfahrungen und Erlebnisse leisten kann und mit welchen Problemen sie bei der Suche nach den neuronalen Korrelaten dieser Erfahrungen und beim Erfassen der wechselseitigen Interaktion zwischen den Milliarden Nervenzellen unseres Gehirns zu kämpfen hat, ist Gegenstand des folgenden Kapitels.

134

III. Wissenschaftliche Probleme der Neurotheologie

Die Grundthese der Hirnforschung und die Komplexität des Gehirns

Die Neurotheologie will das religiöse Erleben und Verhalten von seiner neurobiologischen Grundlage her verstehen und erklären. Sie versucht einen Brückenschlag zwischen Religion und Hirnforschung. Hirnforscher sagen uns seit Langem, dass alles, was wir empfinden, denken, fühlen, wollen, glauben und tun, von einem funktionierenden Gehirn in einem funktionierenden Organismus abhängt. Damit entspringt auch alles, was je über Gott, Seele und Religion, über Materie und Bewusstsein gedacht und geschrieben wurde, den Gehirnen von Menschen. Wir können dann und nur dann bewusst etwas empfinden, glauben, wünschen, wollen und tun, wenn die Zellen unseres Gehirns jeweils auf bestimmte Weise aktiv sind. Alle geistigsten Veränderungen gehen mit Veränderungen der Hirnaktivität einher. Schädigungen des Gehirngewebes haben massive Auswirkungen auf unser Erleben und Verhalten. Ohne funktionierendes Gehirn erleben wir nichts. Die Grundthese der Hirnforschung lautet: Das Gehirn erzeugt das Bewusstsein, und der Hirntod, der vollständige und nicht wieder reparierbare Ausfall sämtlicher Gehirnfunktionen, ist auch das definitive Ende des Bewusstseins.

Verschwindet unser Bewusstsein mit dem Aufhören der Hirntätigkeit spurlos aus der Welt? Ist die Grundthese der Hirnforschung plausibel? Lässt sich das Bewusstsein tatsächlich neurobiologisch erklären? Es gibt prinzipielle Zweifel, die es verbieten, diese Frage einfach mit Ja zu beantworten. Die Aktivitäten der Hirnzellen sind physischer Natur; sie bestehen aus elektrischen und chemischen Vorgängen. Verfolgen wir ihre Wirkungen, stoßen wir auf weitere physische Vorgänge, jedoch auf keine bewussten Erlebnisse. Auch wenn wir das Gehirn noch so gründlich untersuchen: Erlebnisse treffen wir dort nicht an. Der Philosoph Holm Tetens gibt Folgendes zu bedenken:

„Wie können Bewusstseinserlebnisse vom Gehirn verursacht oder mitverursacht sein, wo sie unter den sonstigen Wirkungen des Gehirns nicht anzutreffen sind? Wenn das Erleben eine Wirkung des Gehirns ist, warum ist es nicht auf die gleiche Weise erkennbar wie alle übrigen Wirkungen auch, die vom Gehirn ausgehen? [...] Wie können wir glauben, das Gehirn verursache das bewusste Erleben, wo wir bei der Erforschung der kausalen Umgebung des Gehirns das Erleben gar nicht antreffen?" (Tetens 1994, 21–22)

Mit welch ausgeklügelten Forschungsmethoden Neurowissenschaftler dem Gehirn auch zu Leibe rücken, sie stoßen immer nur auf Physisches. Tetens meint: Wenn der Geist im Gehirn steckt, dann scheint er dort auf jeden Fall sehr gut versteckt zu sein. Bisher hat kein Mensch auch nur die leiseste Ahnung davon, wie aus elektrischen und chemischen Abläufen im Gehirn bewusste Erlebnisse entstehen. Die kausale Beziehung zwischen Gehirn und Bewusstsein erscheint rätselhaft, und zwar in beiderlei Richtung: vom Gehirn zum Bewusstsein und vom Bewusstsein zum Gehirn.

Kaum jemand wird bezweifeln, dass das Gehirn eine notwendige Bedingung für Bewusstsein, Erleben, Verhalten und Handeln ist. Zu fragen ist, ob es auch eine „hinreichende" Bedingung dafür ist. Hinreichende Bedingung würde bedeuten, dass das Bewusstsein im Gehirn kausal vollständig begründet ist. Demnach findet Bewusstsein statt, sobald eine Gehirnaktivität bestimmter Komplexität vorhanden ist, und Bewusstsein findet nicht statt, wenn diese Gehirnaktivität nicht mehr vorhanden ist. Der Philosoph Peter Strasser bezeichnet die Grundthese der heutigen Hirnforschung, die den Hirnforschern selbst nicht immer klar zu sein scheint, als „Primat des Zentralnervensystems" (vgl. Strasser 2004, 30). Das Gehirn bringe das Bewusstsein hervor, und alles am Bewusstsein sei kausal vollständig in neurophysiologischen Vorgängen begründet. Mit dieser Grundthese werde das Bewusstsein in die Rolle eines Epiphänomens gedrängt. Es wird zu einer kausal wirkungslosen Begleiterscheinung der Hirnvorgänge, ähnlich dem Schatten eines galoppierenden Pferdes, der auf die Geschwindigkeit und die Richtung des Pferdes auch keinerlei Einfluss hat.

Wird die Hirnforschung die äußerst komplexe Funktionsweise des menschlichen Gehirns jemals vollständig entschlüsseln? Wie viel am Bewusstsein hätten wir verstanden, wenn es uns gelänge, die Funktionsweise des Gehirns bis ins Letzte zu ergründen? Das menschliche Gehirn besteht aus schätzungsweise hundert Milliarden Nervenzellen oder Neuronen. Jedes einzelne Neuron ist mit anderen Neuronen des Gehirns tausendfach bis zehntausendfach verbunden. Es erhält Informationen von anderen Neuronen, verarbeitet diese und leitet sie als zelleigenes Impulsmuster an eine Vielzahl anderer Neuronen weiter. Im Gehirn eines Erwachsenen gib es schätzungsweise zwischen hundert Billionen und einer Billiarde Kontaktstellen oder Synapsen zwischen den Nervenzellen. Wollte man alle Synapsen registrieren, indem man pro Sekunde eine erfasste, würde man dazu zehn bis hundert Millionen Jahre Zeit benötigen. Diese astronomische Zahl wechselseitiger Verschaltungen ist wohl die komplexeste Struktur im Universum, die wir kennen. „Tatsächlich nehmen Neurowissenschaftler an, dass die Anzahl der möglichen *Zustände* des Gehirns höher ist als die Zahl aller Moleküle im gesamten Universum, in dem wir leben – mit all seinen Galaxien, Sternen, Planeten und Monden." (Nützel & Andrich 2010, 53)

Es gibt dynamische Zellverbände, die eine Vielzahl von Neuronen umfassen. Diese Verbände sind fähig, kurzzeitig als geschlossenes System zu operieren und Verbindungen zu anderen Systemen dieser Art aufzunehmen. Um zu verstehen, was mit dynamischen Zellverbänden gemeint ist, kann man das Gehirn mit einer Großstadt und die einzelnen Nervenzellen mit ihren Bürgern vergleichen. Ein Bürger kann Mitglied in verschiedenen sozialen Verbänden sein, wie zum Beispiel in einer Partei, einer Kirche, einem Sportverein, einem Chor oder einer Firma. Auf ähnliche Weise können Nervenzellen vielen Zellverbänden des Gehirns angehören. Verbände, die aus zufällig miteinander verbundenen Neuronen bestehen, verhalten sich wie einzelne Neuronen. Man schätzt, dass es ebenso viele Zellverbände im Gehirn gibt wie Nervenzellen, was sich aus der Zugehörigkeit einer Nervenzelle zu verschiedenen Zellverbänden ergibt.

Zwischen den Nervenzellen des Gehirns sind die sogenannten „Gliazellen" eingestreut. Nach älteren Schätzungen machen sie zirka achtzig Prozent des Gehirns aus (vgl. Markowitsch 2002, 119). Neueren Schätzungen einer Forschergruppe um die Anatomin Herculano-Houzel in Rio de Janeiro zufolge gibt es im menschlichen Gehirn 86,06 Milliarden Neuronen und 84,61 Milliarden andere Zellen, darunter die Gliazellen (vgl. Azevedo et al. 2009).

138

Demnach sind die Hälfte aller Zellen im Gehirn Neuronen. Über sie ist sehr viel mehr bekannt als über die Gliazellen. Die Gliazellen bilden eine Art Stützgewebe für die Neuronen, versorgen diese mit Nährstoffen, beseitigen Zellabfall und schützen die Neuronen durch die Blut-Hirn-Schranke vor schädlichen Substanzen. Neurowissenschaftler glaubten lange Zeit, dass nur die Neuronen für die Kommunikation im Gehirn zuständig sind und bestimmen, welche Verbindungen sie eingehen und welche nicht. Neuere Forschungsergebnisse zeigen jedoch, dass die Gliazellen „mithören" und weitgehend bestimmen, *wie viele* Synapsen ein Neuron bildet und *wo* es diese formt. Gliazellen können Verbindungen unter den Neuronen herstellen oder kappen. Untereinander kommunizieren sie mithilfe chemischer Signale in einem getrennten, parallelen Netzwerk zum Netzwerk der Neuronen. Gliazellen stellen Kontakte her, die jenseits der fest verdrahteten Verbindungen zwischen den Neuronen bestehen. Bildlich gesprochen: Neuronen kommunizieren durch Verbindungen, die denen eines Festnetzes ähneln, Gliazellen hingegen senden Signale aus, die denen von Mobiltelefonen ähneln. Die Funktion der Gliazellen geht weit über die eines einfachen „Leims" (griechisch: Glia) hinaus (vgl. Fields 2006). Die Zahl der Forscher, die sich mit Gliazellen befassen, ist allerdings verschwindend klein im Vergleich zur Menge der Forscher, welche die Neuronen untersuchen. Das ist wohl der Grund dafür, warum die Gliazellen noch nicht in die Interpretation der Hirnströme (EEG) und der Aufnahmen bildgebender Verfahren Eingang gefunden haben. Bis heute gibt es kein Modell eines „glio-neuralen" Gehirns (vgl. Florey 1996, 84). Der australische Neurowissenschaftler Max Bennett meint, es wäre klüger, nicht nur nach neuronalen, sondern auch nach zellulären Korrelaten des Bewusstseins zu suchen. Wenn es darum gehe, der Komplexität auch nur der einfachsten Teile des Gehirns Herr zu werden, gebe es nur langsamen Fortschritt in der Neurowissenschaft (vgl. Bennett et al. 2010, 81f. und 94f.).

Die unvorstellbare Komplexität des menschlichen Gehirns konfrontiert uns mit den Grenzen des Verstehens. Wenn die Zahl der Verbindungen, welche die Milliarden Nervenzellen unseres Gehirns knüpfen können, größer ist als die Zahl der Atome im uns bekannten Universum, dann benötigten wir ein noch umfassenderes System als unser Gehirn, um diese Komplexität zu begreifen. Selbst wenn unser Gehirn einfacher wäre, wären wir wiederum zu simpel, um es zu verstehen. Manche Gehirnforscher meinen, es sei leichter, das Universum zu erforschen, als die Funktionsweise unseres Gehirns bis ins Letzte zu ergründen.

Elf führende Neurowissenschaftler aus Deutschland und den Vereinigten Staaten konstatieren in ihrem Manifest, dass wir über das Geschehen innerhalb kleinerer und größerer Verbände von Nervenzellen in unserem Gehirn noch erschreckend wenig wissen. Es sei völlig unbekannt, was abläuft, wenn hundert Millionen oder gar einige Milliarden Nervenzellen miteinander „reden".

„Nach welchen Regeln das Gehirn arbeitet; wie es die Welt so abbildet, dass unmittelbare Wahrnehmung und frühere Erfahrung miteinander verschmelzen; wie das innere Tun als seine Tätigkeit erlebt wird und wie es zukünftige Aktionen plant, all dies verstehen wir nach wie vor nicht einmal in Ansätzen. Mehr noch: Es ist überhaupt nicht klar, wie man dies mit den heutigen Mitteln erforschen könnte. In dieser Hinsicht befinden wir uns gewissermaßen noch auf dem Stand von Jägern und Sammlern." (Das Manifest 2004, 33)

Mithilfe bildgebender Verfahren wie der Positronen-Emissionstomografie (PET) und der funktionellen Magnetreso-

140

nanztomografie (fMRT) könne man zwar Orte der Aktivität im Gehirn beschreiben und diese bestimmten Funktionen oder Tätigkeiten zuordnen, aber das helfe kaum weiter. Dass sich all das im Gehirn an einer bestimmten Stelle abspielt, stelle noch keine Erklärung im eigentlichen Sinne dar. „Denn wie das funktioniert, darüber sagen diese Methoden nichts, schließlich messen sie nur sehr indirekt, wo in Haufen von hundert Tausenden von Neuronen etwas mehr Energiebedarf besteht. Das ist in etwa so, als versuchte man die Funktionsweise eines Computers zu ergründen, indem man seinen Stromverbrauch misst, während er verschiedene Aufgaben abarbeitet." (Das Manifest 2004, 33)

Derartige Äußerungen von Hirnforschern wirken sehr ernüchternd gegenüber der unter Neurowissenschaftlern und Neurophilosophen verbreiteten Annahme, in Zukunft werde man das Bewusstsein naturwissenschaftlich erklären können. Wenn einmal bekannt sei, wie das Gehirn Informationen verarbeitet, dann werde das Rätsel des Bewusstseins gelöst sein. Für den Molekularbiologen und Nobelpreisträger Francis Crick ist die Bilanz von Theologie und Philosophie nach zweitausend Jahren der Beschäftigung mit der Frage, wie Leib und Seele zusammenhängen, derart armselig, dass sie jede Glaubwürdigkeit verspielt haben. Sie müssen jetzt das Feld zugunsten der Neurophysiologie räumen. In seinem Buch *Was die Seele wirklich ist* sagt er uns:

„Sie, Ihre Freuden und Leiden, Ihre Erinnerungen, Ihre Ziele, Ihr Sinn für Ihre eigene Identität und Willensfreiheit – bei alledem handelt es sich in Wirklichkeit nur um das Verhalten einer riesigen Ansammlung von Nervenzellen und dazugehörigen Molekülen. Lewis Carrolls Alice aus dem Wunderland hätte es vielleicht so gesagt: Sie sind nichts weiter als ein Haufen Neurone. Diese Hypothese ist so weit von den Vorstellungen der meisten Menschen entfernt, dass man sie wahrlich als erstaunlich bezeichnen kann." (Crick 1994, 17)

Crick zufolge braucht der moderne Neurobiologe die Vorstellung von einer Seele nicht, um das Verhalten der Menschen und anderer Lebewesen zu erklären. Bei der wissenschaftlichen Erforschung des Gehirns gehe es hauptsächlich darum, die wahre Natur der menschlichen Seele zu erfassen. Der Geist, das Verhalten unseres Gehirns, lasse sich durch die Wechselwirkungen von Nervenzellen und den dazugehörigen Molekülen erklären. Auf ähnliche Art argumentiert auch Matthew Alper mit seiner Aufforderung, es sei hoch an der Zeit, Spiritualität und Religiosität den Philosophen, Metaphysikern und Theologen aus der Hand zu nehmen und diese Phänomene zu „biologisieren", das heißt wissenschaftlich zu erklären. Auch Edward Wilson erhofft sich von der Entdeckung der neurobiologischen Grundlage des religiösen Erlebens und Verhaltens die Entzauberung der Religion. Nach Ansicht der elf Autoren des Manifestes fügen Geist und Bewusstsein sich in das Naturgeschehen ein und übersteigen dieses nicht. Geist und Bewusstsein seien auch nicht vom Himmel gefallen, sondern haben sich in der Evolution der Nervensysteme allmählich herausgebildet. Der zukünftige Fortschritt der Hirnforschung werde jedoch nicht in einem Triumph des neuronalen Reduktionismus enden. Die Eigenständigkeit der „Innenperspektive" werde erhalten bleiben, und die Hirnforschung werde klar unterscheiden müssen zwischen dem, was sie sagen kann, und dem, was außerhalb ihres Zuständigkeitsbereichs liegt.

Welchen Einblick gewährt uns die Hirnforschung in die Arbeitsweise des Gehirns?

Welche Einblicke uns die Hirnforschung in die Funktionsweise des Gehirns bietet, hängt von der räumlichen und zeitlichen Auflösung der verwendeten Untersuchungsmethoden ab. Bildgebende Verfahren liefern bunte Bilder des Gehirns, die zeigen, wie das Gehirn beim Erfüllen seiner Funktionen in den jeweiligen Regionen aufleuchtet, wobei die Farben als Hinweis auf die Intensität der Gehirnaktivität gelten. Hellere Farben sind ein Indiz für ein erhöhtes Aktivitätsniveau. Die zurzeit gebräuchlichen Verfahren wie die Positronen-Emissionstomografie (PET) und die funktionelle Magnetresonanztomografie (fMRT) messen nicht die synaptischen und neuronalen Aktivitäten an sich, die im Bereich von Millisekunden ablaufen. Sie registrieren den Blutfluss, der sich innerhalb von Sekunden verändern kann. Die räumliche Auflösung dieser Verfahren ist auf ein Volumen von der Größe einer Erbse begrenzt und umfasst rund eine Million Nervenzellen. Bildgebende Verfahren spüren dem Energieverbrauch der Nervenzellen nach, und zwar unabhängig davon, ob diese erregend oder hemmend wirken, ob sie lokal oder global projizieren und um welche Arten von Zellen es sich handelt (vgl. Koch 2013, 81, 254). Wenn es unter ihnen Spezialisierungen gibt, dann scheinen diese in den bunten Bildern nicht auf. Es lässt sich auch nicht erkennen, in welcher Reihenfolge die verschiedenen Hirnareale aktiv werden, und daher auch nicht, wie diese Aktivitäten miteinander zusammenhängen. Die Aufnahmen geben auch keine präzise Auskunft darüber, *wann* die Aktivitäten der Neuronen genau stattfinden. Die elektrischen und chemischen Prozesse im Gehirn laufen innerhalb von Millisekunden ab. Es erfordert aber sehr viel mehr Zeit, Signale zu entdecken, zu verarbeiten und bildlich darzustellen. Momentan liegt die Höchstgeschwindigkeit der bildgebenden Verfahren im Bereich von wenigen Sekunden pro Scan. Das ist jedoch zu langsam, um die in Millisekunden ablaufenden elektrischen und chemischen Abläufe erfassen und darstellen zu können.

Bildgebende Verfahren eröffnen uns keinen direkten Einblick in die Gehirnaktivität. Sie messen nicht die Aktivität der Neuronen als solche, sondern den erhöhten Blutfluss bzw. die Sauerstoffanreicherung des Blutes in bestimmten Hirnregionen. Die bunten Bilder sind keine Blitzaufnahmen der Gehirntätigkeit als solcher. Der Psychiater und Philosoph Thomas Fuchs betont, dass es sich nicht um „Bilder des Gehirns" handelt, sondern um Visualisierungen statistischer Berechnungen, um kompliziert hergestellte wissenschaftliche Konstrukte. Diesen liegen Mittelwerte aus größeren Stichproben von Versuchspersonen zugrunde. Zudem werde die Grundaktivität des Gehirns im Voraus ermittelt und dann „abgezogen", damit die lokal erhöhten Aktivierungen hervortreten. Dabei sei keineswegs geklärt, ob die untersuchten Erlebnisphänomene tatsächlich den am farbigsten aufleuchtenden Strukturen entsprechen. Der Ruhezustand des Gehirns, eine über den Kortex verteilte Grundaktivität, bilde vielmehr die Basis für das Hintergrunderleben, auf dem sich spezifische Bewusstseinstätigkeiten erst entfalten können. In jedem Fall seien alle anderen Hirnregionen, in denen auf dem Bild scheinbar nichts geschieht, gleichzeitig ebenso aktiv und in unterschiedlicher Weise am Erlebnis beteiligt. Was die Bilder tatsächlich zeigen und was dabei im Gehirn geschieht, bedürfe deshalb einer sorgfältigen Interpretation. Die Technik der Bildgebung friere zudem den Bewusstseinsstrom gewissermaßen ein und isoliere ihn von seinen Zusammenhängen. „Nimmt man all diese methodischen Einschränkungen zusammen, so können Daten zur lokalen Stoffwechselaktivität des Gehirns zwar bis zu einem gewissen Grad seine funktionelle Spezialisierung wiedergeben, jedoch nicht mehr als *Indikatoren* für psychische Vorgänge liefern. Bildlich gesprochen: Man sieht nur den Rauch, nicht das Feuer." (Fuchs 2009, 74)

Der dänische Hirnforscher Andreas Roepstorff beschreibt seine persönliche Erfahrung als Versuchsperson in einem Experiment, bei dem die Testpersonen in einem fMRT-Scanner lagen und an den Fußsohlen gekitzelt wurden. In manchen Fällen konnten sie das Kitzeln nur spüren, in anderen Fällen konnten sie in einem Spiegel zusätzlich sehen, wie sie vom Versuchsleiter gekitzelt wurden. Man wollte herauszufinden, welche Unterschiede sich dadurch für die Informationsverarbeitung im Gehirn ergaben. Roepstorff ärgerte sich allerdings über den Versuchsleiter, als dieser ihn grundlos ziemlich lange im Scanner warten ließ. Er beschloss deshalb, ihn zum Narren zu halten, und nahm sich vor, an Fußball zu denken, wenn er gekitzelt wird, und an das Begräbnis seiner Katze zu denken, wenn er das Kitzeln auch beobachten konnte. Da er an unterschiedliche Dinge dachte, sollte das theoretisch zu Gehirnscans führen, die in unterschiedlichen Gehirnarealen Aktivität anzeigen. Der Versuchsleiter bemerkte jedoch nichts Ungewöhnliches an den Scans. Sie unterschieden sich nicht von denen der übrigen Testpersonen. Roepstorff sagt:

„Da ich mich entschlossen hatte, nicht zu tun, worum mich der Versuchsleiter gebeten hatte, war mein Gehirn per se schon in einem anderen Zustand als das einer Testperson, die alles auftragsgemäß ausführte. Aber der Versuchsleiter hatte keine Möglichkeit, einen solchen abweichenden Tatbestand irgendwie objektiv zu interpretieren, da ich mich nicht erkennbar anders verhielt als eine folgsame Testperson. Angenommen, die Messung wäre exakt genug gewesen und er hätte meinen Gehirnscan in der Tat merkwürdig gefunden, dann hätte er sich diese Abweichung nur begreiflich machen können, wenn er mich gefragt hätte, was mir dabei durch den Kopf gegangen war. In einem solchen Fall kann ich mich dann entscheiden, ob ich lüge oder die Wahrheit sage. Ich könnte als Testperson auch nutzlos sein, weil ich mich einfach nicht mehr daran erinnern kann, was ich während der Untersuchung gedacht hatte. Gedanken sind subjektiv. Oft kann man die Gedanken einer Person zwar aus ihrem Verhalten ableiten. Aber nur die Testperson selbst hat einen unmittelbaren Zugang zu ihren Gedanken. Dieser Unterschied zwischen dem subjektiven Blick aus der Perspektive der ersten Person und dem objektiven Blick aus der Perspektive der dritten Person stellt den Wissenschaftler offensichtlich vor unüberwindbare methodologische Probleme. Wie kann der Gehirnforscher zu objektivem Wissen über das Bewusstsein gelangen, wenn man doch nur auf subjektive Weise, durch Introspektion, unmittelbaren Zugang zum eigenen Bewusstsein hat? Bewusstsein ist also prinzipiell nicht verifizierbar und genügt somit nicht den Anforderungen der Naturwissenschaften. Womit sich der Traum von einem lückenlosen objektiven Wissen über unser Bewusstsein in Luft auflöst. Früher oder später wird man mit der Testperson reden müssen, und dadurch wird immer ein subjektives Element einfließen." (zit. nach Lommel 2009, 195)

Roepstorff hält die Frage, wie verlässlich die Schlussfolgerungen aus den Aufzeichnungen der Gehirnaktivität sind, für das theoretisch wichtigste, zugleich aber auch komplexeste und brisanteste Problem der kognitiven Wissenschaften. Eine Messung kann erst dann als zuverlässig gelten, wenn sich beweisen lässt, dass sie das Phänomen, auf das sie sich bezieht, genau wiedergibt. Es sei erwiesen, dass die Ergebnisse einer fMRT-Untersuchung aufzeigen, wie der Blutstrom im Gehirn verläuft. Diese Erkenntnis lasse aber keine sicheren Schlussfolgerungen über die neuronalen Aktivitäten zu (vgl. Lommel 2009, 196–197).

Bildgebende Verfahren zeigen uns nicht den Geist bei der Arbeit. Sie repräsentieren Bewusstseinsphänomene aus einer Drei-Stufen-Entfernung: Sie bilden physische Größen ab, die mit dem Blutfluss korrelieren; der Blutfluss seinerseits korreliert mit der Aktivität der Neuronen, und diese wiederum korreliert mit einer mentalen Aktivität. Wenn alle diese Annahmen stimmen, dann lassen sich mit bildgebenden Verfahren wichtige Erkenntnisse über die Gehirnaktivität im Zusammenhang mit kognitiven Prozessen gewinnen. Der Philosoph Alva Noë rät uns, wir sollten uns nicht vom bildhaften Charakter dieser Aufnahmen in die Irre führen lassen. Hirnscans seien keine Abbildungen kognitiver Prozesse eines aktiven Gehirns (vgl. Noë 2009, 24).

Probleme bei der Suche nach den neuronalen Korrelaten des Bewusstseins

Kann ein Gefühl, ein Gedanke, ein Wunsch oder ein religiöses Erlebnis exakt jenem spezifischen Aktivitätsmuster im Gehirn zugeordnet werden, das mit ihm einhergeht? Die hochgradig dezentralisierte und parallele Informationsverarbeitung im Gehirn und der Umstand, dass die subjektiv erlebte Zeit und die objektiv messbare physikalische Zeit nicht dasselbe sind, erschweren eine eindeutige Zuordnung. Automatisierte Handlungen sind ein Beispiel für die parallele Informationsverarbeitung im Gehirn. Der Großteil unseres täglichen Verhaltens ist eingeübt und läuft weitgehend automatisiert ab. Viele Routinehandlungen erledigen wir immer auf die gleiche Weise. Gelernte Fertigkeiten aller Art, wie Sprechen, Gehen, Schwimmen, Radfahren, Skilaufen, ein Musikinstrument bedienen, Autofahren oder das Hantieren mit Werkzeugen laufen unbewusst ab. Je stärker wir diese Fertigkeiten eingeübt haben und je automatisierter sie geschehen, desto besser und sicherer führen wir sie aus. Automatisierte Verhaltensweisen ermöglichen es uns, mehrere Dinge gleichzeitig zu tun, wie etwa einen Wagen durch den Stadtverkehr zu steuern, gleichzeitig Musik zu hören und uns mit den Mitfahrern zu unterhalten. Das Bewusstsein geht ökonomisch vor. Die Kapazität unseres Kurzzeitgedächtnisses ist sehr begrenzt. Es kann nur vier bis sieben Informationseinheiten behalten, und diese werden nach zwanzig bis dreißig Sekunden wieder gelöscht. Ein weiteres Beispiel für die parallele Informationsverarbeitung im Gehirn ist der Versuch, uns an den Namen einer Person zu erinnern, den wir vergessenen haben. Obwohl wir intensiv nachdenken, die betreffende Person ganz deutlich vor Augen haben und sogar viele Begebenheiten aus ihrem Leben erzählen können, fällt uns der Name nicht ein. Zugleich haben wir das Gefühl, der Name „liegt uns auf der Zunge". Wenn wir uns nicht mehr bewusst damit beschäftigen und unsere Aufmerksamkeit anderen Dingen zuwenden, dann taucht der vergessene Name plötzlich wie von selbst wieder auf (vgl. Goller 2009, 126–129).

Die Zeit ist für die Klärung der genauen Zuordnung von Erlebnissen zu den mit ihnen einhergehenden Gehirnprozessen von zentraler Bedeutung. Eine exakte Zuordnung erfordert Gleichzeitigkeit. Physikalische Gleichzeitigkeit und erlebte Gleichzeitigkeit sind aber nicht dasselbe. Was wir als gleichzeitig erleben, ist beim Hören, beim Berührtwerden und beim Sehen jeweils verschieden, wie die Experimente zeigen, von denen der Psychologe Ernst Pöppel berichtet (vgl. Pöppel 2000, 19–27). Eine Versuchsperson (Vpn) hört über einen Kopfhörer kurze Klicks, die nur eine Millisekunde dauern. Das linke und das rechte Ohr werden getrennt gereizt. Wenn die beiden

148

Klicks physikalisch betrachtet gleichzeitig sind, dann hört die Vpn nur einen Klick. Beträgt im nächsten Versuch der zeitliche Abstand zwischen den beiden Klicks ein oder zwei Millisekunden, so hört die Vpn nicht zwei Klicks, einen im linken und einen im rechten Ohr, sondern einen Klick. Erst wenn der zeitliche Abstand drei Millisekunden beträgt, hört sie plötzlich zwei Klicks, einen rechts und einen links. Die Klicks müssen etwa drei Millisekunden voneinander getrennt sein, um nicht mehr als gleichzeitig wahrgenommen zu werden. Diese Schwelle ist individuell verschieden und kann zwischen drei und fünf Millisekunden betragen. Erst außerhalb des Gleichzeitigkeits-Fensters hört man zwei Klicks. Wird das gleiche Experiment mit zwei Hautreizen durchgeführt, gibt es eine neue Überraschung. Zwischen zwei Hautreizen müssen etwa zehn Millisekunden vergehen, damit sie nicht mehr als gleichzeitig erlebt werden. Alles, was innerhalb eines Zeitfensters von etwa zehn Millisekunden geschieht, erleben wir beim Berührtwerden als gleichzeitig. Beim Sehen führt das Experiment wieder zu anderen Ergebnissen. Zwischen zwei optischen Reizen müssen mindestens zwanzig bis dreißig Millisekunden liegen, damit wir sie als zwei Reize wahrnehmen. Beim Sehen ist die Spanne der Gleichzeitigkeit, verglichen mit dem Hören und dem Berührtwerden, am längsten. „Je nach unserem Ausblick in die Welt, etwa hörend oder sehend, ist das Gleichzeitigkeits-Fenster verschieden, wobei wir beim Hören das kleinste Fenster zu haben scheinen. Gleichzeitigkeit ist also ein relativer Begriff in unserem Zeiterleben." (Pöppel 2000, 26) Dass das zeitliche Auflösungsvermögen beim Hören, Berührtwerden und Sehen so verschieden ist, liegt an den Eigenschaften der Sinnesorgane. Das Auge ist, verglichen mit dem Gehör, zeitlich gesehen ein relativ träges System. Das ist darauf zurückzuführen, dass die Umwandlung von Licht-Energie in Gehirnsprache auf einem langsamen chemischen Prozess beruht, der mindestens 25 Millisekunden „Transduktionszeit" benötigt. Die Umwandlung von akustischer Energie in Nervenimpulse geschieht hingegen mechanisch und benötigt weniger als eine Millisekunde. Damit stellt sich folgende Frage:

„Woher weiß ich, dass jemand derselbe ist, den ich sehe und der zu mir spricht, wenn seine akustischen und visuellen Signale ungleichzeitig in meinem Gehirn ankommen? Es kommt noch schlimmer: Der Schall hat eine Geschwindigkeit von 330 m/s. Wenn ich jemanden akustisch wahrnehme, spielt also seine Distanz eine entscheidende Rolle. Bei Lichtreizen ist die Distanz dagegen praktisch bedeutungslos. Messungen zeigen [...], dass bei etwa 10 m Distanz optische und akustische Signale mental gleichzeitig verfügbar sein müssen. Bis 10 m Entfernung kommt das akustische früher an, jenseits das optische, sodass wir von einem Horizont der Gleichzeitigkeit bis etwa 10 m sprechen können. Das wirft die weitere Frage auf, wie etwas, das sich bewegt und damit seine Distanz zu mir ändert, für mich seine Identität in den beiden Modalitäten bewahren kann, da es doch dauernd zu Zeitverschiebungen innerhalb des Gehirns kommen müsste? Oder wird gar die Identität des Wahrgenommenen nur über *eine* Modalität bewahrt? Ganz offensichtlich muss dem Gehirn eine Strategie zur Verfügung stehen, die diese physikalisch bedingten Probleme nicht zu Problemen auf der subjektiven Ebene werden lässt." (Pöppel 1989, 25–26)

Als Lösung dieser Zeitprobleme innerhalb des Gehirns schlägt Pöppel folgende Hypothese vor: Neuronale Koordinationsprogramme sorgen für die zeitliche Abstimmung und den geordneten zeitlichen Ablauf psychischer Funktionen. Diese Programme lassen sich als schwingende (oszillatorische) Vorgänge in Neuronenverbänden erfassen. Mithilfe neuronaler Oszillationen schaffe sich

150

das Gehirn Zustände von Gleichzeitigkeit. Oszillatorische Prozesse synchronisieren die neuronale Tätigkeit und stellen so Gleichzeitigkeit in den verschiedenen Bereichen des Gehirns her. Ereignisse werden bis zu einer bestimmten zeitlichen Grenze zu Wahrnehmungsgestalten zusammengefasst. Diese Grenze liege bei etwa drei Sekunden. Die Drei-Sekunden-Integration nennt Pöppel das, was wir subjektiv als „Gegenwart" oder als „Jetzt" erleben. Die Kontinuität unseres Erlebens entstehe durch die Verknüpfung aufeinander folgender Drei-Sekunden-Segmente.

Kommt unser Bewusstsein zu spät?

Der Physiologe Benjamin Libet entdeckte in seinen Experimenten zum Bewusstwerden sensorischer Reize, dass das, was uns bewusst wird, bereits eine halbe Sekunde vorher stattgefunden hat. Er untersuchte Patienten, bei denen man wegen eines neurochirurgischen Eingriffs eine Großhirnhälfte freigelegt hatte. Die Patienten waren wach und nur örtlich an der Kopfhaut und am Knochenhautgewebe des Schädelknochens betäubt (vgl. Libet 2007, 51–56). Libet konnte die schmerzunempfindliche Hirnrinde direkt elektrisch stimulieren. Wenn er bestimmte Stellen des somatosensorischen Kortex stimulierte, berichteten die Patienten von einem Kribbeln auf der Haut. Libet wollte wissen, welche Art der elektrischen Reizung gerade noch ausreicht, um eine bewusste Empfindung auszulösen. Er entdeckte, dass eine elektrische Reizung der Hirnrinde 500 Millisekunden (ms) lang andauern musste, um eine bewusste Wahrnehmung hervorzurufen. Stromimpulse kürzerer Dauer bemerkten die Patienten nicht. Bei einer direkten Reizung der Haut hingegen genügte ein ganz kurzer Impuls, um eine Empfindung zu erzeugen. Eine bewusste Wahrnehmung kann also erst entstehen, wenn eine halbe Sekunde Zeit für die Ausarbeitung eines komplexen neuronalen Aktivitätsmusters in der sensorischen Rinde zur Verfügung steht. Erst dann wird der für eine bewusste Wahrnehmung erforderliche Aktivitätsschwellenwert erreicht. Auch bei einem Hautreiz, der aus einem einzigen Impuls besteht, muss seiner bewussten Empfindung eine unbewusste neuronale Aktivität, die mindestens eine halbe Sekunde dauert, vorausgehen. Was uns bewusst wird, hat bereits eine halbe Sekunde vorher stattgefunden. Wir sind uns nicht des wirklichen Momentes der Gegenwart bewusst. Wir kommen immer ein wenig zu spät. Unser Erleben des „Jetzt" ist immer verzögert. Wenn das so ist, fragte sich Libet, wie ist dann die Tatsache zu erklären, dass wir subjektiv den Eindruck haben, uns des tatsächlichen Augenblicks eines sinnlichen Ereignisses bewusst zu sein?

„Subjektiv scheinen wir uns jedoch eines Hautreizes fast unmittelbar bewusst zu sein, ohne nennenswerte Verzögerung. Also haben wir ein seltsames Paradox: Die erforderliche neuronale Aktivität im Gehirn weist darauf hin, dass die Erfahrung oder das Bewusstsein eines Hautreizes erst nach etwa 500 ms erscheinen kann, doch subjektiv glauben wir, dass er ohne eine solche Verzögerung erlebt wurde." (Libet 2007, 101)

Dieses Paradox bereitete Libet viel Kopfzerbrechen, bis er auf den Gedanken kam, dass die subjektive Datierung nicht identisch sein muss mit der Zeit, zu der die Neuronen tatsächlich die Erfahrung hervorbrachten. Er führte ein Experiment durch, das diese Diskrepanz direkt demonstrierte. Dabei stimulierte er den sensorischen Kortex der Patienten. Diese elektrische Stimulierung musste eine

152

halbe Sekunde andauern, um eine bewusste Sinneserfahrung zu erzeugen. Die Patienten berichteten, dass sie diese Stimulation als Kribbeln auf der Hand empfanden. Dann verabreichte Libet ihnen einen elektrischen Impuls auf die Hand. Dieser Impuls wurde bei verschiedenen Versuchen zu verschiedenen Zeiten *nach* dem Beginn der Stimulierung der sensorischen Hirnrinde verabreicht. Nach jedem Versuch mit dem gekoppelten kortikalen Reiz und dem Hautreiz auf der Hand fragte er die Patienten, welche der beiden Empfindungen zuerst auftrat.

„Die Versuchsperson berichtete, dass die Empfindungen, die an der Haut generiert wurden, *vor* der kortikal induzierten Empfindung erschienen, auch wenn der Hautimpuls um einige hundert Millisekunden nach dem Beginn des kortikalen Reizes verzögert wurde. Erst wenn der Hautimpuls etwa 500 ms verzögert wurde, berichteten die Versuchspersonen, dass die beiden Empfindungen fast gleichzeitig auftraten. Der subjektive Zeitpunkt des hautinduzierten Erlebnisses schien keine Verzögerung relativ zum Zeitpunkt des kortikal induzierten Erlebnisses zu haben. Die kortikal induzierte Empfindung war relativ zu der über die Haut induzierten Empfindung um etwa 500 ms verzögert." (Libet 2005, 102)

Die Patienten datierten den Hautimpuls subjektiv so, wie wenn es eine Verzögerung von einer halben Sekunde nie gegeben hätte. Die Übertragung des Impulses von den Hautrezeptoren zur Großhirnrinde benötigt nur etwa 10 bis 30 Millisekunden, je nachdem, wie weit das gereizte Hautgebiet vom Gehirn entfernt ist. Obwohl die Hautreizung bis zu ihrer Wahrnehmung 500 Millisekunden kortikaler Aktivität erforderte, spürten die Patienten sie früher. Das Erleben des Hautimpulses wurde also subjektiv rückdatiert auf den Zeitpunkt, zu dem der Impuls in der Großhirnrinde eintraf. Der Hautimpuls traf mit einer Verzögerung von 10 bis 30 Millisekunden ein. Diese Zeit ist jedoch viel zu kurz, um bewusst als Verzögerung erlebt werden zu können.

Libet spricht von einer Rückdatierung der verzögerten Sinneswahrnehmung. Subjektiv spüren wir demnach einen Nadelstich auf der Haut deshalb sofort, und nicht erst eine halbe Sekunde später, weil unser Gehirn die Empfindung so rückdatiert, als ob sie unmittelbar auf den Stich erfolgte. In Wirklichkeit benötigt unser Gehirn eine halbe Sekunde Arbeit, damit wir den Nadelstich bewusst erleben können. Das subjektive Erleben und das neuronale Aktivitätsmuster, auf das es bezogen ist, ereignen sich nicht gleichzeitig. Die subjektive Datierung einer Empfindung ist nicht identisch mit der neuronalen Zeit, zu der die Neuronen tatsächlich die dafür erforderliche Arbeit leisten. Eine klare und exakte Zuordnung von Erfahrungen und Erlebnissen zu den sie „hervorbringenden" Gehirnprozessen ist deshalb nicht möglich. Eine solche Zuordnung setzt Gleichzeitigkeit voraus. Wie die Experimente von Ernst Pöppel, so zeigen auch Benjamin Libets Untersuchungen zum Bewusstwerden sensorischer Reize, dass subjektiv erlebte Gleichzeitigkeit und objektiv messbare physische Gleichzeitigkeit nicht dasselbe sind.

Zeiterleben und Traum

Berichte von Träumen stellen den geradlinigen Fortlauf subjektiver Zeit in Frage. Detlef Linke schildert den Traum eines dreißigjährigen Mannes, der träumt, dass er von jemandem mit einer Pistole bedroht wird. Diese Bedrohung hält eine Weile an, dann löst sich ein heftiger Schuss und der Mann wacht auf. Aufgewacht merkt er, dass auf der Straße ein Moped eine Fehlzündung hatte. Wie konnte

154

der Mann die Fehlzündung, die im Traum zum Schuss verarbeitet wurde, erst hören, nachdem er durch diesen heftigen Schuss im Traum aufgewacht war? Wenn man von einer linearen Zeitachse ausgeht, dann muss man den Eindruck gewinnen, dass die Zeit im Moment der schussähnlichen Fehlzündung des Mopeds aus ihrer normalen Achse herausspringt, eine Schleife nach rückwärts dreht, währenddessen die auf den Zeitpunkt der Fehlzündung zulaufende Geschichte mit der Bedrohung entwickelt wird, und dann dort wieder fortfährt, wo sie aus der Achse herausgesprungen ist.

Das Zeiträtsel dieses Traumes kann nach Linke dadurch gelöst werden, dass für die verschiedenen Bewusstseinszustände unterschiedliche Funktionskreise im Gehirn angenommen werden, die nicht ständig miteinander im Austausch stehen. So kann ein Funktionskreis in der einen Gehirnhälfte auf die Fehlzündung des Mopeds so reagieren, dass er diese traumhaft zu dem Erlebnis mit der Pistole verarbeitet, während der andere Funktionskreis in der anderen Gehirnhälfte eine wirklichkeitsnähere Interpretation des Geschehens vollzieht. In einem Funktionskreis läuft demnach noch ein Traum ab, wobei im anderen Funktionskreis bereits das Wachbewusstsein tätig ist, welches erst danach Zugang zu diesem Traum bekommt. Linke weist auf den Befund hin, dass die beiden Gehirnhälften eine unterschiedliche Zeitwahrnehmung haben. Durch die Narkose einer Hirnhälfte beim Menschen könne man zeigen, dass die andere funktionstüchtige Hirnhälfte eine andere Zeiteinschätzung aufweist. Dabei nehme die nichtdominante Hirnhälfte, zumeist die rechte Hirnhälfte, gewöhnlich weniger verflossene Zeit an, als die dominante Hirnhälfte dies tut. Für die nichtdominante Hirnhälfte scheint die Zeit also langsamer zu vergehen als für die andere Hirnhälfte (vgl. Linke 2006, 82–85).

Sigmund Freud berichtet in seinem Buch *Die Traumdeutung* folgenden Traum:

„Zur Berühmtheit gelangt ist ein Traum, den *Maury* erlebt hat. [...] Er war leidend und lag in seinem Zimmer zu Bett; seine Mutter saß neben ihm. Er träumte nun von der Schreckensherrschaft zur Zeit der Revolution, machte gräuliche Mordszenen mit und wurde dann endlich selbst vor den Gerichtshof zitiert. Dort sah er Robespierre, Marat, Fouquier-Tinville und alle die traurigen Helden jener grässlichen Epoche, stand ihnen Rede, wurde nach allerlei Zwischenfällen, die sich in seiner Erinnerung nicht fixierten, verurteilt und dann, von einer unübersehbaren Menge begleitet, auf den Richtplatz geführt. Er steigt aufs Schafott, der Scharfrichter bindet ihn aufs Brett; es kippt um; das Messer der Guillotine fällt herab; er fühlt, wie sein Haupt vom Rumpf getrennt wird, wacht in der entsetzlichen Angst auf – und findet, dass der Bettaufsatz herabgefallen war und seine Halswirbel, wirklich ähnlich wie das Messer der Guillotine, getroffen hatte.

An diesen Traum knüpft sich eine interessante, von *Le Lorrain* und *Egger* in der Revue philosophique eingeleitete Diskussion, ob und wie es dem Träumer möglich werde, in dem kurzen Zeitraum, der zwischen der Wahrnehmung des Weckreizes und dem Erwachen verstreicht, eine anscheinend so überaus reiche Fülle von Trauminhalt zusammenzudrängen." (Freud 1961, 33)

Wie konnte Maury das Herabfallen des Bettaufsatzes, das in seinem Traum zum Erlebnis der Verurteilung und Hinrichtung auf dem Schafott verarbeitet wurde, erst spüren, nachdem er durch das Abtrennen seines Kopfes im Traum in entsetzlicher Angst wach geworden war? Diese Frage ist wohl nur durch die hochgradig parallele Informationsverarbeitung im Gehirn zu beantworten. Diese Verarbeitung kann durch die Verteilung zweier Arbeitsgänge auf die beiden Hirnhälften geschehen, wobei sich das Bewusstsein, zeitlich durchaus abwechselnd, nur um jeweils einen Vorgang kümmert. Das Zeiterleben im Traum ist ein

156

weiterer Beleg dafür, dass die erlebte Zeit und die gemessene physikalische Zeit nicht dasselbe sind.

Zeiterleben und Gedächtnis

Ein Erleben der Zeit ist ohne Gedächtnis nicht möglich. Ohne die Fähigkeit, sich zu erinnern, gäbe es für uns weder Dauer noch Vergangenheit, auf die wir zurückblicken könnten. Unter außergewöhnlichen Umständen kann es zu einer Dehnung oder Verkürzung des Zeiterlebens kommen. Die Einnahme von Drogen wie LSD, Meskalin und Psilocybin (mexikanische Pilze) kann zu Zeitrafferphänomenen, Zeitlupenphänomenen oder sogar zu einer Depersonalisation des Zeitempfindens führen. Bei Zeitlupenerlebnissen scheint alles langsam und feierlich abzulaufen. Bei der Depersonalisation des Zeitempfindens haben die Betroffenen das Gefühl, dass sie Vergangenes oder Zukünftiges jetzt in der Gegenwart erleben. Eine veränderte Zeitwahrnehmung kann auch im Rahmen epileptischer Auren und nach Schlaganfällen (Hirninfarkten) auftreten. Besonders markant sind die Veränderungen des Zeiterlebens im Rahmen eines blitzlichtartigen Lebensrückblicks bei Nahtoderfahrungen (vgl. Markowitsch 2002, 64–73). Raymond Moody beschreibt folgenden Fall eines Studenten:

„Im Sommer nach meinem ersten Jahr im College hatte ich einen Job als Fernfahrer angenommen. Ich fuhr einen schweren Sattelschlepper. Damals hatte ich dauernd damit zu kämpfen, nicht hinterm Steuer einzuschlafen. Eines Morgens früh, als ich mit dem Laster wieder auf einer langen Fahrt unterwegs war, nickte ich ein. Das Letzte, was ich vor dem Eindösen noch mitbekam, war ein Verkehrsschild. Dann kam ein fürchterliches Schrammen, der rechte

157

äußere Reifen platzte, und durch das Gewicht und das Schwanken des Wagens platzten kurz darauf auch die Reifen an der linken Seite. Der Laster kippte um und rutschte die Straße entlang auf eine Brücke zu. Ich hatte Angst, denn es war vorauszusehen, dass der Laster die Brücke rammen würde.

Während dieses Augenblicks, als der Wagen ins Rutschen kam, lief in Gedanken mein ganzes Leben vor mir ab. Ich sah nicht alles, nur die Höhepunkte. Es war vollkommen lebensecht. Als Erstes sah ich, wie ich hinter meinem Vater am Strand entlangstapfte, als ich zwei Jahre alt war. Der Reihe nach kamen noch ein paar andere Erlebnisse aus meinen ersten Lebensjahren, und danach stand mir vor Augen, wie ich als Fünfjähriger das neue rote Auto demolierte, das ich zu Weihnachten bekommen hatte. Ich erinnerte mich daran, wie ich in der ersten Klasse heulend in dem grellgelben Regenmantel zur Schule ging, den meine Mutter mir gekauft hatte. Aus jedem Jahr in der Grammar School fiel mir wieder ein bisschen was ein. Jeder Einzelne meiner Lehrer tauchte wieder vor mir auf, und aus jedem Jahr kam mir wieder eine herausragende Einzelheit ins Gedächtnis. Dann wechselte ich auf die Junior High School über, ging nebenbei Zeitungen austragen und arbeitete in einem Lebensmittelgeschäft, und so ging es weiter bis zu dem Punkt, an dem ich damals stand, kurz vor dem zweiten Jahr im College.

Alle diese Ereignisse und noch viele andere zogen da im Geist blitzschnell an mir vorüber. Vermutlich dauerte es nicht länger als den Bruchteil einer Sekunde. Auf einmal jedoch war es vorbei, ich stand da, starrte auf den Lastwagen und dachte, ich sei tot, dachte, ich sei ein Engel. Ich kniff mich in den Arm, um herauszukriegen, ob ich noch am Leben war, oder ein Geist, oder was eigentlich.

Der Laster war ein einziger Trümmerhaufen, während ich nicht einen Kratzer abbekommen hatte. Ich muss wohl vorne durch die Windschutzscheibe hinausgesprungen sein. Auf jeden Fall war das ganze Glas herausgebrochen. Als ich wieder etwas ruhiger war, dachte ich bei mir, wie seltsam es war, dass diese Ereignisse aus meinem Leben, die bleibenden Eindruck auf mich hinterlassen hatten, während dieses kritischen Augenblicks durch mein Bewusstsein gezogen waren. Wahrscheinlich könnte ich mir die ganzen Vorfälle schon noch einmal überlegen und sie mir erneut ins Gedächtnis und in die Vorstellung rufen, doch würde ich wohl

158

mindestens eine Viertelstunde dazu brauchen. Damals waren sie jedoch alle auf einmal gekommen, ganz von selbst und in weniger als einer Sekunde. Es war wirklich erstaunlich." (Moody 2003, 84–85)

Menschen, die eine Nahtoderfahrung erlebten, berichten, dass die Zeit sehr zusammengepresst und völlig anders war als die Zeit, die wir mit unseren Uhren messen. Manche beschreiben das veränderte Zeiterleben als Sein in der Ewigkeit.

Es gibt die subjektiv erlebte Zeit und die objektiv messbare physikalische Zeit. Wie hängen beide zusammen? Keiner der beiden Zeitbegriffe, so betont die Philosophin Brigitte Falkenburg, lasse sich auf den jeweils anderen reduzieren. Das subjektive Zeiterleben lasse sich nicht auf die objektive Zeit der Physik zurückführen. Die unbefriedigende Aufspaltung der Zeit in das subjektive Zeiterleben einerseits und die objektive Zeitordnung andererseits spiegle den Unterschied zwischen psychischen und physischen Phänomenen, zwischen dem bewussten Erleben und den Hirnprozessen, wider. „Beide Zeiten – die objektive, physikalische, messbare und die subjektive, mentale, erlebte – verweisen offenbar wechselseitig aufeinander. Sie sind komplementär, d. h. sie schließen sich gegenseitig aus und ergänzen sich doch gegenseitig." (Falkenburg 2012, 260)

Die hochgradig parallele Informationsverarbeitung im Gehirn und der Unterschied zwischen subjektiv erlebter Zeit und objektiv gemessener Zeit verunmöglichen eine zeitlich exakte Zuordnung von Erlebnissen zu den elektrischen und chemischen Vorgängen im Gehirn, in denen sie gründen. Wenn das, was uns bewusst wird, bereits eine halbe Sekunde vorher stattgefunden hat, dann können die rückdatierte Wahrnehmung und die Hirnaktivität, die sie „erzeugt", nicht zur selben Zeit stattgefunden haben. Eine exakte zeitliche Zuordnung von Erfahrungen und Erlebnissen zu den sie „hervorbringenden" Gehirnprozessen ist deshalb nicht möglich, weil dies Gleichzeitigkeit voraussetzt. Traumerlebnisse weisen darauf hin, dass es im Gehirn keine Stechuhr oder keinen Taktgeber gibt, nach dem alle Neuronen sich richten. Die zeitliche Beziehung zwischen Erlebnissen und Hirnzuständen ist variabel.

Ist unser Erleben eine vom Gehirn erzeugte Illusion?

Wir sind davon überzeugt, dass es außerhalb von uns eine reale Welt gibt, eine Welt voller Farben, Töne und Gerüche. Wir gehen stillschweigend davon aus, dass unser Bild der Welt im Großen und Ganzen korrekt ist. Neurowissenschaftler machen uns darauf aufmerksam, dass unser bewusstes Erleben durch Schädigungen des Gehirngewebes oder durch die Einnahme von Drogen und Medikamenten verändert werden kann. Opium, Haschisch und Morphium erzeugen Zustände, in denen die normale Wirklichkeit entschwindet und der Mensch sich in eine herrliche unbeschwerte Traumwelt versetzt fühlt. Meskalin bringt wahrnehmungsähnliche Trugbilder hervor, deren Farbenpracht alles Bekannte weit übertrifft. Wenige Tropfen Äther oder Chloroform reichen sogar aus, um das bewusste Erleben vollkommen auszulöschen (vgl. Rohracher 1965, 13–14). Solche Beobachtungen legen nahe, dass unsere Wahrnehmung der Wirklichkeit stärker von der Gehirntätigkeit abhängt als von der Welt außerhalb unserer Haut. Hirnforscher können uns zwar nicht erklären, wie aus elektro-chemischen Vorgängen im Gehirn bewusste Erlebnisse entstehen oder warum wir überhaupt

160

Erlebnisse haben, aber sie zeigen uns, dass Gehirn und Bewusstsein aufs Engste miteinander verbunden sind.

Wie ist die Welt an sich? Wie ist die Welt außerhalb unseres Bewusstseins? Wir glauben, dass die Welt voll ist von Lichtern, Farben, Tönen, süßen Geschmäckern, widerlichen Gerüchen, Hässlichkeit und Schönheit. Dies alles sind jedoch Produkte des Gehirns, Illusionen des Bewusstseins, wie der Psychologe und Biologe Victor Johnston in seinem Buch *Why We Feel* (Warum wir fühlen) betont. Die Welt außerhalb unseres Bewusstseins ist zweifellos voll von elektromagnetischer Strahlung, Luftdruckwellen sowie in Luft und Wasser aufgelösten chemischen Stoffen. Die nichtbiologische Welt ist stockdunkel, geschmacklos, geruchlos, finster und still wie die Welt der Toten.

Reize aus der äußeren Welt sind für unser bewusstes Erleben nicht unbedingt nötig. Im Traum können wir weiße Berge, blaue Seen und grüne Wiesen sehen, ohne dass Licht in unsere Augen dringt. Träume, Drogen, sensorische Deprivation und Halluzinationen belegen, dass ein Input von der Außenwelt nicht wirklich erforderlich ist, damit wir bewusste Erlebnisse haben. Jede Eigenschaft des bewussten Erlebens kann durch Gehirnverletzungen, durch elektrische Stimulation oder durch chemische Beeinflussung des Gehirnstoffwechsels verändert werden. Unsere Sinnesorgane transformieren lediglich Reize aus der äußeren Welt in Nervenimpulse. Aus der Verarbeitung dieser Impulse im Gehirn entstehen die bewussten Erfahrungen. Die Fähigkeiten des Bewusstseins, so Johnston, sind nicht mehr und nicht weniger als emergente Eigenschaften biologischer Gehirne. Sie hängen viel stärker von der Natur der neuronalen Organisation ab als von der Natur der Ereignisse in der äußeren Welt, die sie aktivieren. Ohne Bewusstsein gebe es keine unangenehmen Gerüche und keine angenehmen Geschmackserlebnisse, keine lieblichen Töne und keine grellen Lichter, denn all das seien Illusionen des Bewusstseins. Außerhalb biologischer Gehirne existiere kein Bewusstsein, weder in Steinen und Pflanzen noch in Computern (vgl. Johnston 1999, 181–184).

Der Gedanke, das Gehirn erzeuge unser bewusstes Erleben, widerspricht unserem Alltagsverständnis. Es ist für uns schwer vorstellbar, dass wir eigentlich in einer farblosen, finsteren und stillen Welt leben, die hauptsächlich aus elektromagnetischer Strahlung besteht. Es ist für uns jedoch völlig unmöglich zu leugnen, dass wir bewusste Erlebnisse haben. Dies legt nach Johnston folgenden Schluss nahe: Das Erleben der Farbe Grün wird zwar durch eine elektromagnetische Welle bestimmter Frequenz hervorgerufen, die auf die Netzhaut unserer Augen trifft, aber die Eigenschaft Grün an sich ist in der äußeren Welt nicht zu finden. Das Erleben dieser Farbe ist eine Eigenschaft, die ausschließlich der Aktivität der Gehirnzellen entspringt. Unser gesamtes Erleben ist demnach ein Produkt der Gehirnaktivität. Wenn das Gehirn die ganze Arbeit leistet und das bewusste Erleben erzeugt, welche Rolle spielt dann das Erleben selbst? Ist es bloß ein kausal einflussloses Nebenprodukt der Gehirnmaschinerie?

Nach Johnston sichern die Eigenschaften des Bewusstseins unser biologisches Überleben. Wenn faule Eier übel riechen, Verletzungen schmerzen oder Zucker süß schmeckt, dann liege das daran, dass das menschliche Gehirn eine neuronale Organisation entwickelte, die angenehme oder unangenehme Empfindungen für all jene Aspekte der Welt erzeugen kann, die für das Überleben der Gene ein Segen oder ein Fluch sind. Es sei nicht notwendig, dass wir diese Mechanismen verstehen oder uns ihrer bewusst sind, um zu überleben. Dieses Wissen sei bereits ein Teil unserer biologischen Natur.

162

Johnston vertritt einen evolutionären Funktionalismus. Demnach entwickelte sich das menschliche Gehirn nicht dazu, die Welt um uns herum wirklichkeitsgetreu abzubilden, sondern um das Überleben unserer Gene zu sichern. Normalerweise, so Johnston, fragen wir uns nicht, warum wir Luftdruckwellen nicht sehen, elektromagnetische Strahlung nicht hören oder warum wir in Gegenwart von Gammastrahlen nicht völlig andere Erlebnisse haben. Die Art, wie wir die Welt tatsächlich erleben, erfordere deshalb einiges an Erklärung. Die Illusion des naiven Realismus sei zu stark und zu allgegenwärtig. Wir glauben so sehr, dass Gegenstände tatsächlich farbig, kalt oder heiß, bitter oder süß, schön oder hässlich sind, dass wir uns nicht fragen, wie und warum wir diese Eigenschaften der physischen Welt aufzwingen oder wie sie mit unserem biologischen Überleben zusammenhängen. Ohne Bewusstsein gebe es kein Licht, keinen einzigen Ton, keinen Geruch und keinen Geschmack. In diesem Sinne sei die Welt unseres Bewusstseins eine Illusion. Trotzdem seien unsere Wahrnehmungen, Empfindungen und Gefühle keine irrelevanten Nebenprodukte der Gehirnaktivität, sondern wichtige emergente Eigenschaften, die das Überleben unserer Gene sichern. Johnston betrachtet das bewusste Erleben als eine Art aktiven Filter, der jene Aspekte der äußern Welt „vergrößert", die für das Überleben relevant sind. Bewusstseinsphänomene verstärken jene Eigenschaften der physischen und sozialen Umwelt, die biologisch wichtig sind. Der aktive Filter unseres Bewusstseins erleuchte die Dunkelheit, ignoriere irrelevante Strahlung, wandele relevante Strahlung um und „vergrößere" sie. Mit unseren Sinnesorganen, die nur auf eine bestimmte Bandbreite des elektromagnetischen Spektrums eingestellt sind, treffen wir sehr genaue Unterscheidungen innerhalb eines kleinen, biologisch aber sehr wichtigen

163

Ausschnittes. Wir sehen zum Beispiel nicht das gesamte elektromagnetische Spektrum. Was wir erfassen, löse lebhafte bewusste Erfahrungen aus, die zwar grobe, aber nützliche Verzerrungen dessen darstellen, was da draußen existiert. Unsere bewussten Empfindungen und Gefühle seien keine irrelevanten Nebenprodukte neuronaler Aktivität, sondern erstaunliche emergente Eigenschaften, die ihre Existenz dem „Meisterdenker" verdanken, den wir natürliche Auslese nennen (vgl. Johnston 1999, 1–20).

Der neurobiologische Konstruktivismus

Dem neurobiologischen Konstruktivismus zufolge wird die Welt, wie wir sie wahrnehmen und erleben, von unserem Gehirn konstruiert. Die reale Welt, die Welt außerhalb unseres Bewusstseins, unterscheidet sich radikal von unserer Erlebniswelt. Alle Wissenschaften, natürlich auch die Hirnforschung und die Neurotheologie, finden notgedrungen innerhalb des Bewusstseins statt und nicht außerhalb davon. Bewusstseinsforschung ist ohne Bewusstsein nicht möglich, und Hirnforschung ist ohne Gehirn nicht möglich. Sind dadurch sämtliche Ergebnisse der Hirnforschung nicht ebenfalls reine Konstrukte des Gehirns, die uns über die „reale Welt" jenseits unseres Bewusstseins nichts offenbaren?

Gerhard Roth charakterisiert die besondere Situation, in der sich der Hirnforscher befindet, auf folgende Weise: Der Hirnforscher ist zugleich Erkenntnissubjekt, Erkenntnismittel und Erkenntnisobjekt. Als ein Gehirnzustand, als ein Subjekt, versucht er mithilfe seiner Gehirnzustände, mithilfe von Wahrnehmen und Denken, Auskunft über seine Gehirnzustände, über Wahrnehmen und Denken, zu erlangen. Er versucht herauszufinden, wie er zu-

164

stande kommt und wer er ist (vgl. Roth 1994, 325). Vier Paradoxien kennzeichnen nach Roth diese besondere Situation:

Wenn alle Wahrnehmungen im Gehirn entstehen, so die erste Paradoxie, dann müsse es zwei Welten geben: eine Welt der *Gegenstände* außerhalb des Gehirns und eine Welt der *Wahrnehmungen* der Gegenstände in unserem Gehirn. Das widerspreche aber unserem Erleben. Wir erleben nicht zwei Welten, sondern nur eine Welt. Die Gegenstände seien draußen und nicht in unserem Gehirn. Der Hirnforscher finde im Gehirn nur Nervenzellen, Gliazellen und deren Aktivitäten, jedoch keine Gegenstände. Wenn die Erlebniswelt im Gehirn entsteht, so die zweite Paradoxie, dann kommen in ihr viele Dinge vor, unter anderem auch unser Körper. Wir können unseren Körper betrachten und auch den Raum mit den Dingen, die unseren Körper umgeben. Zugleich müsse der Hirnforscher annehmen, dass diese ganze Szene sich in unserem Gehirn abspielt, welches sich in unserem Körper befindet. Wie kann das Gehirn ein Teil der Welt sein und sie gleichzeitig hervorbringen? Die dritte Paradoxie betrifft die Behauptung der Hirnforscher, es gebe eine eindeutige Beziehung zwischen den Zuständen unseres Gehirns und den Zuständen unseres bewussten Erlebens. Das würde bedeuten, dass der Hirnforscher aus der Kenntnis der Hirnprozesse auf die Zustände des Erlebens schließen könnte und eventuell auch umgekehrt. Im Gehirn entdecke der Forscher aber nur elektrische und chemische Prozesse, jedoch keine Farben, Formen, Töne, Gerüche, Denkvorgänge, Erinnerungen und Gefühle. Dazu komme, dass die Gehirnprozesse, die mit dem Sehen, dem Hören, dem Gesichtererkennen und den Körperbewegungen einhergehen, sich nicht voneinander unterscheiden. Kann die eintönige „Sprache der Neuronen" etwas mit der Vielfalt unseres Erlebens zu tun haben? Wenn alle wissenschaftlichen Erkenntnisse Leistungen unseres Gehirns sind, so die vierte Paradoxie, dann unterliegen auch sie den Konstruktionsbedingungen unseres Gehirns und können keinen Anspruch auf Allgemeingültigkeit erheben. Roth fragt, welchen Wahrheitsanspruch wissenschaftliche Aussagen von Hirnforschern über die Funktionsweise und die Leistungen des Gehirns haben, wenn diese Aussagen selbst von den Konstruktions- und Funktionsbedingungen des Gehirns abhängen (vgl. Roth 1994, 13–23).

Unsere Erlebniswelt wird nach Roth zwar von unserem Gehirn konstruiert, aber die Konstrukte des Gehirns garantieren unser Überleben in der Umwelt. Zwar bilden diese Konstrukte nicht die reale Welt ab, aber sie seien deshalb keineswegs willkürlich. Einen Ausweg aus der geschilderten paradoxen Situation sieht Roth in seiner Unterscheidung von „Wirklichkeit" und „Realität", von „wirklichem Gehirn" und „realem Gehirn". Als „Wirklichkeit" bezeichnet er die uns vertraute Erlebniswelt. Sie wird von unserem Gehirn hervorgebracht. „Realität" hingegen nennt er die „objektive" Welt, die Welt an sich, die Welt jenseits des Bewusstseins. Da er annimmt, dass die Wirklichkeit ein Konstrukt des Gehirns ist, sei er gleichzeitig dazu gezwungen, eine Welt anzunehmen, in der dieses Gehirn, der Konstrukteur, existiert. Roth teilt die Welt also auf in Wirklichkeit und Realität, in eine phänomenale und eine transphänomenale Welt, in eine Bewusstseinswelt und eine bewusstseinsjenseitige Welt.

„Die Wirklichkeit wird in der Realität durch das reale Gehirn hervorgebracht. Sie ist damit Teil der Realität, und zwar derjenige Teil, in dem wir vorkommen. Dies ist eine höchst plausible Annahme, die wir allerdings innerhalb der Wirklichkeit treffen und die nicht als

166

eine Aussage über die tatsächliche Beschaffenheit der Realität missverstanden werden darf." (Roth 1994, 289)

Gehirnforschung vollziehe sich ausschließlich innerhalb der Wirklichkeit und könne nur „wirkliche" Gehirne untersuchen, jedoch niemals „reale" Gehirne. Roth unterscheidet zwischen einem *realen* Gehirn und dem *wirklichen* Gehirn. Das reale Gehirn konstruiere die Wirklichkeit, unsere Erlebniswelt, sämtliche Erkenntnisse und auch das wirkliche Gehirn. Das Gehirn, welches die Neurowissenschaften erforschen, sei das wirkliche Gehirn. Das reale Gehirn sei uns nicht zugänglich, genauso wie der reale Körper, in dem es steckt, und die reale Welt, in welcher der Körper lebt. Nicht nur die Dinge, die wir wahrnehmen, seien Konstrukte in der Wirklichkeit, sondern auch wir selbst sind ein Konstrukt der Wirklichkeit und kommen darin vor. „Dies bedeutet, dass das reale Gehirn eine Wirklichkeit hervorbringt, in der ein Ich existiert, das sich als *Subjekt* seiner mentalen Akte, Wahrnehmungen und Handlungen erlebt, einen Körper besitzt und einer Außenwelt gegenübersteht." (Roth 1994, 293) Alle Unterscheidungen, die wir treffen, auch die zwischen Geist und Gehirn, zwischen Bewusstsein und Materie, seien Unterscheidungen innerhalb der Wirklichkeit. Deshalb habe es wenig Sinn, danach zu fragen, wie aus materiellen Hirnprozessen geistige Phänomene hervorgehen.

„*Die Unterscheidung zwischen Geist und Gehirn ist eine Unterscheidung innerhalb der Wirklichkeit.* Der kritische Philosoph verlangt also vom Hirnforscher etwas Widersinniges. Er soll zeigen, wie aus dem ‚materiellen‘ Gehirn Geist wird, wo doch die Unterscheidung von ‚Materie‘ und ‚Geist‘ eine in der Wirklichkeit getroffene Unterscheidung ist. Diese Unterscheidung ist für unseren Verstand unüberwindlich, denn dies würde den Aufbau der Wirklichkeit zerstören, der unsere Existenz erst möglich macht." (Roth 1994, 296)

167

Damit befinde sich der Hirnforscher in einer paradoxen Situation: Das Gehirn, das er untersucht, das „wirkliche" Gehirn, bringe keinen Geist hervor, und das „reale" Gehirn, welches den Geist und die Wirklichkeit hervorbringt, sei ihm nicht zugänglich. Die Wirklichkeit sei die *einzige* Welt, die uns zur Verfügung steht. Die Hirnforschung könne nur tun, was jede Wissenschaft als Teil der Wirklichkeit überhaupt tun könne, nämlich die Phänomene der Wirklichkeit untersuchen und so deuten, dass sie in der Wirklichkeit einen Sinn ergeben.

Wo existiert die Realität, die Welt außerhalb unseres Bewusstseins? Roth meint, wenn wir sagen, sie existiere „außerhalb" oder „jenseits" der Wirklichkeit, dann machen wir räumliche Aussagen, die nur innerhalb unserer Wirklichkeit einen Sinn ergeben. Die Realität existiere nicht hinter oder jenseits der Wirklichkeit, und man könne auch nicht durch „Löcher" in der Wirklichkeit auf sie schauen. Wir können nicht einmal die Grenzen der Wirklichkeit bestimmen. Auch die moderne Physik übersteige die Wirklichkeit nicht. Sie beschreibe, wie jede Naturwissenschaft, Phänomene der Wirklichkeit. Ihre Beschreibungen seien an die Bedingungen dieser Wirklichkeit gebunden und bilden einen Teil von ihr.

„Die Paradoxie, dass ich im Gehirn keine Farben, Formen, Töne, keine Gedanken und Erinnerungen entdecke, sondern Nervenzellen bzw. Verbände von Nervenzellen und ihre Aktivitäten, löst sich dadurch auf, dass dieses anschauliche Gehirn nicht dasjenige ist, welches mentale Zustände hervorbringt. Wir können in unserer Wirklichkeit nur die *Parallelität* beider Prozesse feststellen." (Roth 1994, 325–326)

Als Wissenschaftler gelte es, Abschied zu nehmen vom Anspruch, objektive Wahrheiten zu verkünden. Der Wis-

168

senschaftler solle dafür sorgen, dass seine Darstellungen den Ansprüchen der Plausibilität und internen Konsistenz gerecht werden.

Roth vertritt einen neurobiologischen Konstruktivismus, nach dem unsere Erlebniswelt vom Gehirn konstruiert wird. Er wehrt sich gegen den Vorwurf, er und andere Neurobiologen würden dadurch behaupten, Phänomene des bewussten Erlebens wie Denken, Fühlen, Wollen, Erinnern und Entscheiden seien nichts anderes als Gehirnprozesse. Natürlich finde ein Neurobiologe im Gehirn keine Gedanken, Gefühle und Erinnerungen, genauso wie ein Computerspezialist mit dem Mikroskop auf der Festplatte eines Computers keine abgespeicherten Texte, Bilder und Musikstücke findet, sondern nur magnetisierte Eisenpartikel. Geistige Prozesse seien geistige Prozesse, doch seien sie neuronal realisiert, und gerade deshalb wirksam (vgl. Pauen & Roth 2008, 116–126).

Kritik am neurobiologischen Konstruktivismus

Thomas Fuchs: Das Gehirn als Beziehungsorgan

Der Psychiater und Philosoph Thomas Fuchs kritisiert die unter Neurowissenschaftlern und Neurophilosophen verbreitete Überzeugung, dass alles, was wir erleben, in Wahrheit eine Konstruktion oder Vorspiegelung unseres Gehirns sei und dass das Gehirn psychische Phänomene aus rein materiellen Grundlagen erzeuge. Am neurobiologischen Konstruktivismus missbilligt er vor allem, dass dieser das gesamte Erleben und Bewusstsein in ein virtuelles Bewusstseinsgehäuse im Schädel verbannt, anstatt es als Beziehung des Wahrnehmenden zur Wirklichkeit zu begreifen (vgl. Fuchs 2009, 50).

169

Im Gegensatz dazu betont er: „Die alltäglich erlebte und vertraute Welt, in der wir gemeinsam leben, bleibt unsere primäre und eigentliche Wirklichkeit. Sie ist nicht das bloße Produkt einer anderen, nur wissenschaftlich erkennbaren Realität, kein Scheinbild oder Konstrukt des Gehirns, sondern die Grundlage aller wissenschaftlichen Erkenntnis." (Fuchs 2009, 21) Wir müssen das Gehirn ganz neu betrachten. Es erschaffe nicht unsere Erlebniswelt wie ein geheimer Schöpfer, sondern sei vielmehr das Organ, das unsere Beziehung zur Welt, zu den Mitmenschen und zu uns selbst vermittelt. Ein angemessenes Verständnis des menschlichen Gehirns müsse von der Selbsterfahrung ausgehen, in der wir uns zugleich als leibliche, verkörperte und seelisch-geistige Wesen erleben. Wir Menschen seien verkörperte, lebendige und geistige Wesen.

Fuchs betrachtet das Gehirn in erster Linie als Organ des Lebewesens, und nicht primär als Organ des Geistes. Das Gehirn selbst sehe nichts, höre nichts, könne nicht lesen und schreiben, nicht tanzen oder Klavier spielen, sondern moduliere weiter nichts als elektrophysiologische Prozesse. Was Hirnforscher auf den Bildern ihrer Tomografen sehen, sei nicht der „Sitz der Seele" und auch nicht die Person selbst. Fuchs betrachtet die Person als Einheit von „Leib" und „Körper". Mit dem Ausdruck „Körper" bezeichnet er die Gesamtheit der anatomischen Strukturen und physiologischen Prozesse; mit dem Ausdruck „Leib" den lebendigen, beseelten Organismus. Lebensäußerungen lassen sich seiner Meinung nach nicht in einen rein geistigen und einen rein physiologischen Anteil zerlegen. Seelisch-geistige Zustände seien immer Zustände eines Lebewesens, unabtrennbare Aspekte von Lebensäußerungen. „Alles *Erleben* ist eine Form des *Lebens*." (Fuchs 2009, 104) Die beiden Aspekte der Person, „Leib" und „Körper", vergleicht Fuchs mit den zwei Sei-

170

ten einer Münze, von denen immer nur eine ohne die andere sichtbar wird. Es sei daher falsch zu fragen, welche Seite die eigentlich wirkliche ist und die andere hervorbringt. Lebensäußerungen einer Person seien zugleich innerlich und äußerlich, sie umfassen Erleben und Verhalten.

Wir Menschen sind leibliche Wesen, verkörperte Subjekte. Unsere Begriffe bilden sich durch das „Begreifen", durch den aktiven Umgang mit der Welt. Das zeige sich zum Beispiel bereits daran, wie wir den Raum erfassen. Die Wahrnehmung von Türen und Fenstern, Wiesen und Bäumen, Menschen und Tieren sei abhängig von unserem leiblichen, sensorischen und motorischen Umgang mit ihnen. Wenn wir feststellen möchten, ob es sich jenseits des Fensters tatsächlich um Wiesen und Bäume handelt oder um eine Filmstaffage, dann können wir einfach hinausgehen und das mit unseren Sinnen und Bewegungen überprüfen. Wahrnehmen bedeute, an der Welt teilnehmen, sie berühren und von ihr berührt werden. Wahrnehmen beruhe auf leiblicher Praxis.

„Der empfundene Schmerz sitzt dort, wo auch die Nadel den physischen Körper gestochen hat. Der Töpfer fühlt den Ton genau da, wo seine Hand ihn tatsächlich presst und formt. Und zeigt der Patient dem Arzt seinen schmerzenden Fuß, so wird dieser auch dort nach der Ursache suchen. Wäre die subjektive Leiberfahrung nur eine Illusion, könnte er die Aussage des Patienten auch ignorieren und stattdessen sein Gehirn untersuchen." (Fuchs 2009, 33)

Arzt und Patient nehmen den gleichen, objektiven Körper wahr. Wie ist es möglich, dass der Patient den Schmerz in seinem Fuß empfindet und nicht im Gehirn? Die Richtung der Frage zeige, dass wir in der Tradition des Philosophen Descartes noch immer gewohnt sind, die Subjektivität vom lebendigen Organismus kategorial zu trennen.

Das subjektive Erleben und die objektive Situation, eine Schmerzempfindung und ihre feststellbare körperliche Ursache, gehören nicht zwei getrennten Welten an. Der einheitliche lebendige Körper bringe, vermittelt durch das Gehirn, eine leibliche, räumlich ausgedehnte Subjektivität hervor. Wir müssen bereits leiblich in der Welt sein, mit ihr in Beziehung stehen, uns bewegen und agieren können, damit wir überhaupt etwas von ihr wahrnehmen.

Alle Wahrnehmung sei verkörpert und beruhe auf konkreter leiblicher Praxis, auf dem sensorischen und motorischen Umgang mit den Dingen. Das bewusste Erleben sei dort, wo die Interaktionen mit der Umwelt stattfinden, in der Peripherie, nicht im Gehirn. Was wir wahrnehmen, seien weder Bilder noch Modelle, sondern Dinge und Menschen. Wahrnehmung stelle eine unmittelbare Beziehung zwischen dem Wahrnehmenden und dem wahrgenommenen Gegenstand her.

„Ich muss also froh sein, meine Hirnzustände nicht wahrnehmen zu können, weil sie selbst mir nicht die geringste Auskunft über die Wirklichkeit geben könnten – ebenso wenig wie Radiowellen selbst die Musik hören lassen, die sie übermitteln. Daher sind auch neuronale Prozesse nicht in irgendeiner Weise ‚realer‘ als die Wahrnehmungen der Dinge, die sie vermitteln." (Fuchs 2009, 44)

Wahrnehmungen seien nicht als interne Abbildungen zu verstehen, sondern als Beziehungen eines verkörperten Subjekts zu seiner Umwelt. Das Gehirn erzeuge nicht das Bewusstsein, es sei nur in Verbindung mit dem ganzen Organismus eine zentrale und unabdingbare Voraussetzung dafür. Fuchs stellt auch die von Gerhard Roth getroffene Unterscheidung zwischen einem „wirklichen" und einem „realen" Gehirn in Frage. Für wie absurd er diese Unterscheidung hält, veranschaulicht er anhand eines Gedankenexperimentes.

172

Fuchs stellt sich vor, ein zukünftiger Neurochirurg wäre in der Lage, sein Gehirn nach einer kunstfertigen Verlängerung aller Gefäß- und Nervenverbindungen aus dem Schädel zu entfernen und in voller Funktion vor ihm auf den Operationstisch zu legen. Er fragt: „Würde ich nun in diesem Organ mein Denken oder meine Welt vor mir sehen?" Er meint Nein, denn seine Welt bliebe die gleiche, sie wäre nicht auf das kleine grauweiße Organ vor ihm zusammengeschrumpft, das ja ohne die erhaltenden Verbindungen zu seinen Augen, Ohren, Händen und Füßen selbst keinerlei Zugang zur Welt hätte. Auch das Zentrum seiner Welt, „er selbst", wäre nicht in das Gehirn gewandert. Er würde sich nach wie vor in seinem Körper erleben, sich mit seinen Gliedern bewegen und durch seine Augen sein Gehirn betrachten. Was würde jedoch passieren, wenn diesem Gehirn vor ihm eine Verletzung drohte? Würde es ihn dann überzeugen, wenn der Neurochirurg ihm beruhigend versicherte, alles, was er sähe, sei ja nur ein virtuelles Konstrukt und sein tatsächliches, reales Gehirn tauche in seiner Welt gar nicht auf? Fuchs meint:

„Wohl kaum – ich würde vielmehr meiner Wahrnehmung trauen und mein Gehirn mit allen Mitteln zu schützen versuchen. Sollte ich zuvor noch einen konstruktivistischen Zweifel an der Realität meiner Wahrnehmungen gehegt haben, so wäre er spätestens damit rasch und wirksam beseitigt. Und das völlig zu Recht: Denn ich sähe nicht nur ein ‚Wahrnehmungsbild', ein ‚Repräsentat' oder eine ‚Simulation' vor mir, sondern tatsächlich mein *reales* Gehirn und damit das höchst verletzliche Hauptorgan meines bewussten Erlebens. Ein zweites, eigentliches Gehirn jenseits meiner Welt, von dem mir der Neurochirurg etwas vorfabulieren mag, gibt es nicht. Denn würde er selbst mein Gehirn untersuchen, so wäre es kein anderes als das, welches ich auch vor mir sehe." (Fuchs 2009, 50)

Aus Sicht des neurobiologischen Konstruktivismus, so Fuchs, ist auch das erlebende und handelnde Subjekt bloß ein Produkt der Gehirnprozesse. Wenn die physikalische Welt als die eigentliche Realität betrachtet werde, dann könne dem Subjekt nur ein illusionärer Status zukommen. An der Leib-Seele-Debatte stört Fuchs vor allem, dass in ihr der eigenständige Begriff des *Lebendigen* ausgeklammert wird. Das führe zum Dualismus zweier getrennter Bereiche: Mentale Phänomene gehören der subjektiven Innenwelt an, physische Phänomene der objektiven, physikalisch beschreibbaren Außenwelt. Damit entstehe das unlösbare Dilemma, wie etwas Unkörperlich-Inneres mit einem Körperlich-Äußeren in Kontakt stehen soll. Es sei jedoch offenkundig, dass es eine ganze Klasse *lebendiger, leiblicher und zwischenmenschlicher* Phänomene gebe, die offenkundig weder rein innerlich noch rein äußerlich, weder rein mentaler noch rein physikalischer Natur sind, die aber gerade deshalb den Stoff unserer alltäglichen Lebenswelt bilden. Fuchs nennt als Beispiele: Schmerzen leiden, lachen und sich freuen, einkaufen gehen, Klavier spielen, sprechen, schreiben, einander begrüßen und miteinander tanzen. Die Einheit all dieser Lebensäußerungen werde durch die dualistische Ausgangsposition der meisten gegenwärtigen Leib-Seele-Theorien bereits vorweg aufgespalten. Dem stellt Fuchs die Einheit des Lebewesens gegenüber, an dem sich zwei verschiedene Aspekte feststellen lassen: bewusste Erlebnisse und Tätigkeiten einerseits und physiologische Prozesse andererseits. Er spricht von einer „verkörperten Subjektivität" (vgl. Fuchs 2009, 219–220).

Alva Noë: Außerhalb unserer Köpfe

Alva Noë, Philosoph und Kognitionswissenschaftler, ist davon überzeugt: Neurowissenschaftler, Psychologen und Philosophen suchen das Bewusstsein dort, wo es nicht ist. Sie suchen es in unseren Köpfen, in unseren Gehirnen. Für ihn ist das Gehirn der falsche Ort, um danach zu suchen. Bewusstsein geschehe nicht im Gehirn, so wie Verdauung im Darm geschieht. Bewusstsein sei etwas, was wir tun oder leisten. Er vergleicht die Situation, in der sich die neurowissenschaftliche Erforschung des Bewusstseins zurzeit befindet, mit einem unerfahrenen Wanderer, der sich verlaufen hat, ohne sich dessen bewusst zu sein. Die neurowissenschaftliche Sicht des Bewusstseins müsse von Grund auf neu überdacht werden. Es sei irreführend, nach neuronalen Korrelaten des Bewusstseins zu suchen, zumindest wenn man darunter Gehirnprozesse versteht, die allein Bewusstsein hervorbringen können. Es gebe keine derartigen Gehirnprozesse.

Geistige Vorgänge mit Gehirnaktivitäten gleichzusetzen sei veralteter Reduktionismus. Wenn wir bei der Erforschung des Bewusstseins vorankommen wollen, dann müssen wir Noë zufolge den einseitigen Blick auf das Gehirn aufgeben und das aktive, dynamische Leben der ganzen Person und ihre Auseinandersetzung mit der dinglichen und sozialen Umwelt in den Blick nehmen. Bewusstsein werde nicht ausschließlich vom Gehirn hervorgebracht, sondern sei eine Leistung des ganzen Lebewesens im Kontext seiner Umwelt. Noë leugnet nicht, dass wir ein Gehirn haben, er bestreitet aber, dass wir unser Gehirn sind. „Das erlebende Subjekt ist nicht ein Stück Fleisch unseres Körpers. Wir sind nicht unser Gehirn. Das Gehirn ist vielmehr ein Teil dessen, was uns ausmacht." (Noë 2010, 22) Das Gehirn sei nicht der Ort

175

des Bewusstseins, weil Bewusstsein keinen Ort habe. Bewusstsein erfordere die Zusammenarbeit von Gehirn, Körper und Umwelt. Wenn wir herausfinden wollen, welchen Beitrag das Gehirn zum Bewusstsein tatsächlich leistet, dann müssen wir untersuchen, wie es mit dem gesamten Organismus und der dinglichen und sozialen Umwelt interagiert. „Wir können den Geist ebenso wenig mithilfe von Nervenzellen erklären, wie wir das Tanzen mithilfe von Muskeln erklären können." (Noë 2010, 66)

Noë vergleicht das Bewusstsein mit dem Wert eines Geldscheines. Nichts an dem Stück Papier in meiner Hand mache es, für sich betrachtet, zu einem Dollar. Es wäre absurd, nach den materiellen Korrelaten seines Geldwertes zu suchen. Der Geldwert selbst stecke nicht im Papier, sondern richte sich nach bestimmten Praktiken, Konventionen und Institutionen. Ebenso sei es irreführend, nach neuronalen Korrelaten des Bewusstseins zu suchen, die allein für Bewusstsein hinreichend sind. Der orthodoxen Vorstellung, Bewusstsein sei etwas, was in unserem Gehirn geschieht, gelte es den Rücken zu kehren. Es gebe keinen soliden empirischen Beweis für die Annahme, dass das Bewusstsein ein vollständig neuronales Phänomen ist.

Francis Crick formulierte die „erstaunliche Hypothese", dass wir Menschen nichts weiter sind als ein Haufen Neuronen. Noë meint, wirklich erstaunlich wäre die Erkenntnis, dass wir nicht unser Gehirn sind und dass das Gehirn nicht allein für das Bewusstsein verantwortlich ist. Gehirne haben keinen Geist, Menschen hingegen schon. Wenn wir verstehen wollen, was Bewusstsein ist, dann müssen wir untersuchen, wie jeder von uns als ganzheitliches Lebewesen in der Welt, mit der Welt und als Reaktion auf sie lebt. Für Noë ist Geist Leben. Die biologische Perspektive ermögliche es uns, die bedeutungsvolle,

176

nichtmechanische Natur des bewussten Lebens in den Blick zu nehmen. Kein Lebewesen sei bloß ein Mechanismus, obwohl jedes biologische System als nur physisch und, in gewissem Sinne, als nur mechanisch betrachtet werden kann. Mit Physik und Mechanik könne man jedoch keine Biologie betreiben. Man könne nicht beides, die Existenz des Organismus anerkennen und ihn zugleich bloß als Ort betrachten, an dem physikalisch-chemische Mechanismen ablaufen. Sobald man den Organismus als Einheit betrachte, erkenne man ihn als Handelnden, als Träger von Interessen, Bedürfnissen und Einstellungen. Bewusstsein sei ein dynamisches Geschehen, für das nicht die neuronale Aktivität an sich ausschlaggebend sei, sondern die neuronale Aktivität im Kontext eines Lebewesens, das Teil seiner Umwelt ist und mit dieser interagiert.

Wir werden nicht herausfinden, wie das Gehirn funktioniert, wenn wir bloß das Kräftespiel umfangreicher Neuronenverbände untersuchen. Zum Beispiel habe man das Sehen bisher als etwas betrachtet, was in uns geschieht, als ein Phänomen der Netzhaut und des visuellen Kortex. Sehen sei jedoch in vielerlei Hinsicht eine körperliche Tätigkeit. Wie die Dinge aussehen, hänge davon ab, was wir tun. Beim Sehen bewegen wir die Augen, den Kopf und den Körper. Diese Bewegungen bewirken eine Veränderung der auf die Augen einwirkenden Sinnesreize. „Wenn wir uns einem Gegenstand nähern, rückt dieser ins Gesichtsfeld. Wenn wir uns abwenden, verschwindet er aus dem Gesichtsfeld. Wenn wir die Augen schließen, ist er weg. Wenn wir um den Gegensand herumgehen, verändert sich sein Profil." (Noë 2010, 79) Das Gehirn erzeuge das Bewusstsein nicht so wie ein Ofen Wärme erzeugt. Besser lasse sich das Gehirn mit einem Musikinstrument vergleichen. Dieses spiele selbst keine Musik und bringe selbstständig auch keine Klänge hervor, ermögliche es aber dem Menschen, Musik zu spielen oder Klänge hervorzubringen.

Die Vorstellung, das Gehirn konstruiere das Bewusstsein, betrachtet Noë als eine nicht hinterfragte Ausgangshypothese, von der wir uns trennen können. Es gebe keinen soliden empirischen Beweis dafür, dass das Gehirn allein für Bewusstsein genügt. Nichts von dem, was die Wissenschaft uns lehrt, könne widerlegen, dass bewusste Wahrnehmung eine Form der Begegnung mit der uns umgebenden Welt ist. Jeder einzelne Wissenschaftler müsse von der Voraussetzung ausgehen, dass eine solche Begegnung möglich ist. Die Welt werde nicht im Gehirn oder durch das Gehirn geschaffen. Sie sei für uns da, und wir haben Zugang zu ihr. Wir sind „außerhalb unserer Köpfe" (Out of Our Heads), wir sind in der Welt, wir sind von der Welt und wir sind in ihr zu Hause.

Beide Kritiker des neurobiologischen Konstruktivismus, Thomas Fuchs und Alva Noë, versuchen, die eng geführte Diskussion über die Beziehung von Bewusstsein und Gehirn zu sprengen und die vielfältigen Wechselbeziehungen zwischen Gehirn, Organismus, dinglicher und sozialer Umwelt stärker zu berücksichtigen. Beide sind davon überzeugt, dass wir unsere Erlebniswelt nicht ausschließlich durch Gehirnprozesse erklären können. Das Gehirn ist zwar eine notwendige, aber keine hinreichende Bedingung für Bewusstsein.

Begriffsverwirrung in den Neurowissenschaften und in der Neurotheologie

Viele Neurowissenschaftler schreiben dem Gehirn oder Teilen des Gehirns psychologische Eigenschaften zu, die nur dem Menschen als ganzem zukommen. Aussagen wie

178

„das Gehirn nimmt wahr, denkt, glaubt und entscheidet"; „die linke Gehirnhälfte weiß etwas, wovon die rechte Gehirnhälfte keine Ahnung hat"; „das Gehirn entwickelt eine Vorstellung von Gott", stiften Verwirrung. Bei Newberg finden sich unter anderem folgende Äußerungen: Der Thalamus unterscheidet nicht zwischen inneren und äußeren Realitäten; aus Sicht des Gehirns ist es ein großes Problem, wie die Dreifaltigkeit und Einheit Gottes zu begreifen sind; man kann beobachten, wie das Gehirn darum kämpft, die Dreifaltigkeit und Einheit Gottes gleichzeitig zu verstehen; wenn das Gehirn es ist, das den heiligen Text liest, die heiligen Geschichten hört und heilige Gebete spricht, dann ist es das Gehirn, das den Menschen hilft, mit Gott zu interagieren (vgl. Newberg 2010, 226; 241).

Menschen nehmen wahr, denken, glauben, beten, lesen und entscheiden, jedoch nicht ihre Gehirne. Gehirne entscheiden nicht, sie sind nicht überrascht und sie grübeln auch nicht. Neuronenverbände ärgern sich nicht, langweilen sich nicht und freuen sich auch nicht. Limbische Systeme verlieben sich nicht und sind auch nicht eifersüchtig. Mandelkerne erschrecken nicht, ängstigen sich nicht und werden auch nicht wie aus heiterem Himmel von einer Panikattacke überfallen. Schläfenlappen sind weder religiös noch areligiös und geraten auch nicht in visionäre Verzückung. All das tun und erleben nur Menschen als ganze, natürlich mithilfe ihres Körpers und ihres Gehirns.

Der Neurowissenschaftler Maxwell Bennett und der Philosoph Peter Hacker diagnostizieren eine Begriffsverwirrung in den Neurowissenschaften (vgl. Bennett & Hacker 2003). Diese zeige sich darin, dass viele moderne Neurowissenschaftler dem Gehirn und seinen Subsystemen menschliche Eigenschaften wie Denken, Fühlen,

Wollen und Entscheiden zuschreiben. Der Mensch sei jedoch nicht ein in den Schädel eines Körpers eingebettetes Gehirn, sondern eine psychophysische Einheit, ein Lebewesen, das wahrnehmen, überlegen, absichtlich handeln, Emotionen empfinden und Sprache gebrauchen kann. Nicht Teile des Gehirns nehmen wahr, überlegen und entscheiden, sondern der Mensch. Das Gehirn und seine Tätigkeiten *ermöglichen* es dem Menschen, und nicht dem Gehirn, zu denken, zu überleben, zu planen, zu fühlen und zu empfinden (vgl. Bennett et al. 2010, 20–21).

Bennett und Hacker fragen, ob Aussagen, die dem Gehirn psychologische Eigenschaften zuschreiben, verständlich und sinnvoll sind. Ob eine Person ein bestimmtes Objekt sieht, könne man feststellen, indem man die Person fragt und ihr Verhalten beobachtet. Doch was hieße es, zu beobachten, ob ein Gehirn etwas sieht?

„Haben wir jedoch eine Ahnung, was es heißt, ein *Gehirn* sehe oder höre etwas, ein *Gehirn* mache Erfahrungen, wisse oder glaube etwas? Haben wir eine Vorstellung davon, was es hieße, dass ein *Gehirn* eine Entscheidung trifft? Verstehen wir, was es heißt, ein Gehirn (ganz zu schweigen von einer Nervenzelle) ziehe *Schlüsse* (einerlei, ob induktiver oder deduktiver Art), *schätze* Wahrscheinlichkeiten, *unterbreite* Argumente, *interpretiere* Daten und stelle auf der Grundlage seiner Interpretationen *Hypothesen* auf?" (Bennett et al. 2010, 36)

Ob es verständlich ist, dem Gehirn psychologische Attribute zuzuschreiben, ist nach Bennett und Hacker keine naturwissenschaftliche, sondern eine philosophische und daher eine begriffliche Frage. Begriffliche Fragen lassen sich mit empirischen Untersuchungsmethoden ebenso wenig lösen wie mathematische Aufgaben mit physikalischen Methoden. Es sei nicht möglich, Experimente darüber durchzuführen, ob das Gehirn denkt oder nicht

180

denkt, ob es an etwas glaubt oder etwas entscheidet. Dem Gehirn psychologische Eigenschaften zuzuschreiben sei sinnlos. Das Gehirn sei weder sehend noch blind, genauso wie Stöcke und Steine weder wach sind noch schlafen. Neurowissenschaftler, die dem Gehirn psychologische Eigenschaften zuschreiben, tun das nicht aufgrund von Beobachtungen, aus denen hervorgeht, dass das Gehirn denkt oder Schlüsse zieht. Durch derartige Zuschreibungen stiften sie Verwirrung. Sie begehen einen „mereologischen" Fehlschluss, der darin besteht, dass sie Teilen (griechisch: méros) zuschreiben, was sinnvoll nur vom Ganzen ausgesagt werden kann. *„Das Gehirn kommt aus logischen Gründen nicht als Träger psychologischer Prädikate in Betracht."* (Bennett et al. 2010, 41) Denken, Fühlen, Wollen, Empfinden und Glauben sind auch keine körperlichen Merkmale des Menschen und können vom Körper, den er hat, genauso wenig ausgesagt werden wie vom Gehirn, das er hat. Das Gehirn sei kein Organ des Bewusstseins. Man sehe mit den Augen und höre mit den Ohren, aber mit dem Gehirn sei man genauso wenig bewusst, wie man mit dem Gehirn spazieren geht. Das Denken geschehe nicht im Menschen, sondern werde vom Menschen vollzogen.

Bennett und Hacker berufen sich in ihrer Argumentation auf den griechischen Philosophen Aristoteles. Nach Aristoteles ist es verfehlt, der Seele eines Lebewesens Eigenschaften zuzuschreiben, die eigentlich nur vom Lebewesen als ganzem ausgesagt werden können. Dies kann man das „aristotelische Prinzip" nennen. Ihm zufolge gleicht die Aussage, das Gehirn gerate in Zorn, der Behauptung, das Gehirn webe oder baue. Anstatt zu sagen, das Gehirn habe Mitleid, lerne oder denke nach, sei es besser zu sagen, der Mensch tue dergleichen. Bennett und Hacker bestreiten, dass es sinnvoll ist zu sagen, das Ge-

181

hirn hat Bewusstsein, spürt Empfindungen, nimmt wahr, denkt, weiß oder will etwas. Denn bei all dem handelt es sich um Eigenschaften von Lebewesen, und nicht um Eigenschaften ihrer Gehirne (vgl. Bennett et al. 2010, 188). Die Neurowissenschaft könne Korrelationen herstellen zwischen Hirnprozessen einerseits und dem Besitz und der Ausübung psychischer Fähigkeiten andererseits sowie zwischen Schädigungen der Nervenzellen und Beeinträchtigungen der normalen geistigen Funktionen.

„Dagegen ist sie *außerstande*, die Vielzahl der auf Gründe, Absichten, Zwecke, Ziele, Werte, Regeln und Konventionen abhebenden psychologischen Normalerklärungen menschlicher Tätigkeiten durch neurologische Erklärungen zu *ersetzen*. Ferner ist sie *außerstande*, durch Bezugnahme auf das Wahrnehmen oder Denken des Gehirns oder eines seiner Teile zu erklären, wie ein Lebewesen wahrnimmt oder denkt. Es hat nämlich keinen Sinn, solche psychologischen Attribute irgendeiner kleineren Einheit zuzuschreiben als dem Lebewesen als ganzem." (Bennett et al. 2010, 21)

Kann dem Denken, Glauben, Entscheiden und Wollen ein körperlicher Ort zugeordnet werden? Nach Bennett und Hacker ist es möglich, Empfindungen wie Schmerz und Jucken einem Ort zuzuordnen. „Der Ort eines Schmerzes ist dort, wo der Leidende hinzeigt – in dem Glied, das er verarztet, in dem Körperteil, von dem er sagt, er schmerze –, denn diese Verhaltensweisen liefern die Kriterien für den Ort der Schmerzen. Dagegen ist es ausgeschlossen, dem Denken, Glauben, Entscheiden und Wollen zum Beispiel einen *somatischen* Ort zuzuordnen." (Bennett et al. 2010, 205)

Vom Magen könne man sagen, er verdaue Nahrung, doch vom Gehirn könne man nicht sagen, es denke. Der Magen sei das Organ der Verdauung, aber das Gehirn sei ebenso wenig das Organ des Denkens, wie es das Organ

182

der Fortbewegung ist. Wenn man den Magen öffnet, kann man sehen, wie die Verdauung dort vonstatten geht. Doch wenn man sehen möchte, wie das Denken vor sich geht, sollte man nicht das Gehirn anschauen. Im Gehirn sind nur jene Vorgänge zu finden, die sich abspielen, *während* jemand denkt. Der Kernspintomograf zeigt lediglich, welche Teile des Gehirns mehr Sauerstoff umsetzen als andere, wenn der Patient im Tomografen nachdenkt. Das Denken geschehe nicht *im* Menschen, sondern werde *vom* Menschen vollzogen.

Bennett und Hacker sind davon überzeugt, dass die modernen Neurowissenschaftler ebenso wie viele Philosophen nach wie vor in der Tradition von René Descartes stehen. Descartes unterschied zwischen *Geist* und *Körper*, zwischen der Innenwelt des nicht ausgedehnten immateriellen Bewusstseins und der Außenwelt der ausgedehnten materiellen Körper. Er betrachtete Innenwelt und Außenwelt als zwei verschiedene Substanzen und Realitäten. Viele moderne Neurowissenschaftler und Philosophen lehnen zwar den Zweisubstanzen-Dualismus von Descartes strikt ab, übertragen aber bedenkenlos alle Eigenschaften, die Descartes dem Geist zuschrieb, auf das Gehirn oder auf Teile des Gehirns. Sie vertreten dadurch einen Gehirn-Körper-Dualismus. „Unsere Empfehlung geht dahin, dass die Neurowissenschaftler und auch die Philosophen das cartesianische Schattenreich verlassen und den aristotelischen Sonnenschein aufsuchen sollten, in dem man soviel besser sehen kann." (Bennett et al. 2010, 230)

Die Psychiater Felix Tretter und Christine Grünhut erörtern in ihrem Buch *Ist das Gehirn der Geist?* die These, der Geist sei letztlich nichts anderes als das Gehirn (vgl. Tretter & Grünhut 2010). In der heutigen Gehirn-Geist-Diskussion dominiere eine materialistische Position, die geistige Phänomene auf Gehirnprozesse reduziert.

„Die über Massenmedien transportierten Botschaften lauten, dass die Enträtselung des menschlichen Bewusstseins offensichtlich bevorstehe und dass es sich zeigen würde, dass der *Mensch nur ein biomolekularer Computer* sei, dessen Handeln im Voraus bestimmt sei und der sein Verhalten nur im Nachhinein so kommentieren könne, als sei die Person selbst der Urheber der Handlungen und als könne die Neurobiologie nun Gedanken lesen." (Tretter & Grünhut 2010, 24)

Hirnforscher schreiben dem Gehirn psychologische Eigenschaften zu und legen dadurch eine Lokalisationstheorie psychischer Funktionen, Zustände und Prozesse nahe. Es ist die Rede von Hirngebieten, die der Sitz des Selbst und des Ichs beziehungsweise die Produktionsorte der Illusionen derselben sein sollen. Dabei habe die Hirnforschung bereits Probleme, überzeugend zu erklären, warum die Sehrinde, deren Zellen sehr ähnlich wie in der Hörrinde miteinander verknüpft sind, eine vom Hören völlig unterschiedliche Erlebnisqualität hervorbringt.

Die Neurobiologie beanspruche in der Leib-Seele-Debatte die Führungsrolle. Häufig finden sich folgende Aussagen und Schlussfolgerungen: Der Geist ist das Gehirn; der Geist ist nur ein Haufen von Neuronen; der Geist ist nur ein Produkt des Gehirns; der Geist hinkt dem Gehirn hinterher; der Geist ist nur ein Beobachter des autonomen Gehirns; der Geist steuert nicht das Gehirn; der Mensch ist nicht mehr als sein Gehirn. Das Hauptproblem derartiger Aussagen sei, dass nicht genau unterschieden werde zwischen dem, was „Befund" und was „Hypothese" ist. Viele Hirnforscher setzen das Gehirn mit dem Geist und den Geist mit dem Gehirn gleich (vgl. Tretter & Grünhut 2010, 25).

Gegenüber der Führungsrolle der Neurobiologie in der Geist-Gehirn-Debatte befinde sich die Philosophie des Geistes in der Defensive. Zudem finden Argumente von

184

Psychologen, Physikern, Mathematikern, Informatikern und Systemtheoretikern kaum Beachtung. Tretter und Grünhut plädieren für eine zeitgemäße multidisziplinär fundierte „Neurophilosophie", die stärker als bisher die Psychologie, die Informatik und die Systemtheorie berücksichtigt. Da es kein Gehirn ohne Leib und keinen Leib ohne Umwelt gibt, betrachten sie das Gehirn, ähnlich wie Fuchs und Noë, als Integrationsorgan, das zwischen Organismus und Umwelt vermittelt. Das Gehirn sei eine notwendige, aber keine hinreichende Bedingung für Bewusstsein.

Die besonderen Merkmale des Erlebens

Das Erleben, auch das religiöse Erleben, besitzt Eigenschaften, welche die mit ihm einhergehenden neuronalen Aktivitäten nicht besitzen. Im Unterschied zu den objektiv beobachtbaren Gehirnprozessen ist das Erleben subjektiv, perspektivisch und nicht räumlich. Diese drei Merkmale sind der Grund dafür, warum neurobiologische Beschreibungen und Erklärungen die Buntheit, die Vielfalt und den Reichtum des Erlebens nicht erfassen können. Neurobiologische Erklärungen beziehen sich ausschließlich auf die körperlichen Aspekte des Erlebens.

Das Erleben ist subjektiv

Das Erleben ist subjektiv und privat, die Gehirnprozesse, die mit ihm einhergehen, sind hingegen öffentlich. Sie sind objektiv registrierbar und intersubjektiv überprüfbar, vorausgesetzt, die verwendeten Messmethoden ermöglichen es dem Hirnforscher, die Aktivitäten der Gehirnzellen direkt und in Echtzeit zu erfassen. Das Erleben ist

185

hingegen nur der erlebenden Person unmittelbar zugänglich. Nur sie weiß, was sie im Moment empfindet, fühlt und denkt. Zum Erleben der Mitmenschen haben wir keinen direkten Zugang wie zum eigenen Erleben. Es hat noch kein Mensch das Erleben eines anderen von innen her erfahren. Wir können zwar das Ausdrucksverhalten unserer Mitmenschen beobachten, aber nicht ihr Erleben. Aufgrund der Mimik, des Blicks, des Tonfalls und der Lautstärke der Stimme, der Sprechgeschwindigkeit, der Körpersprache und der verbalen Äußerungen der Mitmenschen machen wir uns ein Bild davon, was sie im Moment erleben und in welcher Stimmung sie sich befinden. Bis zu einem gewissen Grad können wir uns in ihre Erlebniswelt einfühlen.

Jeder Mensch lebt in seiner ganz persönlichen Erlebniswelt. Darauf hat besonders der Psychologe Carl Rogers aufmerksam gemacht. Jeder Mensch nimmt andere Menschen, Gegenstände und Ereignisse auf eine einzigartige Weise wahr, mit nur von ihm selbst empfundenen Bedeutungen. Diese innere Erlebniswelt ist nur der betreffenden Person selbst unmittelbar zugänglich. Nur sie kann sagen, was sie fühlt, was sie erlebt und wie sie es erlebt. Es gibt so viele Erlebniswelten, wie es Menschen gibt (vgl. Rogers 1976, 417–457). Wenn wir Personen und Gebäude, Landschaften und Flüsse beobachten, dann stimmen unsere Wahrnehmungen mit denen anderer Menschen in der Regel überein. Wenn wir aber versuchen zu verstehen, was eine Person zum Beispiel beim Anblick eines gotischen Doms erlebt, ob und wie er ihr gefällt, was er ihr bedeutet und welche Gefühle er in ihr weckt, dann sehen wir, wie verschieden unsere Erlebniswelten sind.

Der Philosoph Thomas Nagel thematisiert die Subjektivität und Privatheit des Erlebens in seinem viel zitierten Artikel „Wie ist es, eine Fledermaus zu sein?" (vgl. Nagel

186

1993). Er unterscheidet zwischen der subjektiven und der objektiven Betrachtungsweise. Wir sollten uns vorstellen, wie es ist, eine Fledermaus zu sein. Fledermäuse orientieren sich durch Radar oder Echolotortung in der Außenwelt. Diese Form der Wahrnehmung können wir uns nicht recht vorstellen.

Bis zu einem gewissen Grad sind wir fähig, uns auszumalen, wie es *für uns* wäre, eine Fledermaus zu sein, es liegt aber jenseits unserer Fähigkeit, uns vorzustellen, wie es *für eine Fledermaus* ist, eine Fledermaus zu sein. Es wird uns wenig helfen, uns vorzustellen, dass wir Flughäute an den Armen hätten, mit Hilfe derer wir bei Einbruch der Dunkelheit und im Morgengrauen herumfliegen, während wir mit dem Mund Insekten fangen; dass wir ein schwaches Sehvermögen hätten und die Umwelt mit einem System reflektierter akustischer Signale aus Hochfrequenzbereichen wahrnehmen und dass wir den Tag mit dem Kopf nach unten hängend auf einem Dachboden oder in einer Höhle verbringen. Insoweit wir uns dies vorstellen können, sagt es uns nur, wie es *für uns* wäre, uns so zu verhalten, wie eine Fledermaus sich verhält. Um zu wissen, wie es für eine Fledermaus ist, eine Fledermaus zu sein, müssten wir aber die Welt aus der Perspektive einer Fledermaus betrachten. Wir müssten das erleben, was eine Fledermaus erlebt, und dazu bräuchten wir den Körper einer Fledermaus. Erlebnisse sind subjektiv und an eine bestimmte Perspektive gebunden. Diese Perspektive kann von einem objektiven Standpunkt aus nicht eingenommen werden. Wenn wir versuchen, das Erleben der Fledermäuse von einem objektiven Standpunkt aus zu beschreiben, dann verlieren wir den subjektiven Gehalt des Erlebens aus dem Blickfeld. Wenn wir wissen wollen, was eine Fledermaus erlebt, dann ist es nur von begrenztem Nutzen, ihr Verhalten, ihren Körper und ihr Gehirn zu untersuchen. Studieren wir das Verhalten und die Neurophysiologie der Fledermäuse, so interessieren wir uns für die objektive Seite dieser Tiere. Bezüglich des subjektiven Erlebens der Fledermäuse führt uns jeder Schritt zu größerer Objektivität von dem, was wir eigentlich untersuchen wollen, weg.

Der Philosoph John Searle betont, dass Bewusstseinszustände insofern subjektiv sind, als sie immer von einem menschlichen oder tierischen Subjekt erlebt werden. Sie existieren nur in Abhängigkeit von einer Person, einem Organismus oder einem Lebewesen, das sie hat. Ein Schmerz existiert nur insofern, als er von jemandem erlebt wird. Nach Searle haben Bewusstseinszustände eine Erste-Person-Ontologie, d. h., sie existieren nur, weil sie von einem menschlichen oder tierischen Subjekt erlebt werden. Gegenstände, wie zum Beispiel Gebäude und Berge, haben hingegen eine Dritte-Person-Ontologie. Ihre Existenz hängt nicht davon ab, ob sie von einem menschlichen oder tierischen Subjekt erlebt werden. Erlebnisse an sich gibt es nicht, sondern immer nur in Abhängigkeit von einem Subjekt, das sie erlebt (vgl. Searle 2001, 56–59).

Der Hirnforscher Christof Koch, der viele Jahre mit Francis Crick über die neurobiologischen Grundlagen des Bewusstseins forschte, war lange Zeit der Meinung, Bewusstsein erwachse aus komplexen neuronalen Netzen. Jetzt ist er der Ansicht, dass sich die Subjektivität des Bewusstseins zu radikal von etwas Physikalischem unterscheidet, und betont: „Das Phänomenale stammt aus einem anderen Königreich als das Physikalische und unterliegt anderen Gesetzen. Und ich sehe nicht, wie sich die Trennung zwischen Geschöpfen ohne und mit Bewusstsein durch mehr Neurone überbrücken ließe. [...] Ich glaube, dass Bewusstsein eine fundamentale, eine ele-

188

mentare Eigenschaft lebender Materie ist." (Koch 2013, 212–213)

Lassen sich religiöse Erlebnisse, meditative Zustände und mystische Erfahrungen objektiv beschreiben und messen? Die subjektiven religiösen Erlebnisse sind für die Psychologie und die Hirnforschung nicht direkt zugänglich. Erfassbar und intersubjektiv überprüfbar sind Erlebnisberichte über religiöse Erfahrungen, Beobachtungen des religiösen Verhaltens und – soweit direkt erfassbar und vorhanden – die damit einhergehenden Gehirnaktivitäten. Die Subjektivität und Privatheit des religiösen Erlebens bleibt für die Neurotheologie, die Psychologie und die Hirnforschung zweifellos eine große Herausforderung.

Das Erleben ist perspektivisch

Erlebnisse sind subjektiv und an eine bestimmte Perspektive gebunden. Es gibt zwei Zugangsweisen zum Erleben: von innen, aus der *Erlebnisperspektive* oder der Ersten-Person-Perspektive, und von außen, aus der *Beobachterperspektive* oder der Dritten-Person-Perspektive. Die erste Zugangsweise ist die Introspektion, die zweite die Verhaltensbeobachtung. Die objektive äußere Realität nehmen wir aus der Beobachterperspektive wahr, die subjektive innere Realität aus der Erlebnisperspektive. Philosophen ringen seit langer Zeit darum, das Verhältnis zwischen der objektiven und der subjektiven Realität zu ergründen. Welche der beiden Realitäten ist die wahre, die ursprünglichere? Die ursprünglichere Wirklichkeit muss den Ausgangspunkt alles Realen bilden. Wissenschaftler wollen herausfinden, wie Dinge funktionieren. Es gibt jedoch einen Unterschied zwischen der Erklärung, wie zum Beispiel Meditation funktioniert, und dem Erleben der Meditation. Ein Neurowissenschaftler sieht nicht,

189

was eine Person im Kernspintomografen erlebt, während sie sich an ein intensives religiöses Erlebnis erinnert. Er sieht einen Teil der Stoffwechselaktivität ihres Gehirns, jedoch nicht das, was sie erlebt. Er kann nur von außen beobachten; jeder von uns hat aber glücklicherweise die Möglichkeit zum Blick von innen. Beide Perspektiven, die Erlebnisperspektive und die Beobachterperspektive, lassen sich nicht aufeinander zurückführen.

Erlebnisse sind an die Erste-Person-Perspektive gebunden, und diese Perspektive kann von einem objektiven Standpunkt aus nicht eingenommen werden. Erlebnisse gibt es nicht an sich, sie sind immer jemandes Erlebnisse. Die objektive Wissenschaft bemüht sich, subjektive Einflüsse – so weit wie nur möglich – auszuschließen. Eine Theorie über Schmerzen zum Beispiel, in der das Erleben des Schmerzes nicht vorkommt, wäre überhaupt keine Theorie über Schmerzen. Sie wäre uns unendlich fern, denn sie würde genau das nicht erfassen, was Schmerz für uns bedeutet.

Das Dilemma der beiden Perspektiven zeigt sich, wenn wir sie auf uns selbst anwenden. Wir können die Welt so beschreiben, dass wir selbst in ihr nur ein Körper neben vielen anderen Körpern sind. In diesem Fall versuchen wir, uns selbst und die Welt gleichsam von außen zu beschreiben, ohne unsere Erlebnisperspektive zu berücksichtigen. Angesichts der unendlichen Weite von Raum und Zeit schrumpft mein Leben zur Bedeutungslosigkeit. Ich bin nur ein Mensch unter Milliarden von Menschen, die jetzt leben, die vor mir gelebt haben und die nach mir leben werden. Ob es mich gibt oder nicht gibt, ändert an der Menschheit als ganzer und am Universum als ganzem nichts. Auf der anderen Seite erlebe ich mich nicht nur als Körper in der Welt. Ich betrachte die Welt aus der subjektiven Perspektive meines Bewusstseins. Diese Sicht

190

ist einzigartig und unvertretbar. Mit meinem Ende, mit meinem Tod, geht die Welt meiner Empfindungen, Erlebnisse und geistigen Zustände, die einen unauflösbar subjektiven Charakter haben, zugrunde. Meine Welt, meine Erlebniswelt, wird ausgelöscht.

Das Dilemma der beiden Perspektiven zeigt sich noch in einer anderen Form. Auf der einen Seite sind wir als materielle Körper ein Teil der physischen Welt und unterliegen daher den gesetzmäßigen Notwendigkeiten, welche die Naturwissenschaften beschreiben. Aus dieser Sicht sind wir nur ein Spielball der Kräfte, die den mechanischen Ablauf der Welt bestimmen. Sind unsere Verhaltensweisen und Handlungen deshalb vollständig durch die Naturgesetze bestimmt? Sind die Bewegungen unseres Körpers genauso determiniert wie die Bewegungen fallender Gegenstände? Auf der anderen Seite erleben wir uns als kausalen Ursprung, als Urheber unseres Handelns. Handlungen sind etwas, was wir tun, im Gegensatz zu dem, was uns zustößt. Dinge, die uns widerfahren, sind zum Beispiel: Ich stolpere auf der Treppe, ich muss nießen, ich erkranke an Grippe, ich ärgere mich. Wir verhalten uns immer, aber wir handeln nicht immer. Im Handeln haben wir eine gewisse Kontrolle über unsere Bewegungsabläufe. Wir führen die sichtbaren Bewegungen mit Absicht aus. Eine bestimmte Handbewegung ist nur dann ein Gruß und nicht eine gymnastische Übung oder ein Tick, wenn wir auch grüßen wollten. Wir können begründen, warum wir etwas getan oder nicht getan haben. Freie Handlungen implizieren eine Wahlmöglichkeit, eine Entscheidung zwischen Alternativen. Wir können problemlos zwischen dem, was wir freiwillig tun, und dem, wozu wir gezwungen werden, unterscheiden. Einer handelnden Person unterstellen wir, dass sie das, was sie tut oder unterlässt, absichtlich unternimmt und dass sie sich dessen, was sie tut, zumindest teilweise bewusst ist. Der Begriff „Handlung" ist ohne die Idee der Erlebnisperspektive nicht angemessen zu verstehen. Damit ein Verhalten eine Handlung im vollen Sinn des Wortes ist, muss ich es als von mir selbst vollzogen erleben. Roboter zeigen auch koordiniertes, von innen gesteuertes und der Situation angemessenes Verhalten. Sie erleben ihr Verhalten aber ebenso wenig wie Verantwortung oder Schuld.

Beide Perspektiven, die Erlebnisperspektive und die Beobachterperspektive, sind uns vertraut, und beide haben für uns ein hohes Maß an Plausibilität. Ein Problem ergibt sich dadurch, dass sie sich – zumindest auf den ersten Blick – zu widersprechen scheinen. Wie lässt sich der Widerspruch zwischen den beiden Perspektiven beseitigen? Dass keine der beiden Perspektiven zugunsten der jeweils anderen aufzugeben ist, veranschaulicht der Philosoph Peter Bieri am Beispiel eines Gemäldes.

Wir können ein Gemälde als materiellen Gegenstand ansehen und sein Gewicht, seine chemischen und physikalischen Eigenschaften beschreiben. Wir können aber auch beschreiben, was das Gemälde darstellt, ob es schön oder hässlich ist und wie viel es gekostet hat. Derselbe Gegenstand lässt sich aus unterschiedlichen Perspektiven beschreiben. Alles, was wir sagen, ist im gleichen Sinne wahr. Es ist wahr, dass das Gemälde dreißig Kilo wiegt und in Öl gemalt ist, und es ist wahr, dass es das Abendmahl darstellt, ein verkitschtes Machwerk ist und einen zu hohen Preis erzielt hat. Keine der Beschreibungen ist näher an der Wirklichkeit. Keine besitzt einen höheren Grad an Tatsächlichkeit als die anderen. Auf ähnliche Weise können wir einen Menschen einerseits, wie ein Chirurg, in der Sprache der Anatomie und Physiologie als bloßen Körper und andererseits in der Sprache des Geistes als Person beschreiben. In der Sprache des Geistes schrei-

192

ben wir ihm vieles zu, was in der Perspektive des Chirurgen gar nicht vorkommt, wie z. B. Erlebnisse, Erinnerungen, Willensentschlüsse, Überlegungen und Entscheidungen. Keine der beiden Beschreibungen ist in sich richtiger als die andere, keine ist zugunsten der anderen aufhebbar (vgl. Bieri 2005).

Uns stehen nur die beiden Perspektiven, die Erlebnisperspektive und die Beobachterperspektive, zur Verfügung. Eine dritte Perspektive, einen Blick von nirgendwo, besitzen wir nicht. Wissenschaft operiert aus der Beobachterperspektive. Viele Neurowissenschaftler sind davon überzeugt, dass sie die eigentliche Wirklichkeit beschreiben.

Das Erleben ist nicht räumlich

Körper sind ausgedehnt, dreidimensional und von zeitlicher Struktur. Erlebnisse nehmen keinen Raum ein, sie besitzen nur eine zeitliche Existenz. Es hat wenig Sinn, danach zu fragen, wie lang, wie breit, wie hoch oder wie schwer ein Gedanke, ein Gefühl oder ein Wunsch ist. Ebenso unsinnig wäre es, Erinnerungen, Gedanken, Gefühle und Bedürfnisse im Raum anordnen zu wollen, sodass sich ein erhabenes Gefühl zum Beispiel zwei Meter neben einem religiösen Gedanken befände oder die Erinnerung an den ersten Schultag zehn Meter rechts oberhalb der Erinnerung an den ersten Urlaub am Meer ihren Platz hätte. In der Sprache, mit der wir unsere Erlebnisse ausdrücken, verwenden wir zwar räumliche Bilder, wie zum Beispiel in der Aussage „mir ist ein Stein vom Herzen gefallen", aber das Erleben selbst ist nicht räumlich. Die Körperprozesse und die Aktivitäten der Gehirnzellen, die mit Gedanken und Gefühlen einhergehen, können als ausgedehnt oder räumlich bezeichnet werden, jedoch nicht die Gedanken und das Erleben der Gefühle selbst.

In unserem Alltagsverständnis sind Bewusstsein und Raum zwei der selbstverständlichsten Dinge der Welt. Das Bewusstsein ist jeden Augenblick unseres Wachseins, und sogar in unseren Träumen, gegenwärtig. Wir können ihm nicht entfliehen, selbst wenn wir das wollten. Dem Raum können wir ebenso wenig entfliehen wie dem Bewusstsein. Unsere Welt ist eine räumliche Welt. Wir werden in den Raum hineingeboren, wir leben im Raum und wir sterben im Raum. Wir existieren nicht nur im Raum, wir nehmen die Welt auch als räumlich wahr. Wenn wir am Morgen die Augen öffnen, werden wir sofort mit dem Raum und den Gegenständen, die er enthält, konfrontiert. Unser menschlicher Körper selbst ist ein Objekt im Raum. Sehen ist der Sinn, der uns am unmittelbarsten mit dem Raum vertraut macht. Der Tastsinn ergänzt die visuelle räumliche Wahrnehmung. Manchmal benutzen wir ihn, um zu überprüfen, ob unsere visuellen Eindrücke von einer Entfernung korrekt sind. Spiegel können das Auge zum Narren halten und uns einen Gegenstand an einer Stelle sehen lassen, wo er sich in Wirklichkeit nicht befindet. Der Tastsinn ist für Spiegeltricks nicht empfänglich. Hören, Riechen und Schmecken sind ebenfalls vom Raum abhängig, wenn auch nicht so massiv wie Sehen und Tasten.

Der Grundthese der Hirnforschung zufolge hängen Erleben, Verhalten und Handeln von einem funktionierenden Gehirn in einem funktionierenden Organismus ab. Damit stellt sich die Frage, wie die Beziehung zwischen Gehirn und Bewusstsein beschaffen ist. Wenn das Gehirn mit seinen Milliarden Neuronen räumlich organisiert ist und das Bewusstsein nicht räumlich ist, wie um alles in der Welt kann dann das Bewusstsein aus dem Gehirn hervorgehen?, fragt der Philosoph Colin McGinn. Wie entsteht etwas Nichträumliches aus Räumlichem? Wie brin-

194

gen es die kleinen, räumlich organisierten Gehirnzellen fertig, nichträumliche Gedanken und Gefühle entstehen zu lassen? Das Ganze scheint ein Bruch in der natürlichen Ordnung zu sein. Wie kann etwas Nichträumliches eine enge kausale Beziehung zu etwas Räumlichem eingehen? Offensichtlich nicht mittels räumlicher Kontakte und auch nicht mithilfe der Schwerkraft. Vielleicht, so argumentiert Colin McGinn, liegen wir mit unserer Einschätzung dessen, was Raum wirklich ist, völlig falsch. Vielleicht ist der Raum etwas ganz anderes, als wir glauben, und damit ließe sich Bewusstsein mit der wirklichen Natur des Raumes vereinbaren (vgl. McGinn 1996, 2001). Die Aussage, Bewusstsein besitzt keine räumlichen Eigenschaften, ist so zu verstehen, dass es nicht die Eigenschaften hat, die wir dem Raum zuordnen. Raum ist womöglich etwas anderes als das, was wir uns darunter vorstellen. So gesehen wäre das Wort „Raum" nur ein Etikett für etwas da draußen, ein Medium, in dem sich alle Dinge befinden (vgl. McGinn 2001, 125–158). Bewusstsein hat weder Länge noch Breite, noch Höhe, wie wir sie normalerweise wahrnehmen. Vermutlich sind Länge, Breite und Höhe bestenfalls oberflächliche Eindrücke von dem, was Raum seinem objektiven Wesen nach wirklich ist. „Vielleicht verfügt der Raum objektiv über eine Struktur, die ihn in die Lage versetzt, Geist und Materie auf einfache und natürliche Art zusammen in sich zu vereinen, die Art dieser Zusammenführung aber entzieht sich unserem gegenwärtigen Verständnis von Raum." (McGinn 2001, 145) Hätten wir eine Vorstellung vom wirklichen Wesen des Raumes, bis hinunter ins Allerkleinste seiner Ultrastruktur, würden wir einsehen, dass Bewusstsein etwas ebenso Räumliches ist wie Äpfel, Felsen und Kontinentalplatten. Nur unsere Unkenntnis des Raumes lasse uns glauben, Bewusstsein sei etwas Nichträumliches. Richtig ist: Bewusstsein ist nur in Bezug auf unsere gegenwärtige Vorstellung von Raum nichträumlich. Auch unser Gehirn muss über Eigenschaften verfügen, die in unserer gegenwärtigen physikalischen Weltsicht und unserer Raumvorstellung nicht repräsentiert sind, Eigenschaften, die wir nicht im Geringsten verstehen. Unser Erkenntnisvermögen, mit dem uns die Evolution ausgestattet hat, reiche nicht aus, um eine radikal neue Vorstellung vom Raum zu entwickeln. „Unser Geist steht einer korrekten Theorie des Raumes so ähnlich gegenüber wie der Geist eines Adlers der Relativitätstheorie." (McGinn 2001, 155)

Die Neurotheologie will das religiöse Erleben und Verhalten von seiner neurobiologischen Grundlage her erklären und verstehen. Die besonderen Merkmale des Erlebens, Subjektivität, Perspektivität und Nichträumlichkeit, können durch die Erforschung der neuronalen Grundlagen des Erlebens nicht erfasst werden. Die Hirnforschung operiert wie jede empirische Wissenschaft aus der Beobachterperspektive. Als Datenquellen für die Untersuchung des religiösen Erlebens und Verhaltens stehen ihr Erfahrungsberichte, Verhaltensbeobachtungen und die Registrierung von Gehirnvorgängen zur Verfügung. Die Kenntnis der Gehirnprozesse, die mit religiösen Erfahrungen korrelieren, eröffnet uns keinen Zugang zu den Inhalten dieser Erfahrungen. Hirnforscher können mit bildgebenden Verfahren feststellen, was im Gehirn einer Person vorgeht, die ein Gebet spricht. Was sie dabei auf dem Bildschirm zu sehen bekommen, ist nicht damit zu vergleichen, was die Person momentan erlebt. Ausgangspunkt jeder Suche nach den neurobiologischen Grundlagen des religiösen Erlebens können immer nur die Erlebnisberichte der untersuchten Personen sein. Ein Hirnforscher, der die elektrischen und chemischen Aktivitäten in den Gehirnen seiner Probanden zu erfassen versucht, wird dort weder religiöse noch areligiöse Überzeugungen, Einstellungen und Erfahrungen antreffen.

Der Philosoph David Chalmers unterscheidet am Bewusstsein einen psychologischen und einen phänomenalen Aspekt und spricht vom „leichten" und vom „schweren" Problem des Bewusstseins (vgl. Chalmers 1996). Der phänomenale Aspekt des Bewusstseins meint das bewusste Erleben, die Erlebnisqualitäten. Der psychologische Aspekt des Bewusstseins hingegen meint Bewusstsein als Ursache des Verhaltens und Handelns. Hier ist die Qualität des Bewusstseins nicht wichtig, sondern die kausale Rolle. Beide Aspekte, der phänomenale und der psychologische, sind real, decken aber verschiedene Bereiche ab. Das „leichte" Problem des Bewusstseins lässt sich nach Chalmers mit den Methoden der Psychologie und der Neurowissenschaften prinzipiell lösen. Das „schwierige" Problem des Bewusstseins kann mit den Standardmethoden dieser Wissenschaften grundsätzlich nicht geklärt werden. „Leicht" ist natürlich ein relativer Begriff. Bis die sogenannten leichten Probleme des Bewusstseins geklärt sind, werden gut und gerne noch hundert bis zweihundert Jahre empirischer Forschung ins Land ziehen. Zu den leichten Problemen des Bewusstseins zählt Chalmers die Klärung folgender Fragen: Wie unterscheidet das Gehirn Umweltreize, wie kategorisiert es diese und wie reagiert es angemessen auf sie? Wie integriert es Informationen, die aus verschiedenen Quellen stammen, und wie nutzt es diese zur Steuerung des Verhaltens? Wie funktionieren Gedächtnis, Erinnern, Aufmerksamkeit, Wachheit, Schlaf und willentliche Verhaltenskontrolle? Bestünde das Problem des Bewusstseins nur in der Klärung dieser Fragen, wäre es für die Wissenschaft kein unlösbares Rätsel. Wir besitzen zwar immer noch keine vollständigen wissenschaftlichen Erklärungen dieser Phänomene, aber wir haben zumindest eine klare Vorstellung davon, wie wir zu solchen Erklärungen kommen können. Der psychologische Aspekt des Bewusstseins konfrontiere die Wissenschaft zwar mit einer Reihe technischer Probleme, sei aber kein tiefes metaphysisches Rätsel.

Das schwierige Problem des Bewusstseins bilden die Subjektivität und die Qualitäten des Erlebens. Alle wissenschaftlichen Erkenntnisse haben bisher kein Licht auf die Frage geworfen, wie und warum bestimmte Hirnprozesse von bewusstem Erleben begleitet werden. Wie bringen physikalisch-chemische Abläufe im Gehirn bewusstes Erleben hervor? Wenn wir denken, fühlen und wahrnehmen, dann findet nicht nur eine Menge an Informationsverarbeitung im Gehirn statt, es gibt auch das bewusste Erleben dieser Phänomene, ihre Erlebnisqualität. Warum sollten physische Reizverarbeitungen überhaupt die Buntheit und den Reichtum des inneren Erlebens erzeugen? Unter Psychologen, Neurowissenschaftlern und Philosophen herrscht große Übereinstimmung darüber, dass bewusstes Erleben aus Gehirnprozessen hervorgeht, aber wir haben keine Erklärung dafür, warum und wie das geschieht. Wir können nicht erklären, warum es sich auf eine bestimmte Weise anfühlt, eine Empfindung zu haben, seine Lieblingsmusik zu hören oder sich in einem meditativen Zustand zu befinden. Das schwierige Problem des Bewusstseins sei das bewusste Erleben. Dieses Problem gehe auch über die Erklärung der Struktur und Funktion des Gehirns hinaus.

Die Hirnforschung versucht, die neuronalen Korrelate des bewussten Erlebens zu identifizieren. Wir wissen zwar, dass unser subjektives Erleben eng mit Gehirnvorgängen verbunden ist, aber dieser Zusammenhang selbst erscheint rätselhaft. Wir haben nicht die geringste Ah-

198

nung, wie das bewusste Erleben, das uns nur in der Ersten-Person-Perspektive zugänglich ist, aus objektiv beschreibbaren Gehirnprozessen hervorgeht. Es klafft stets eine Erklärungslücke zwischen dem bewussten Erleben einerseits und seinen vermuteten neuronalen Korrelaten andererseits. Selbst eine noch so vollständige Kenntnis der neuronalen Aktivitäten, die mit dem Erleben meditativer Versenkung einhergehen, würde uns nichts darüber sagen, wie es ist, ein derartiges Erlebnis zu haben. Erst wenn wir wüssten, warum und wie Neuronen überhaupt bewusstes Erleben hervorbringen, könnten wir die Erklärungslücke zwischen Hirnprozessen und Bewusstsein überwinden (vgl. Levine 1983). Eine umfassende und befriedigende Erklärung religiöser Erfahrungen und spiritueller Erlebnisse müsste deren Buntheit und Vielfalt berücksichtigen. Sie müsste das religiöse Erleben und Verhalten sowie die damit einhergehenden körperlichen und neuronalen Vorgänge der untersuchten Personen gleichermaßen in den Blick nehmen.

Zusammenfassung

Das Bewusstsein, so die Grundthese der Hirnforschung, wird vom Gehirn hervorgebracht, und der Hirntod ist zugleich der Tod des Bewusstseins. Das Gehirn ist für das Erleben und Verhalten zweifellos eine notwendige, aber keine hinreichende Bedingung. Neurowissenschaftler finden im Gehirn nur elektrische und chemische Vorgänge, jedoch keine Erlebnisse. Die kausale Beziehung vom Gehirn zum Bewusstsein und vom Bewusstsein zum Gehirn bleibt rätselhaft. Was am religiösen Erleben und Verhalten hätten wir verstanden, wenn es der Hirnforschung gelänge, die damit einhergehenden Aktivitäten der Hirnzellen bis ins Letzte zu entschlüsseln? Die unvorstellbare Komplexität des Gehirns konfrontiert die Forschung mit den Grenzen des Verstehens. Darüber, wie Millionen von Nervenzellen innerhalb eines Verbandes und wie zahlreiche Zellverbände untereinander interagieren, ist so gut wie nichts bekannt. Was zurzeit an Befunden über die neurobiologischen Grundlagen des religiösen Erlebens vorliegt, ist mehr als dürftig. Von klaren und eindeutigen Korrelationen zwischen religiösen Erfahrungen einerseits und den ihnen entsprechenden Aktivitäten der Gehirnzellen andererseits kann keine Rede sein. Bildgebende Verfahren bieten keinen Einblick in die Gehirnaktivität als solcher, sie messen die Durchblutung bzw. den Sauerstoffverbrauch des Gehirns. Ihre räumliche und zeitliche Auflösung ist zu grob, um die in Millisekunden ablaufenden neuronalen Prozesse in Echtzeit erfassen zu können. Man sieht nur den Rauch, aber nicht das Feuer. Die zurzeit vorliegenden Forschungsergebnisse der Neurotheologie sind grobe Zuordnungen von Orten im Gehirn mit erhöhter Stoffwechselaktivität zu bestimmten außergewöhnlichen religiösen Erfahrungen.

Die hochgradig dezentralisierte und parallele Verarbeitung von Informationen im Gehirn sowie die Tatsache, dass die erlebte Zeit und die messbare physikalische Zeit verschieden sind, erschweren das Auffinden genauer Korrelationen zwischen Erlebniszuständen und Gehirnzuständen. Im Gehirn gibt es weder eine Stechuhr noch einen Taktgeber, an denen sich alle Neuronen ausrichten könnten. Das bewusste Erleben und die damit zusammenhängende neuronale Aktivität ereignen sich nicht notwendigerweise gleichzeitig. Die zeitliche Beziehung zwischen Erlebnissen und Gehirnzuständen ist variabel. Subjektiv erlebte Gleichzeitigkeit und objektiv messbare physikalische Gleichzeitigkeit sind nicht dasselbe. Das er-

200

schwert eine eindeutige Zuordnung von bewussten Erfahrungen zu den ihnen entsprechenden Gehirnaktivitäten. Eindeutige Korrelationen setzen Gleichzeitigkeit voraus. Die subjektiv erlebte Zeit und die objektiv messbare physikalische Zeit sind zwei gegensätzliche, aber sich ergänzende Zeitbegriffe. Sie spiegeln den Unterschied zwischen bewusstem Erleben und Hirnprozessen wider und können nicht aufeinander reduziert werden.

Dem neurobiologischen Konstruktivismus zufolge wird die Welt, wie wir sie wahrnehmen und erleben, vom Gehirn konstruiert. Nach Gerhard Roth befindet sich der Hirnforscher in einer paradoxen Situation: Das *wirkliche* Gehirn, das er untersucht, erzeugt keinen Geist, und das *reale* Gehirn, das den Geist und unsere Wirklichkeit hervorbringt, kann er nicht untersuchen, weil es ihm prinzipiell verschlossen bleibt. Wie ist die These der totalen Gehirnabhängigkeit des Bewusstseins angesichts der Unterscheidung von wirklichem und realem Gehirn zu verstehen? Ist der Tod des wirklichen Gehirns auch der Tod des realen Gehirns? Der Hirntod, der irreversible Ausfall sämtlicher Gehirnfunktionen, kann sich nach der Unterscheidung von Roth nur auf das wirkliche, jedoch nicht auf das reale Gehirn beziehen. Über „Leben" und „Tod" des realen Gehirns, das uns grundsätzlich nicht zugänglich ist, wissen wir nichts. Die Suche nach den eigentlichen neurobiologischen Grundlagen des religiösen Erlebens und Verhaltens scheint demnach ein aussichtsloses Unterfangen zu sein. Zum realen Gehirn, das unser religiöses Erleben und Verhalten tatsächlich hervorbringt, haben wir keinerlei Zugang, und die neuronalen Aktivitäten des wirklichen Gehirns, von denen uns Hirnforscher und Neurotheologen berichten, produzieren gar kein Erleben und Verhalten. Folglich beziehen sich sämtliche vorhandenen Befunde über die neuronalen Grundlagen des religiösen Erlebens und Verhaltens lediglich auf das wirkliche Gehirn, das gar kein religiöses Erleben und Verhalten erzeugt. Alle Unterscheidungen, die wir treffen, auch die zwischen religiösem Erleben und Gehirnprozessen, zwischen Materie und Geist, zwischen Leben und Tod, treffen wir nach Roth ausschließlich innerhalb der Wirklichkeit. Sie haben mit der Realität und dem realen Gehirn nichts zu tun. Die Wissenschaft kann Roth zufolge nur die Parallelität von bewusstem Erleben und Gehirnprozessen „in unserer Wirklichkeit" feststellen.

Thomas Fuchs und Alva Noë kritisieren die Sicht des Neurokonstruktivismus und sprengen die eng geführte Gehirn-Geist-Diskussion. Nach Fuchs ist die uns vertraute und erlebte Welt die primäre und eigentliche Wirklichkeit. Diese bilde auch den Ausgangspunkt für alle Wissenschaften. Das Gehirn konstruiere nicht unsere Erlebniswelt, es sei vielmehr das Organ, das unsere Beziehung zur dinglichen Welt, zu den Mitmenschen und zu uns selbst vermittelt. Ein zweites, „reales" Gehirn gebe es nicht. Fuchs betont, dass Lebensäußerungen, wie zum Beispiel sich freuen, Schmerzen erleiden oder miteinander sprechen, sowohl geistiger als auch physischer Natur sind. Man könne Lebensäußerungen nicht in einen rein geistigen und einen rein physiologischen Anteil zerlegen. Sie seien immer beides: innerlich und äußerlich, Erleben und Verhalten. Fuchs verwendet dafür das Bild der zwei Seiten einer Münze, von denen man jeweils nur eine Seite sieht. Es sei sinnlos danach zu fragen, welche Seite die wirklichere ist und die andere hervorbringt.

Alva Noë betrachtet Bewusstsein als etwas, was wir tun oder leisten. Das Gehirn erzeuge Bewusstsein nicht, wie ein Ofen Wärme erzeugt. Bewusstsein sei vielmehr eine Leistung des gesamten Lebewesens im Kontext seiner sozialen und dinglichen Umwelt. Es erfordere die Zusam-

202

menarbeit von Gehirn, Organismus und Umwelt. Das Gehirn sei wie ein Musikinstrument, das selbst keine Musik macht, es einem Musiker aber ermöglicht, zu musizieren. Fuchs und Noë sind davon überzeugt, dass bewusste Erlebnisse durch Gehirnprozesse allein nicht erklärt werden können. Sie betonen die Einheit von Körper und Geist. Das „Lebendige" hebe die akademische Trennung von Körper und Geist auf. Das Gehirn sei zwar eine notwendige, aber keine hinreichende Bedingung für Bewusstsein.

Maxwell Bennett und Peter Hacker kritisieren, dass viele Neurowissenschaftler dem Gehirn oder Teilen davon psychologische Eigenschaften wie Denken, Fühlen und Wollen zuschreiben. Sie tun das nicht aufgrund von Beobachtungen, aus denen hervorgeht, dass das Gehirn denkt, fühlt oder etwas will. Solche psychologischen Zuschreibungen seien sinnlos.

Nicht das Gehirn oder seine Neuronenverbände denken, fühlen, glauben, wollen und entscheiden, sondern der Mensch als ganzer. Aktivitäten der Nervenzellen ermöglichen es dem Menschen, jedoch nicht dem Gehirn, all dies zu tun. Vom Darm könne man sagen, er verdaue Nahrung, vom Gehirn könne man aber nicht sagen, es denke. Viele Neurowissenschaftler und Philosophen würden zwar den Zwei-Substanzen-Dualismus von Descartes strikt ablehnen, aber alle Eigenschaften, die Descartes dem Geist zuschrieb, bedenkenlos auf das Gehirn oder auf Teile davon übertragen. Damit vertreten sie einen Gehirn-Körper-Dualismus.

Felix Tretter und Christine Grünhut stellen die These, der Geist sei das Gehirn, in Frage. In der gegenwärtigen Leib-Seele-Debatte beanspruche die Neurobiologie die Führungsrolle. Argumente von Psychologen, Physikern, Mathematikern und Informatikern fänden kaum Beachtung. Viele Hirnforscher setzen das Gehirn mit dem Geist und den Geist mit dem Gehirn gleich. Demgegenüber betrachten die beiden das Gehirn, ähnlich wie Fuchs und Noë, als Integrationsorgan, das zwischen dem Organismus und der dinglichen und sozialen Umwelt vermittelt. Das Gehirn sei eine notwendige, aber keine hinreichende Bedingung für Bewusstsein.

Die Neurotheologie will religiöse Erfahrungen und spirituelle Erlebnisse rein neurobiologisch erklären. Die besonderen Merkmale des Erlebens, Subjektivität, Perspektivität und Nichträumlichkeit, sind der Grund dafür, warum eine neurobiologische Beschreibung und Erklärung das Erleben in seiner Ganzheit nicht erfassen kann. Erlebnisse sind nur der betreffenden Person aus der Erlebnisperspektive unmittelbar zugänglich. Die Neurowissenschaften operieren aus der Beobachterperspektive. Keine der beiden Perspektiven ist auf die jeweils andere reduzierbar. Eine dritte Perspektive, ein Blick von nirgendwo, steht uns nicht zur Verfügung. Die Erlebnisqualitäten, die Art, wie es ist, Erlebnisse zu haben, bilden das schwierige Problem des Bewusstseins. Wie bringen es die objektiv beschreibbaren und räumlich organisierten Gehirnzellen fertig, subjektive Erlebnisse entstehen zu lassen? Zwischen dem bewussten Erleben und seinen vermuteten neuronalen Korrelaten klafft eine Erklärungslücke. Selbst ein vollständiges Wissen über die neuronalen Grundlagen religiöser Erfahrungen könnte uns nicht zeigen, wie es ist, religiöse Erfahrungen zu machen.

Wie steht es um den Deutungsanspruch der Neurotheologie, religiöses Erleben und Verhalten ganz aus seiner neurobiologischen Grundlage her erklären und verstehen zu wollen? Ist es ihr gelungen, einen Brückenschlag zwischen Religion und Hirnforschung herzustellen? Nach Francis Crick sind wir nichts weiter als ein Haufen Neuronen. Für Matthew Alper ist es hoch an der Zeit, religiöse Phänomene zu biologisieren, und Eduard

Wilson erhofft sich von der Hirnforschung die Entzauberung der Religion. Michael Persinger betrachtet religiöse Erlebnisse als Artefakte neuronaler Aktivitätsmuster im Schläfenlappen. Diese vier Autoren verstehen unter einer wissenschaftlichen Erklärung des Bewusstseins und religiöser Erfahrungen deren Reduktion auf Gehirnmechanismen. Menschliches Bewusstsein lasse sich auf neuronale Vorgänge reduzieren. Ihre These setzt jedoch das zu Erklärende, nämlich das menschliche Bewusstsein, bereits voraus. Bewusstsein ist der Ausgangspunkt jeder Erklärung, nicht ihr Ergebnis. Bewusstsein kann nicht „wegerklärt" oder auf noch ursprünglichere Phänomene zurückgeführt werden.

Religiöse Erfahrungen und mystische Erlebnisse weisen auf etwas hin, was sich durch eine noch so vollständige Beschreibung der elektro-chemischen Vorgänge im Gehirn, mit denen sie korrelieren, nicht erfassen lässt. Joachim Nicolay drückt dies folgendermaßen aus: „Mystische Erfahrungen verweisen auf eine tiefere Dimension des Menschseins, die mit einer Beschreibung von Hirnfunktionen und biochemischen Prozessen nicht erfasst werden kann. Sie besagen, dass das menschliche Dasein ein Geheimnis ist, das bis in die Verbundenheit mit einer göttlichen Wirklichkeit hineinreicht." (Nicolay 2010, 94)

Andrew Newberg betont, dass Mystiker eine Wirklichkeit erfahren haben, die realer ist als die materielle Welt, der wir fraglos vertrauen. Er deutet die neurobiologische Grundlage religiöser Erlebnisse als eine Art Fenster, durch das wir, wenn auch nur flüchtig, die absolute Wirklichkeit von etwas wahrhaft Göttlichem erahnen können. Mario Beauregard betrachtet die neuronale Grundlage mystischer Erfahrungen weder als Beweis für die Existenz Gottes noch als Beweis dafür, dass diese Erfahrungen nichts anderes sind als Gehirnprozesse. Der Geist sei ohne das Gehirn und das Gehirn ohne den Geist nicht zu verstehen. Er plädiert für einen wissenschaftlichen Bezugsrahmen, der Innen und Außen, das Subjektive und das Objektive, die Erlebnisperspektive und die Beobachterperspektive gleichermaßen berücksichtigt. Nina Azari betont, das Studienobjekt der Hirnforschung sei der Mensch und nicht Gott. Die Neurowissenschaften können uns nichts über Gott oder den Inhalt religiöser Erfahrungen sagen. Sie können höchstens herausfinden, wie sich der religiöse Glaube im Gehirn auswirkt. Erfahrungen hinterlassen bei uns Menschen Spuren im Körper und im Gehirn.

Erschuf Gott das Gehirn oder das Gehirn Gott? Hat der Mensch Gott gefunden oder erfunden? Die Debatte in der Neurotheologie betrifft nicht so sehr die recht bescheidene empirische Befundlage, sondern vielmehr deren Deutung. Die Hirnforschung kann versuchen herauszufinden, was im Gehirn von Menschen vor sich geht, wenn diese meditieren, beten oder andere religiöse Rituale vollziehen, und welche langfristigen Auswirkungen dies auf die Funktion und Struktur ihrer Gehirne hat. Sie kann nicht mehr leisten, als die neuronalen Korrelate religiöser Erfahrungen ausfindig zu machen. Weiterhin offen bleibt dabei die Frage, in welcher Beziehung die subjektiven religiösen Erfahrungen, die sprachlich mitteilbar sind, zu den objektiv beschreibbaren Gehirnvorgängen stehen. Diese Frage kann mit den Methoden der Hirnforschung allein nicht geklärt werden. Es gibt beachtliche Unterschiede zwischen den religiösen Erfahrungen einerseits und den mit ihnen einhergehenden Hirnprozessen andererseits. Religiöse Erlebnisse können nicht mit den Begriffen der Neurophysiologie angemessen beschrieben werden. Wie sollte jemand das Erleben eines meditativen Zustandes mit Begriffen der Hirnforschung zum Ausdruck bringen? Versuche, religiöse Erfahrungen und Erlebnisse

206

auf ihre neurobiologische Grundlage reduzieren zu wollen, sind versprechender Materialismus. Was bliebe von einer religiösen Erfahrung übrig, wenn man die subjektive Erlebnisperspektive ignorierte und nur die mit der Erfahrung einhergehenden Hirnprozesse betrachtete? Selbst eine noch so präzise Beschreibung der neurobiologischen Grundlage meditativer Zustände würde uns nichts darüber sagen, wie es ist, einen solchen Zustand zu erleben. Der erlebte meditative Zustand auf der einen Seite und die damit einhergehenden Körpervorgänge und Gehirnprozesse auf der anderen Seite sind zwei Aspekte eines einheitlichen Phänomens. Die beiden Aspekte lassen sich nicht aufeinander zurückführen. Sie sind wie die zwei Seiten einer Münze, von der immer nur eine ohne die andere sichtbar wird, wobei die Seite der neuronalen Korrelate religiöser Erfahrungen bisher nur in groben Umrissen und ohne klare Konturen zu sehen ist. Im Alltag ist uns die erlebte Einheit von Körper und Geist eine Selbstverständlichkeit. Für die Wissenschaft ist sie jedoch alles andere als selbstverständlich. Die erlebte Einheit von Körper und Geist, so der Philosoph Colin McGinn, können wir nicht beobachten, begrifflich erfassen oder erklären. Er meint, auf irgendeine Weise, die wir nicht verstehen, sind Bewusstsein und Gehirn miteinander vereinbare Aspekte derselben Sache und nicht, wie es scheint, Feuer und Wasser (vgl. McGinn 2001, 255).

Die Hirnforschung kann über den Wahrheitsgehalt philosophischer und theologischer Fragen nicht entscheiden. Der umfassende Deutungsanspruch, den manche Autoren der Neurotheologie erheben, ist nicht gerechtfertigt. Religiöse Erfahrungen und mystische Erlebnisse beziehen sich auf den Menschen als ganzen und seine Verbundenheit mit etwas Transzendentem, und nicht bloß auf sein Gehirn.

IV. Nahtoderfahrungen

Sagen Nahtoderfahrungen etwas drüber, was uns hinter der Todesgrenze erwartet? Sind sie ein Blick ins Jenseits, ein Beweis für das Überleben des Todes oder lediglich die Abschiedsvorstellung eines sterbenden Gehirns? Was geschieht im Gehirn von Menschen, die eine Nahtoderfahrung machen? Was könnte die neurobiologische Grundlage dieser überwältigenden Erlebnisse sein? Inwieweit ist es überhaupt möglich, diese zu erforschen?

Was sind Nahtoderfahrungen?

In seinem Bestseller *Leben nach dem Tod* beschreibt Raymond Moody, Mediziner und Philosoph, eine umfassende Nahtoderfahrung, welche die meisten Elemente derartiger Erlebnisse enthält.

Ein Mensch liegt im Sterben. Als seine körperliche Bedrängnis den Höhepunkt erreicht, hört er, wie der Arzt ihn für tot erklärt. Er beginnt, ein unangenehmes Geräusch wahrzunehmen, ein lautes Läuten oder Summen, und zugleich hat er das Gefühl, sich sehr schnell durch einen langen, dunklen Tunnel zu bewegen. Danach befindet er sich plötzlich außerhalb seines eigenen physischen Körpers, jedoch noch immer in derselben Umgebung. Als ob er ein Beobachter wäre, blickt er nun aus einiger Entfernung auf seinen eigenen Körper. Von diesem ungewöhnlichen Standpunkt aus beobachtet er die Wiederbelebungsversuche und ist in seinen Gefühlen zutiefst aufgewühlt.

Nach einiger Zeit fängt er sich und beginnt, sich immer mehr an seinen eigenartigen Zustand zu gewöhnen. Er entdeckt, dass er immer noch einen „Körper" hat, aber einen Körper völlig anderer Natur und mit völlig anderen Fähigkeiten als sein physischer Körper, den er zurückgelassen hat. Bald kommt es zu neuen Ereignissen. Andere Wesen begegnen ihm, um ihm zu helfen. Er erblickt die Geister verstorbener Verwandter und Freunde, und ein Liebe und Wärme ausstrahlendes Lichtwesen, dem er noch nie begegnet ist, erscheint vor ihm. Dieses Wesen richtet – ohne Worte zu gebrauchen – eine Frage an ihn, die ihn dazu bewegt, sein Leben als ganzes zu bewerten. Es hilft ihm dabei, indem es das Panorama der wichtigsten Ereignisse seines Lebens in einer augenblicklichen Rückschau an ihm vorüberziehen lässt. Irgendwann scheint er sich einer Art Schranke oder Grenze zu nähern, die offenbar die Scheidelinie zwischen dem irdischen und dem folgenden Leben darstellt. Ihm wird jedoch klar, dass er zur Erde zurückkehren muss, dass die Zeit seines Todes noch nicht gekommen ist. In diesem Moment sträubt er sich dagegen, denn mittlerweile ist er von seinen Erfahrungen im Jenseits so angetan, dass er nicht mehr zurückkehren will. Er ist von überwältigenden Gefühlen der Freude, der Liebe und des Friedens erfüllt. Trotz seines inneren Widerstandes vereinigt er sich dennoch irgendwie mit seinem physischen Körper und lebt.

Später versucht er, anderen Menschen von seinem Erlebnis zu berichten, trifft aber auf große Schwierigkeiten. Zunächst einmal findet er keine passenden menschlichen Worte, um diese überirdischen Geschehnisse zu beschreiben. Da er zudem erlebt, dass man ihm mit Spott begegnet, gibt er es ganz auf, anderen davon zu erzählen. Dennoch hinterlässt das Erlebnis tiefe Spuren in seinem Leben, vor allem was seine Sicht des Todes und dessen Beziehung zum Leben betrifft (vgl. Moody 1988, 21–23; 2003, 38–39).

Nahtoderfahrungen sind außergewöhnliche, unbeschreibliche subjektive Erlebnisse, die sich in ihrem Inhalt und Ablauf stark voneinander unterscheiden. Jede Nahtoderfahrung ist auf ihre Weise einmalig. Die Betroffenen haben große Mühe, geeignete Worte zu finden, um das Erlebte zu beschreiben. Zu den wichtigsten inhaltlichen Merkmalen, von denen Nahtoderfahrene berichten, zählen die außerkörperliche Erfahrung (out-of-body-experience), das Tunnelerlebnis, die Begegnung mit Verstorbenen, die Begegnung mit dem Licht, der Lebensrückblick und die Wahrnehmung einer Grenze oder Schranke.

Typische inhaltliche Merkmale

Außerkörperliche Erfahrung (out-of-body-experience)

Herzstillstandpatienten, die eine außerkörperliche Erfahrung hatten, schildern, wie sie ihren Körper verließen und ihre eigene Reanimation durch die Ärzte in der Notaufnahme beobachteten. Raymond Moody berichtet den Fall einer Frau, die den Raum verließ, in dem ihr Körper gerade reanimiert wurde. In der Eingangshalle des Spitals sah sie ihren Schwager, als gerade ein befreundeter Geschäftspartner auf ihn zuging und ihn fragte, was er hier im Spital mache. „Ja", sagte der Schwager, „ich war gerade dabei, eine Geschäftsreise außerhalb der Stadt anzutreten. Aber wie es aussieht, ist Jane dabei, ins Gras zu beißen. Es ist wohl besser, wenn ich hier bleibe und mich als Sargträger nützlich mache." Einige Tage später, als Jane sich erholt hatte, besuchte sie der Schwager. Sie erzählte ihm, dass sie in dem Raum war, als er mit seinem Geschäftsfreund sprach, und beseitigte jeden Zweifel, indem sie sagte: „Das nächste Mal, wenn ich sterbe, geh du ruhig auf deine Geschäftsreise, denn mir wird es gut gehen." Er wurde so bleich, dass sie dachte, er macht gleich selbst eine Nahtoderfahrung (vgl. Moody 2005, 17).

Kenneth Ring schildert den Fall einer Gastarbeiterin namens Maria. Als Maria zum ersten Mal Freunde in Seat-

211

tle besuchte, erlitt sie einen schweren Herzanfall. Man brachte sie sofort in die Notaufnahme des Harborview-Hospitals und verlegte sie anschließend auf die Herzstation. Maria hatte während ihres Herzstillstandes eine außerkörperliche Erfahrung und berichtete der Sozialarbeiterin Kimberly Clark davon. Clark hatte wohl von Nahtoderfahrungen gehört, war persönlich sehr skeptisch, hörte sich aber trotzdem Marias Geschichte mit vorgespielter Anteilnahme an. Maria berichtete Clark, wie sie von der Decke herab den Ärzten bei der Arbeit an ihrem Körper zusah. Sie erzählte, dass sie nicht ständig von der Decke herabschaute, sondern sich *außerhalb* des Spitals wiederfand. Im dritten Stock des Nordflügels des Spitalgebäudes sah sie einen Tennisschuh auf dem Sims des Gebäudes. Sie beschrieb den Schuh in allen Einzelheiten und erwähnte, dass der kleine Zeh eine abgenutzte Stelle im Schuh hatte und dass eines seiner Bändel unter dem Schuhabsatz feststeckte. Maria bat Clark, diesen Schuh zu suchen, denn sie wollte unbedingt wissen, ob sie ihn „tatsächlich" gesehen hatte. Clark, nun selbst neugierig geworden, ging in den dritten Stock des Gebäudes, fand jedoch keinen Schuh, bis sie zum Fenster in der Mitte des Stockwerks gelangte. Und dort auf dem Fenstersims, genau wie Maria es beschrieben hatte, lag der Tennisschuh (vgl. Ring 2006, 65–66).

Kenneth Ring äußert sich zu diesem Fall folgendermaßen: Wenn man von einem derartigen Fall hört, muss man sich fragen, wie groß die Wahrscheinlichkeit ist, dass eine Gastarbeiterin, die zum ersten Mal diese große Stadt besucht, dabei einen Herzanfall erleidet und in der Nacht ins Spital eingeliefert wird, lediglich „halluzinierte", einen Tennisschuh zu sehen mit sehr spezifischen und ungewöhnlichen Merkmalen auf dem Sims eines Stockwerks, das *höher* liegt als die Stelle, an der ihr Körper

212

sich befand. Selbst ein hartgesottener Skeptiker, glaube ich, würde nicht viel anderes sagen als „verdammt unwahrscheinlich" (vgl. Ring 2006, 66).

Die Betroffenen haben während der außerkörperlichen Erfahrung das Gefühl, ihren Körper zurückgelassen zu haben. Viele berichten, den eigenen Körper von außen wie ein Zuschauer beobachtet zu haben. Erstaunlicherweise blieben ihnen dabei jedoch ihre eigene Identität, ihre Wahrnehmungsfähigkeit, ihre Gefühle und ein sehr klares Bewusstsein erhalten. Manche sprechen davon, einen neuen Leib, eine Art spirituellen Leib, gehabt zu haben. Sie beschreiben diesen als Nebel, als Wolke, als Rauch oder Dunst. Dieser Leib kann von den Lebenden nicht wahrgenommen werden. Materielle Gegenstände in der Umgebung gehen ohne Schwierigkeiten durch ihn hindurch. In ihrem neuen Leib können sie Dinge und Menschen, die sie berühren möchten, jedoch nicht anfassen. Sie können aber ungehindert sehen und hören, während die Lebenden ihrerseits sie weder sehen noch hören können. Die Betroffenen sprechen außerdem von einem veränderten Zeiterleben während des außerkörperlichen Zustandes. „Viele berichten, dass sie die Episode in ihrem spirituellen Leib zwar in zeitlichen Begriffen hätten beschreiben müssen (weil die menschliche Sprache nun einmal den Zeitaspekt enthält), obwohl in ihrem Erlebnis die Zeit keineswegs dieselbe Rolle gespielt habe wie im realen Leben." (Moody 2003, 61) Manche beschreiben das veränderte Erleben der Zeit als „Sein in der Ewigkeit". Eine Frau antwortete auf die Frage, wie lange ihre Nahtoderfahrung gedauert hatte: „Man könnte sagen, dass sie eine Sekunde dauerte oder dass sie zehntausend Jahre dauerte, und es würde keinen Unterschied machen, wie man es ausdrückte." (Moody 2005, 16)

Das Tunnelerlebnis

Manche Nahtoderfahrene schildern, wie sie abrupt in einen dunklen Raum gezogen wurden. Sie beschreiben diesen Raum als Höhle, als Schacht, als Trichter, als Tal oder als Tunnel. Das Erlebnis, sich durch einen Tunnel auf ein Licht zuzubewegen, ist zu einem Synonym für eine Nahtoderfahrung geworden. Pim van Lommel schildert den Bericht eines Betroffenen:

„... Ich fühlte, dass ich ganz weit weg, in ein anderes Bewusstsein, versank. Das heißt, mein Bewusstsein ging auf Reisen, während mein Körper auf dem Bett liegen blieb. Ich sah meinen Körper, aber ich spürte ihn nicht. Ich wurde gleichsam weggezogen. Ich gelangte in einen tiefdunklen, schmalen, spiralförmigen Tunnel, was mir zunächst beängstigend, aber nicht unbekannt vorkam. Ich schwebte wahnsinnig schnell durch diesen Trichter, und je weiter und höher ich dabei kam, desto mehr ging die Dunkelheit in Licht über. Die Intensität des Lichts wandelte sich in tiefe Lila-Violett-Töne. Über mir sah ich ein ungeheuer gleißendes, strahlendes, weißliches Licht. Ich wirbelte und schwebte darauf zu." (zit. nach Lommel 2009, 54–55)

Ein bis zwei Prozent der Menschen, die eine Nahtoderfahrung erleben, bleiben in dem Furcht einflößenden, dunklen Raum und können ihn nicht verlassen. Für sie endet die Erfahrung in einer angsterfüllten Atmosphäre, aus der sie direkt in ihren Körper zurückkehren. Da positive Gefühle fehlen, wird die Nahtoderfahrung für sie zu einem Jahre währenden Trauma, zu einer Art „Höllenerlebnis" (vgl. Lommel 2009, 57).

Begegnung mit Verstorbenen

Viele berichten, dass sie während ihrer Nahtoderfahrung die Gegenwart anderer spiritueller Wesen in ihrer Nähe erlebten. In der Regel waren es verstorbene Angehörige,

214

Verwandte oder Freunde. Diese waren offensichtlich gekommen, um ihnen den Übergang in den Tod zu erleichtern oder um ihnen mitzuteilen, dass die Zeit zu sterben für sie noch nicht gekommen ist und sie deshalb in ihren materiellen Körper zurückkehren müssen.

Begegnung mit dem Licht

Den tiefsten Eindruck bei den Betroffenen hinterlässt die Begegnung mit einem sehr hellen Licht von überirdischer Leuchtkraft. Dieses Licht hat personalen Charakter, strahlt eine unbeschreibliche Liebe und Wärme aus und übt auf den Sterbenden eine unwiderstehliche Anziehungskraft aus. Er wird unausweichlich zum Licht hingezogen. Sich auf das Licht zuzubewegen sei wie ein Nach-Hause-Kommen. Das Licht sei unser Zuhause. Es sei unmöglich, es angemessen zu beschreiben. Es sei reine Liebe, reiner Friede und reine Vollkommenheit. Der jeweilige religiöse Hintergrund der Betroffenen bestimmt weitgehend, welchen Namen sie dem Licht geben.

Lebensrückblick

Manche Nahtoderfahrene berichten von einer Gesamtrückschau auf ihr Leben in Form von Erinnerungsbildern. Dieser Lebensrückblick läuft mit außerordentlicher Geschwindigkeit ab. Die Bilder folgen einander rasch und in chronologischer Ordnung. Dabei sehen die Betroffenen ihr Leben nicht nur aus der eigenen Erlebnisperspektive, sondern auch aus der Erlebnisperspektive aller beteiligten Mitmenschen. Sie erleben nicht nur die positiven und negativen Auswirkungen ihres Verhaltens und Handelns auf sich selbst, sondern auch, wie es auf alle beteiligten Mitmenschen wirkte und wie diese es erlebten. Dabei ist das Zeiterleben völlig verändert: Vergangenheit, Gegenwart und Zukunft scheinen miteinander verschmolzen zu sein. Manche schildern, dass alle erinnerten Geschehnisse gleichzeitig erschienen und mit einem Blick des geistigen Auges erfasst werden konnten. Einigkeit besteht darüber, dass die Lebensrückschau, gemessen an der irdischen Zeit, in einem einzigen Augenblick vorüber ist. Alles scheint gleichzeitig existent und erlebbar zu sein.

Josef Johann Atzmüller hatte als 16-Jähriger im Dezember 1964 einen Blinddarmdurchbruch und nach Auffassung der Ärzte keine Überlebenschance. Er berichtet, wie er während seiner Nahtoderfahrung sich in der Zeit bewegen konnte. Nach vorne in das Jahr 2471 und zurück in das Jahr 1381, einfach so, wie es ihm beliebte. Er konnte zu frei von ihm gewählten Zeitpunkten ganz bestimmte Orte aufsuchen. Unter anderem beschreibt er folgendes Erlebnis:

„Auf einer Bergstraße in den österreichischen Alpen verunglückte eine Familie. Sie machte mit ihrem PKW einen Tagesausflug. Als ein Baum wenige Meter vor dem Auto quer auf die Straße fiel, verriss der Fahrer das Lenkrad, und das Auto stürzte in den Abgrund. Alle vier Insassen waren tot. Nun wollte ich wissen, ob ich dieser Familie helfen, dieses Unglück verhindern könnte. So wanderte ich wenige Minuten in der Zeit zurück. Den Fahrer wollte ich beeinflussen, nur zu bremsen und nicht zu lenken. Er ließ sich aber nicht beeinflussen. Nochmals von vorne, jetzt versuche ich das Lenkrad zu blockieren, aber der Fahrer entwickelte derartige Kräfte, sodass ich keine Chance hatte. Eine neue Idee, wenn die Familie früher von ihrem Wohnhaus wegfährt, dann fällt der Baum um, wenn das Auto schon vorbei ist. Was immer ich versuchte, es gelang nicht." (Atzmüller 2003, 43–44)

Die Grenze

Manche Nahtoderfahrene schildern, wie sie sich im Laufe ihres Erlebnisses der Todesnähe einer Art Grenze oder

216

Scheidelinie näherten. Sie beschreiben diese als Brücke, als Fluss, als Nebel, als Tor, als Zaun, als Mauer oder als Schleier. An der Grenze wurde ihnen klar, dass sie nicht mehr in ihren Körper zurückkehren könnten, wenn sie diese überschritten. Die Grenze ist etwas Endgültiges, und jenseits von ihr gibt es kein Zurück mehr. Sie erlebten, dass sie auf der anderen Seite nicht willkommen waren und dass sie in ihren Körper zurückkehren mussten, weil sie im Leben noch eine Aufgabe zu erfüllen hatten. Das Erleben der Grenze macht deutlich, dass Nahtoderfahrungen im Grunde Grenzerfahrungen sind und keine Todeserfahrungen.

Die Rückkehr

Die Rückkehr in den Körper geschieht meist plötzlich. Manche Betroffene fühlen sich von einer großen Kraft durch den Tunnel zurückgezogen. Die meisten erleben die bewusste Rückkehr als sehr unangenehm. Jene, die dem Lichtwesen begegneten, wollten nicht zurück und reagierten entrüstet, enttäuscht und widerwillig, wenn sie nach einer Reanimation oder einem Koma wieder zu sich kamen. „Oft scheitert jeder Versuch, mit Ärzten, dem Pflegepersonal oder Angehörigen über die tiefgreifende Erfahrung zu sprechen, was zu einer weiteren Enttäuschung führt. Manche Menschen sprechen sogar fünfzig Jahre oder länger nicht mehr darüber." (Lommel 2009, 68) Viele ziehen es vor, zu schweigen oder sich nur einem nächsten Angehörigen anzuvertrauen. Ein Betroffener sagt:

„Über meine Nahtoderfahrung habe ich nur ganz selten und auch nur äußerst zurückhaltend gesprochen. Wer so etwas nicht selbst erlebt hat, der kann es nicht begreifen; wer es erlebt hat, der ver-

217

steht es ohne viele Worte. Menschen, die mich nach meiner Nahtoderfahrung kennengelernt haben, die wissen, dass ich mich oft auf eine Art und Weise verhalte, die sie nur schwer nachvollziehen können, und dass ich oft anders denke, als sie zu denken gelernt haben. Aber das ist in Ordnung. Im Kreis der mir nahe stehenden Menschen kann ich so sein, wie ich bin, und das tut gut. Was mir gelegentlich begegnet, das ist eine Art von Verständnislosigkeit. Dies und die Unmöglichkeit, die Dinge, die mein Leben mit Wesen erfüllen, mit anderen teilen zu können, bewirken bei mir oft ein starkes Gefühl der Einsamkeit, so als würde ich ganz weit von meiner eigentlichen Heimat im Exil leben." (vgl. Bieneck et al. 2007, 35–36)

Menschen, die von ihrer Nahtoderfahrung berichten, werden noch immer von vielen Wissenschaftlern als Träumer, Fantasten, Aufschneider oder verwirrte Patienten abgetan (vgl. Lommel 2009, 70). Viele von ihnen schildern, wie es Jahre dauerte, bis sie mit ihrem außergewöhnlichen Erlebnis zurechtkamen und es in ihren Alltag integrieren konnten. Josef Johann Atzmüller begann, nach der Entlassung aus dem Krankenhaus im Februar 1965 an seiner Nahtoderfahrung zu zweifeln.

„Vielleicht ist alles nur eine Einbildung, irgendwelche chemischen Prozesse in meinem Gehirn haben mir dies alles nur vorgegaukelt. Irgendwelche natürlichen Erklärungen wird es schon geben. Es war mir wichtig, das Erlebte zu verdrängen, wie hätte ich denn sonst weiterleben sollen! Mein weiteres Leben wäre doch völlig sinnlos, dachte ich. Jedoch wenige Monate später, im September 1965, traf mich wie ein Blitz ein Artikel in einer Tageszeitung: Eine Familie verunglückte tödlich mit dem Auto bei einer Fahrt auf einer Bergstraße. Sofort wusste ich, dies ist genau jener Unfall, welchen ich in meinem Sterbeerlebnis schon erlebt hatte. Ich war mit den Nerven völlig fertig, warf die Zeitung in den Müll und wollte davon nichts mehr wissen, wollte alles verdrängen." (Atzmüller 2003, 52–53)

218

Das Paradies kann warten

Alois Serwaty, Berufsoffizier a. D. und Vorsitzender des deutschen Netzwerks Nahtoderfahrungen, berichtet vom Ringen darum, die eigene Nahtoderfahrung in sein Leben zu integrieren. Zwar liegt seine Nahtoderfahrung bereits Jahre zurück, dennoch ist sie in seinem Leben gegenwärtig wie kein anderes Ereignis. Bei einer Herzkatheteruntersuchung mit Ballondilatation (d. h. der Weitung der Gefäße mittels eines Ballons) „verließ" sein Ich-Bewusstsein völlig unerwartet seinen Körper und „schwebte" halbhoch im Operationssaal. Beim Eingriff war er weitgehend voll bei Bewusstsein, verfolgte das Geschehen am Monitor und konnte sich mit dem medizinischen Personal, das den Eingriff durchführte, austauschen. Allerdings war sein Gesichtsfeld durch ein grünes Tuch, das in Höhe seines Brustkorbes aufgespannt war, sehr eingeschränkt.

„Während des Eingriffs verspürte ich mich also plötzlich *außerhalb meines Körpers*. Ich schwebte halbhoch im Operationssaal. Wie in einer Beobachterrolle verfolgte ich seltsam unbeteiligt, was mit meinem Körper dort unten passierte. Das war zunächst sehr irritierend, da ich nicht wusste, was dies alles bedeutete. Dann kam dieses Gefühl der *Ruhe*, des *Friedens*, ja des *Glücks*. Ich verspürte kein Bedürfnis, in meinen Körper zurückzukehren. Dennoch geschah dies wiederum sehr unerwartet, aber mit dem Gefühl einer großen Kraftanstrengung, und ich nahm die Realität wieder so wahr, als wäre nichts geschehen. Mein Körper und mein Bewusstsein waren wiederum eins.

Kurze Zeit später dann erneut große Müdigkeit. Wiederum der Gedanke, dass irgendetwas beim Eingriff schiefläuft. Wesentlich intensiver jetzt der Gedanke an Tod, an die Familie, von der ich nicht Abschied genommen hatte bzw. Abschied nehmen konnte. Was soll werden? Und in diesen Gedanken hinein wiederum der Ausstieg aus meinem Körper. Dieses Ablegen des alten, irdischen Körpers war erneut ungeheuer befreiend. Dennoch war ich nicht körperlos, es war ein anderer Körper, ein ‚geistiger Körper', die Schwere des irdischen Körpers hatte ich zurückgelassen. Zunächst auch in diesem Zustand große Verwirrung: Die Gedanken schossen mir so durch den ‚Kopf'. Aber es schien nicht der physische Kopf zu sein, der sich mit meinem Köper ja noch auf dem Operationstisch befand. ‚Bist du schon tot? Stirbst du gerade oder was ist dies für ein Zustand? Wenn dieser Zustand einfach so verschwindet, ist das dann der Tod?' Dieser Zweifel wich dann aber der festen *Überzeugung*, dass *ich weiterlebe*, in welcher Form auch immer. Ich nahm dies fast erstaunt zur Kenntnis. Es gab kurze Augenblicke des Gefühls, dass sich alle *Probleme, Fragen und Gegensätze einfach auflösen*, dass ich einfach alles verstehen werde.

Es gab aber auch fast ‚lustige' Momente: Plötzlich wurde mein Schweben instabil, und es bestand die Gefahr, einfach durch die Wand zu entschwinden. Ich war regelrecht neugierig, was noch alles passieren würde. In diesem Zustand wurde meine Aufmerksamkeit auf ein Detail eines medizinischen Gerätes, eine Art Typenschild, gerichtet, das sich mir einprägte. Warum dies so interessant war, vermag ich nicht zu sagen.

Die Rückkehr in den eigenen Körper war diesmal mit einer noch größeren Kraftanstrengung verbunden als das erste Mal. Ich nahm dann wiederum wahr, wie ein Druckverband angelegt wurde. Unmittelbar danach war der Eingriff beendet. Stunden später dann der Besuch des Arztes. Er erwähnte so nebenbei, dass es Komplikationen während des Eingriffs gegeben habe, nämlich zweimal ein *Herzkammerflimmern*. Jetzt erinnerte ich mich wiederum bewusst an dieses Erlebnis. Ich schilderte das dem Arzt kurz, nannte ihm auch Einzelheiten des Schildes an dem Gerät, das ich in diesem Zustand gesehen hatte. Ich wollte nur eine kurze Erklärung, vielleicht: Ja, wir kennen dieses Phänomen, es ist so und so zu erklären. Der Arzt reagierte aber nicht darauf. Später ließ er mir jedoch durch eine Schwester bestätigen, dass meine Beobachtung richtig gewesen sei. Die Schwester bestätigte mir wiederum, dass es unmöglich für den Patienten sei, dieses Schild zu sehen. Dabei blieb es. Leider ist eine Dokumentation in den Krankenakten unterblieben." (Serwaty 2010, 26–27)

220

Ein derartiges Erlebnis, so Serwaty, wirkt ein Leben lang nach und stellt vor allem das Seelenleben auf den Kopf. Es wirft Fragen auf, verunsichert und vermittelt zugleich ein Gefühl der Gelassenheit gegenüber dem, was kommt. Serwaty fragte sich zunächst, was da mit ihm überhaupt passiert war. Die Mediziner konnten oder wollten ihm keine Antwort geben, und die Seelsorger reagierten mit Zurückhaltung. Für ihn persönlich bedeutet seine Erfahrung heute eine tief in uns verwurzelte Sehnsucht nach einer anderen Dimension, eine Ahnung des Urgrundes, aus dem wir kommen und in den wir zurückkehren. Er spüre eine innere Freiheit und Sicherheit, die er früher nicht kannte. Seine Erfahrung sei für ihn ein Baustein geworden zu einem „vernünftigen Vertrauen, in eine andere Dimension hinein zu sterben" (Serwaty 2010, 30). Sein Erlebnis führte jedoch zu keiner Todessehnsucht. Den Ausdruck Nahtoderfahrung bezeichnet er als irreführend, denn diese Erfahrungen seien keine Erfahrungen des Todes, sondern intensive „Lebenserfahrungen". Das Paradies könne warten. Fragen und Zweifel bleiben allerdings bestehen. So die Frage, ob er seiner Erfahrung und Intuition vertrauen könne. Die Intensität eines Erlebnisses garantiere nicht notwendigerweise dessen Wahrheitsgehalt. War seine außerkörperliche Erfahrung bloß eine komplexe Halluzination, ein Produkt gestresster Neuronenverbände im Todeskampf? Gibt es einfachere Erklärungen und Deutungen als die Annahme einer außerhalb liegenden Wirklichkeit? Diese Fragen zeigen, dass Serwaty sich eine kritische Distanz auch gegenüber der eigenen Erfahrung bewahren möchte. Das Besondere an Nahtoderfahrungen seien ihre emotionalen und spirituellen Aspekte. „Wer von diesen Erfahrungen ergriffen und überwältigt wurde, darf diese sicherlich als ‚Fußspuren' einer anderen, einer transzendenten Wirklichkeit deuten.

221

Aber diese Fußspuren, diese Erinnerungsspuren sind nicht die Wirklichkeit selbst". (Serwaty 2010, 32) Für das Gespräch mit den Betroffenen, etwa am Krankenbett mit dem Arzt, mit den Angehörigen, dem Seelsorger und auch später für den Dialog mit Natur- und Geisteswissenschaftlern, wünscht Serwaty sich vor allem: die Anerkennung der Nahtoderfahrung als Realität des Erlebens, die Einsicht in die Begrenztheit unserer Erklärungsversuche und Deutungsmöglichkeiten und den Verzicht auf jegliche Instrumentalisierung dieser Erfahrung. Nahtoderfahrungen seien kein „Beweis" für das Jenseits, weder für den Himmel noch für die Hölle. Sie seien auch kein Beweis für einen bestimmten Glauben und eignen sich auch nicht als Anklage gegen etablierte Religionen und Kirchen (vgl. Serwaty 2007, 177).

Die Jenseitsreise eines Neurochirurgen

Der renommierte Harvard-Neurochirurg Eben Alexander tat Nahtoderfahrungen voller Licht und Musik immer als Fantasien ab. Er habe, wie er bekennt, früher nie richtig zugehört, wenn seine eigenen Patienten ihm von solchen Erfahrungen erzählten, und nie etwas davon ernst genommen. Er sei nicht einmal neugierig genug gewesen, um einen Blick in die einschlägige Literatur zu werfen. Alexander erkrankte 2008 plötzlich an einer sehr seltenen Form einer bakteriellen Gehirnhautentzündung und fiel in ein tiefes Koma. Je länger er in diesem Koma verweilte, desto wahrscheinlicher wurde es, dass er sterben oder den Rest seines Lebens in einer Art Wachkoma zubringen würde. Die behandelnden Ärzte leiteten unverzüglich eine aggressive Antibiotika-Behandlung ein. Am siebten Tag geschah das medizinische Wunder: Eben Alexander

222

erwachte aus seinem Koma und erholte sich in der Zeit danach vollkommen von seiner Erkrankung. Während seines Komas hatte er eine intensive Nahtoderfahrung, die er in seinem Bestseller *Proof of Heaven* (Beweis des Himmels) als Reise durch die unsichtbare, spirituelle Seite der Existenz beschrieb (vgl. Alexander 2013).

Was er während seiner Nahtoderfahrung erlebte, zeigte ihm, dass der Tod des Gehirns und des Körpers nicht das Ende des Bewusstseins bedeuten. Als das Ungewöhnlichste an seiner Nahtoderfahrung erlebte er, dass er während des gesamten Erlebnisses vollkommen frei von seiner körperlichen Identität war. Er hatte keinerlei Erinnerung daran, wer er auf Erden war. Alexander meint, ihm sei erlaubt worden, heftiger zu sterben und tiefer zu reisen als fast allen anderen, die vor ihm ein Nahtoderlebnis hatten. Ihm sei ein Zugang gewährt worden zum wahren kosmischen Wesen, das er und wir alle in Wirklichkeit sind. Während er sich außerhalb seines Körpers befand, wurde ihm Wissen über die Natur und Struktur des Universums vermittelt, das sein Begriffsvermögen bei Weitem überstieg. Mit seinem sterblichen, materiellen Gehirn würde er Jahre brauchen, um das zu verstehen, was er in den gehirnfreien Reichen der jenseitigen Welt sofort mühelos verstand.

„Als ich mich im Zentrum befand, schien mein Verstand klare Erklärungen für das zu haben, was wir als ‚dunkle Energie‘ und als dunkle Materie bezeichnen, ebenso wie für sehr viel weiter entwickelte Bestandteile unseres Universums, mit denen sich die Menschen noch ewig lange nicht beschäftigen werden. Das heißt allerdings nicht, dass ich sie Ihnen erklären könnte, was daran liegt, dass ich – paradoxerweise – immer noch selbst dabei bin, sie zu verstehen." (Alexander 2013, 119)

Das Denken zu erleben, das sich außerhalb des Gehirns abspielt, sei für ihn wie der Eintritt in eine Welt der unmittelbaren Verbindungen gewesen. Dabei habe sich sein Bewusstsein so erweitert, dass es das gesamte Universum zu erfassen schien. Im Vergleich dazu sehe unser gewöhnliches Denken wie ein hoffnungslos schläfriger und schleppender Vorgang aus. Unser irdisches Denken und Bewusstsein werde durch das physische Gehirn und die Lichtgeschwindigkeit eingeschränkt. Obwohl Alexander während seiner Nahtoderfahrung keine Erinnerungen an seine irdische Vergangenheit hatte, konnte er sich sehr wohl daran erinnern, wer er da draußen wirklich und wahrhaftig war. „Ich war ein Bewohner eines in seiner Weite und Komplexität atemberaubenden Universums, das ganz und gar von Liebe regiert wurde." (Alexander 2013, 136)

Alexander berichtet auch von einem veränderten Zeiterleben, von einer nicht linearen Natur der Zeit in der spirituellen Welt. Dort verhalte sich die Zeit nicht so wie hier. Dort geschehe nicht unbedingt eines nach dem anderen. Ein Moment könne einem wie ein ganzes Leben vorkommen und viele Leben wie ein einziger Moment.

„Das Gefühl, in alle Richtungen gleichzeitig sehen zu können und über der linearen Zeit zu stehen, ja, über *allem*, was für mich zuvor die Landschaft des menschlichen Lebens definiert hatte; das Hören von choralartiger Musik, die einen ganz und gar durchdringt und nicht nur von den Ohren aufgenommen wird; das unmittelbare und absolut mühelose Begreifen von Konzeptionen, für deren Verständnis normalerweise sehr viel Zeit und entsprechend umfangreiche Studien nötig gewesen wären, und schließlich das Spüren der Intensität einer bedingungslosen Liebe." (Alexander 2013, 178–179)

Die irdische Welt von Raum und Zeit, in der wir uns bewegen, sei eng und vielfältig mit höheren Welten verflochten. Diese Welten seien nicht völlig von uns getrennt, sondern bilden einen Teil derselben allumfassenden göttlichen Rea-

224

lität. Von diesen höheren Welten aus habe man Zugang zu jeder Zeit und jedem Ort in unserer Welt.

Die zentrale Botschaft seiner Reise durch diese Welten kleidet Alexander in folgende Worte: *Du wirst geliebt und geschätzt. Du hast nichts zu befürchten. Du kannst nichts falsch machen.* Er ist felsenfest davon überzeugt, dass dies nicht nur die wichtigste emotionale Wahrheit im Universum, sondern auch die wichtigste *wissenschaftliche* Wahrheit ist (vgl. Alexander 2013, 104).

Nach dem Aufwachen aus dem Koma dauerte es etwa zwei Monate, bis sein neurologisches Wissen zurückkehrte. Nachher hatte er damit zu kämpfen, dass alles, was er in den vier Jahrzenten seiner akademischen Ausbildung und medizinischen Praxis über das menschliche Gehirn, das Universum und darüber, was die Realität ausmacht, gelernt hatte, dem widersprach, was er während des Komas erlebte. Die moderne Neurowissenschaft gestattete keinen Zweifel daran, dass das Gehirn das Bewusstsein hervorbringt, und Alexander war fest davon überzeugt, dass diese Lehrmeinung stimmt. Auch er betrachtete das Gehirn als eine Maschine, die das Phänomen Bewusstsein erzeugt. Zwar hatten die Wissenschaftler noch nicht herausgefunden, wie die Neuronen im Gehirn das genau bewerkstelligten, aber es war bloß eine Frage der Zeit, bis sie es herausfinden würden. Dieser Ansatz ließ sehr wenig Raum für die Seele und den Geist sowie für das Weiterexistieren einer Person, nachdem das Gehirn die Arbeit eingestellt hatte (vgl. Alexander 2013, 55–58). In einem Gehirn, das von einer tödlichen bakteriellen Infektion betroffen und von bewusstseinsverändernden Medikamenten beeinflusst ist, meint Alexander, könne alles passieren, außer der „ultra-realen" Erfahrung, die er während seines Komas machte.

„Während ich im Koma lag, hatte mein Gehirn aber nicht nur unzureichend gearbeitet. *Es hatte überhaupt nicht gearbeitet.* Der Teil meines Gehirns, der, wie ich in den Jahren an der Medizinischen Hochschule gelernt hatte, für den inneren Aufbau der Welt verantwortlich war, in der ich lebte und mich bewegte, und dafür, dass ich die Rohdaten, die über meine Sinnesorgane hereinkamen, zu einem sinnvollen Universum zusammensetzten konnte, dieser Teil meines Gehirns war am Ende. Und dennoch war ich am Leben und bei Bewusstsein, *wirklich bei Bewusstsein* in einem Universum, das vor allem von Liebe, Bewusstheit und Realität geprägt war. [...] Was ich erlebt hatte, war realer als das Haus, in dem ich saß, oder die Holzscheite, die im Kamin brannten." (Alexander 2013, 177)

Die primitiveren Teile seines Gehirns, die für die Grundfunktionen zuständig sind, funktionierten die ganze oder zumindest die meiste Zeit während seines Komas. Seine Ärzte versicherten ihm aber, dass es nach den Ergebnissen aller an ihm durchgeführten Tests ausgeschlossen ist, dass irgendwelche Gehirnfunktionen wie Sehen, Hören, Emotion, Gedächtnis und Sprache während seines Komas intakt waren. Alexander betont, er habe dies auch selbst den Gehirnaufnahmen, den Laborwerten und all den Daten zu seiner genau dokumentierten Woche im Krankenhaus entnehmen können. Ihm sei schnell klar geworden, dass seine Nahtoderfahrung aus fachlicher Sicht nahezu makellos gewesen war, vielleicht einer der überzeugendsten Fälle dieser Art in der neueren Geschichte. Sein Nahtoderlebnis habe ihn aus dieser Welt in eine andere katapultiert, und das sei eine echte medizinische Nachricht. „Und nun, wo ich zurück war, hatte ich nicht vor, sie schlechtzumachen. Aus medizinischer Sicht war die Tatsache, dass ich vollkommen genesen war, eine glatte Unmöglichkeit, ein medizinisches Wunder." (Alexander 2013, 196)

Alexander suggeriert mit dem Ausdruck „Beweis des Himmels", seine Nahtoderfahrung beweise die Existenz

226

einer jenseitigen Welt. Sein Nahtoderlebnis ist subjektiv und nur ihm persönlich unmittelbar zugänglich. Die beeindruckenden Bilder und Schilderungen, mit denen er versucht, seine tiefgreifende Erfahrung zu vermitteln, können die Leser seines Bestsellers nicht dazu bringen, die von ihm erlebte jenseitige Welt selbst auch zu sehen oder zu erleben. Sein subjektives Erleben ist weder objektiv beweisbar noch intersubjektiv nachprüfbar und auch nicht reproduzierbar. Bei seinem „Proof of Heaven" handelt es sich nicht um einen Beweis im wissenschaftlichen Sinne.

Im Oktober 2012 erschien im Nachrichtenmagazin Newsweek ein Artikel von Alexander mit dem Titel „Heaven is real. A Doctor's Experience With the Afterlife" (Den Himmel gibt es tatsächlich. Die Jenseitserfahrung eines Arztes). Der Philosoph und Neurowissenschaftler Sam Harris, ein erklärter Neo-Atheist und Materialist, kritisiert in derselben Ausgabe von Newsweek Alexanders „Beweis" des Himmels. Harris nimmt zwar Alexanders Nahtoderfahrung als subjektives Phänomen zur Kenntnis, stellt aber dessen Realitätsanspruch und religiöse Deutung massiv in Frage. Alexander betrachte sein Nahtoderlebnis als wissenschaftlichen Beweis für ein Leben nach dem Tod. Seine zentrale Botschaft aus dem Jenseits, „du wirst geliebt und geschätzt, du hat nichts zu befürchten und du kannst nichts falsch machen", sei Wunschdenken und Selbsttäuschung, zeuge von religiösem Provinzialismus und habe nichts mit objektiver Wissenschaft zu tun.

Harris zufolge gibt es zwei Möglichkeiten, die wissenschaftliche Bedeutung der Nahtoderfahrungen aufzuzeigen: Die erste wäre der Nachweis, dass das Gehirn der Person zur Zeit des Erlebnisses tot oder außer Funktion war; die zweite wäre der Beweis, dass die Person ein Wissen über die Welt erwarb, das nur durch ein gehirnunabhängiges Bewusstsein erklärt werden könnte. Alexander habe sich hauptsächlich für die erste Möglichkeit entschieden. Seine gesamte Erklärung hänge von der Behauptung ab, dass seine Großhirnrinde vollständig abgeschaltet war, während er sein „hyper-reales" Erlebnis im Jenseits hatte. Es gebe aber absolut keinen Grund zur Annahme, dass seine Großhirnrinde während der Jenseitserfahrung außer Betrieb war. Es sei viel wahrscheinlicher, dass Teile seiner Großhirnrinde trotz der schweren Krankheit noch funktionierten. Die bloße Tatsache, dass Alexander sich an seine Nahtoderfahrung erinnert, spreche dafür, dass die kortikalen und subkortikalen Strukturen, die für die Erinnerungsbildung notwendig sind, zur Zeit seiner Erfahrung aktiv waren. Die plausibelste Hypothese sei, dass Alexanders Nahtoderfahrung stattfand, als er aus dem Koma aufwachte und seine Großhirnrinde zur vollen Funktion zurückkehrte. In seinem Buch habe Alexander auch die zweite Möglichkeit des Beweises in Betracht gezogen, indem er behauptete, seine Jenseitsreise hätte ihm Wissen und Fakten eröffnet, die nur durch die Realität eines Lebens jenseits des Körpers erklärt werden könnten (vgl. Harris 2012).

Sam Harris vertritt die These der totalen Gehirnabhängigkeit des Bewusstseins, derzufolge ein Gehirn, das nicht mehr funktioniert, mit dem Tod gleichzusetzen ist. Für ihn ist die Tatsache, dass Alexander nicht starb, der eindeutige Beweis dafür, dass sein Gehirn noch funktionierte. Nahtoderfahrungen seien auf Gehirnprozesse zurückzuführen, und ohne Gehirnaktivität gebe es sie nicht. Erstaunlicherweise befasst Harris sich jedoch nicht mit der Frage, wie ein durch die Krankheit schwer beeinträchtigtes und beschädigtes Gehirn in der Lage sein soll, derart intensive und überwältigende Erlebnisse und nachhaltige Erinnerungen zu erzeugen. Gehirnschädigungen

228

gehen in der Regel mit einem Gedächtnisverlust einher, und die Dauer dieses Verlustes ist ein Indiz für die Schwere der Schädigung. Es ist auch nicht zu erwarten, dass Ereignisse kurz vor und kurz nach der Bewusstlosigkeit erinnert werden. Nahtoderfahrungen bleiben eine Herausforderung für die neurowissenschaftliche Grundthese der totalen Gehirnabhängigkeit des Bewusstseins.

Nahtodforschung

Die Nahtodforschung ist damit konfrontiert, dass es keine einheitliche und allgemein akzeptierte Definition der Nahtoderfahrung gibt. Die Psychologin Dorothea Rau-Lembke macht darauf aufmerksam, dass in der einschlägigen Literatur auch keine verbindlichen diagnostischen Kriterien für Nahtoderfahrungen zu finden sind. Sie selbst bezeichnet mit dem Ausdruck Nahtoderfahrung ein Erlebnis, das Teil des Sterbeerlebens eines Menschen ist, dem aber der Eintritt des Todes fehlt (vgl. Rau-Lembke 2009, 171). Alois Serwaty bezeichnet Nahtoderfahrungen als *„Erfahrungen noch im Leben* und *Impulse für das Leben.* [...] Es gibt keine berichtbaren Erfahrungen, die näher an der Todesschwelle sind als diese." (Serwaty 2011, 32) Der Kardiologe Pim van Lommel versteht unter Nahtoderfahrung einen speziellen Bewusstseinszustand, der während eines drohenden oder wirklichen körperlichen Todes oder bei Todesangst auftritt (vgl. Lommel 2009, 12). Der amerikanische Nahtodforscher Bruce Greyson definiert Nahtoderfahrungen als „tiefgehende psychische Ereignisse mit transzendenten und mystischen Elementen, die vor allem bei Menschen auftreten, die dem Tode nahe sind oder sich in einer Situation ernster körperlicher oder emotionaler Gefährdung befinden" (zit. nach Lommel 2009, 33).

Die Erforschung der Nahtoderfahrungen begann mit dem Sammeln von Berichten Betroffener und der Befragung umfangreicher Stichproben. Auf der Webseite der „International Association for Near-Death Studies" (IANDS) befindet sich ein öffentlich zugängliches Archiv mit Hunderten von Berichten über Nahtoderfahrungen. Ein neuerer Forschungsansatz ist die systematische Befragung von erfolgreich reanimierten Herzstillstandpatienten.

Sammeln von Berichten über Nahtoderfahrungen

Die meisten Informationen über Nahtoderfahrungen stammen von Berichten Betroffener aus sogenannten retrospektiven Studien. In diesen Studien liegen zwischen dem Zeitpunkt der Erfahrung und dem Zeitpunkt der Befragung oft fünf bis dreißig Jahre. Es ist daher schwer feststellbar, wie nahe die Betroffenen dem Tode tatsächlich waren. Nicht alle Menschen, die von einer Nahtoderfahrung berichten, waren faktisch dem Tode nahe. Manchmal genügt die Überzeugung „ich muss jetzt sterben", um eine Nahtoderfahrung auszulösen. Retrospektive Studien wurden von Raymond Moody, Michael Sabom, Kenneth Ring, Peter Fenwick und Hubert Knoblauch durchgeführt.

Raymond Moody interviewte fünfzig Personen, die versicherten, eine Nahtoderfahrung erlebt zu haben. 1975 prägte er den Ausdruck „Nahtoderfahrung". Mit seinen Bestseller *Life after life* machte er das Phänomen einer breiten Öffentlichkeit bekannt. Der Kardiologe Michael Sabom hielt Moodys Darstellungen zwar für erschreckend unwissenschaftlich, aber sein Interesse an der Nahtoderfahrung wurde dadurch nicht zerstört. Er wollte die Wis-

230

senschaft auf keinen Fall völlig über Bord werfen und war davon überzeugt, dass sich Nahtoderfahrungen, wenn man sie angemessen untersuchte, wissenschaftlich sehr einfach erklären ließen. „Fünf Jahre und 116 Interviews später wusste ich, dass ich mich geirrt hatte. Man hatte keine Erklärung gefunden." (Sabom 1998, 175)

Der Psychologe Kenneth Ring, Mitbegründer und früherer Präsident der International Association for Near-Death-Studies, befragte 31 blinde Menschen, 14 davon von Geburt an blind. Einundzwanzig von ihnen hatten eine Nahtoderfahrung und berichteten, dass sie während dieser Erfahrung sehr klar und deutlich sehen konnten (vgl. Ring & Cooper 1997; Ring 2006, 81). Ihre Wahrnehmungen waren in der Tat akkurat und keine Erfindungen, Lügenmärchen, Zufallstreffer oder Fantasien. Ring meint: Wenn wir diesen Berichten Glauben schenken, dann können wir der Schlussfolgerung nicht entgehen, dass es einen bewussten Teil von uns gibt, der sich von unserem Körper trennen kann und der nicht länger an dessen physische Grenzen gebunden ist. Man neigt dazu, an die Seele zu denken. Der Begriff „Seele" hat aber in der modernen Wissenschaft keinen Platz. Wie lassen sich diese Befunde sonst erklären? Worin genau bestünde eine Alternativerklärung? (vgl. Ring 2006, 90–91)

Der Schweizer Geologe und Bergsteiger Albert Heim (1849–1937) sammelte fünfundzwanzig Jahre lang Berichte von abgestürzten Bergsteigern, die den Fall in die Tiefe überlebt hatten (vgl. Heim 1891). Aus deren Schilderungen geht hervor, dass sie keinen Schmerz, keine Angst, keinen lähmenden Schreck, keine Verzweiflung und keine Pein erlebten, sondern ruhigen Ernst, tiefe Resignation, geistige Sicherheit und Raschheit. Das Denken war enorm schnell und intensiv, die Zeit schien verlängert. Die Betroffenen handelten blitzschnell und überlegten richtig.

„Zuletzt hört der Stürzende oft schöne Musik und fällt dann in einen herrlichen blauen Himmel mit rosenfarbenen Wölklein hinein. Dann erlischt das Bewusstsein schmerzlos – gewöhnlich im Moment des Aufschlagens, das aber höchstens noch gehört, niemals schmerzend gefühlt wird." Insgesamt, so schließt Heim, sei „der Tod durch Absturz ein schöner Tod" (zit. nach Knoblauch 2002, 59–60).

Hubert Knoblauch und seine Kollegen führten eine umfangreiche Befragung in Deutschland durch. Ihre Zufallsstichprobe aus der gesamten deutschen Bevölkerung umfasste 2044 Personen. Zweiundachtzig Personen oder vier Prozent der Befragten berichteten von einer Nahtoderfahrung (vgl. Schmied, Knoblauch & Schnettler 1999, 228). Auf die Gesamtbevölkerung Deutschlands übertragen, würde dies bedeuten, dass zirka 3,3 Millionen eine Nahtoderfahrung erleben. Im Osten fanden sich etwa gleich viele Menschen wie im Westen, die eine Nahtoderfahrung hatten. Der Anteil der Frauen und Männer war fast symmetrisch verteilt. Diese Symmetrie gilt selbst für die regionale Verteilung zwischen Norden und Süden, zwischen Großstädten und Dörfern, ja sogar zwischen Protestanten und Katholiken. Auch soziale Unterschiede spielen kaum eine Rolle: „Ob arm, ob reich, ob Land- oder Stadtbewohner, ob Mann oder Frau – all dies bedeutet wenig, wenn es darum geht, wer eine Nahtoderfahrung macht." (Knoblauch 2002, 128) Als äußere Ursache ihrer Nahtoderfahrung erwähnten die meisten Befragten Autounfälle, Operationen, einen Herzinfarkt oder akute Erkrankungen.

Die Autoren entdeckten, dass sich die Berichte über Nahtoderfahrungen in Ostdeutschland und Westdeutschland deutlich unterschieden. Von den Ostdeutschen berichteten 60 Prozent von negativen Erfahrungen, von den

232

Westdeutschen lediglich 28,6 Prozent. Umgekehrt berichteten 60 Prozent der Westdeutschen von positiven Gefühlen, während es im Osten nur 40 Prozent waren. Von außerkörperlichen Erfahrungen, Lichterfahrungen und dem Gefühl, sich in einer anderen Welt befunden zu haben, berichteten Westdeutsche häufiger (vgl. Schmied, Knoblauch & Schnettler 1999, 234). Ost- und Westdeutsche unterschieden sich nicht nur bezüglich ihrer Religiosität, sondern auch hinsichtlich ihrer Nahtoderfahrung.

Knoblauch erwähnt das Beispiel einer Frau in der damals noch bestehenden DDR, die einen Herzstillstand erlitt und dabei eine Nahtoderfahrung hatte. Diese Erfahrung weckte in ihr, die nie in einer Kirche war, manchmal den Glauben, „dass da oben vielleicht doch was ist". Lange Zeit tat sie die Erfahrung als Traum ab und wagte es nicht, mit jemandem darüber zu sprechen. „Man hat halt nicht drüber geredet und hinterher gedacht, na, das kann doch gar nicht möglich sein, wer weiß, was du geträumt hast. Das wurde totgeschwiegen." Erst nach der Wende stellte sie fest, „dass es mehrere Menschen gibt, die auch schon einmal so etwas erlebt haben, die sogar schon drüben waren", und seither weiß sie auch, dass sie den Übergang in die Wirklichkeit des Todes am eigenen Leib erfahren hat (Knoblauch 2002, 137).

Es gibt auch große Ähnlichkeiten in den Berichten aus Ost- und Westdeutschland: Lebensrückblick, Begegnung mit verstorbenen Angehörigen und Freunden und die Begegnung mit einem Lichtwesen. Im Westen sind religiöse Deutungen der Nahtoderfahrung ausgeprägter als im Osten. In Westdeutschland wird die religiöse Deutung von der parapsychologisch-esoterischen Deutung noch übertroffen. Fast dreimal mehr West- als Ostdeutsche hängen einer parapsychologischen Deutung an, während in Ostdeutschland eine humanistisch-atheistische Deutung vorherrscht. Knoblauch betont ausdrücklich, dass es sich hier um Deutungen derjenigen handelt, die selbst eine Nahtoderfahrung gemacht hatten. Er erklärt die Unterschiede folgendermaßen: *„Die Kultur leitet das, was in der Nähe des Todes erfahren wird. Sie ist die Sprache, in der jede einzelne Person ihre Erfahrung macht.* Weil die Kultur in Ostdeutschland sich von der in Westdeutschland unterschied, machen die Menschen auch jeweils typisch unterschiedliche Erfahrungen." (Knoblauch 2002, 142)

Wie beeinflusst die Nahtoderfahrung die Betroffenen? Sie leben bewusster, sind sich klarer über den Wert des Lebens, haben mehr Interesse an den Mitmenschen und am Sinn des Lebens. „Aber die Angst vor dem Tod nahm lediglich bei 19,5 % der Betroffenen ab, ja, sie vergrößerte sich sogar bei über 40 %." (Knoblauch 2002, 144) Viele der Betroffenen bestreiten, dass die Nahtoderfahrung etwas mit Religion zu tun hat. Nur 28 Prozent gaben an, dass die Nahtoderfahrung sie in ihrem Glauben an Gott oder in ihren religiösen Gefühlen bestärkte. Knoblauch deutet dies dahingehend, dass die Popularität der Nahtoderfahrung nicht nur auf eine zunehmende Offenheit der westlichen Kultur gegenüber dem Tod hinweist, sondern auch darauf, dass wir uns in Richtung auf eine neue Form der Religiosität bewegen, auf eine individuelle religiöse Sinngebung, die sich außerhalb der Kirchen abspielt (vgl. Knoblauch 2002, 198).

Das Hauptproblem bei der Beurteilung der Nahtoderfahrungen ist die Tatsache, dass wir auf die Berichte Betroffener angewiesen sind und dass es kaum Möglichkeiten gibt, diese objektiv zu überprüfen (vgl. Ewald 2006, 87). In retrospektiven Studien werden Personen befragt, die sich freiwillig aufgrund einer Anzeige, eines Artikels, eines Vortrags, einer Radio- oder Fernsehsendung melden. Bei manchen von ihnen liegt die Erfahrung schon zehn

234

oder zwanzig Jahre zurück. In diesen Fällen sind die allgemeinen medizinischen Umstände ihrer Erfahrung jedoch nicht mehr nachvollziehbar. Es bleibt außerdem unklar, warum manche Nahtoderfahrene sich zu einer solchen Studie bereit erklären, andere hingegen nicht (vgl. Lommel 2009, 42). In retrospektiven Studien ist es auch nicht möglich, die außerkörperlichen Erfahrungen anhand von verifizierbaren Beobachtungen zu überprüfen. Alle Aussagen von Menschen, die berichten, eine Nahtoderfahrung gemacht zu haben, hängen von ihrer Glaubwürdigkeit, ihrer Wahrhaftigkeit und der Zuverlässigkeit ihres Gedächtnisses ab. Die Betroffenen selbst sind fest davon überzeugt, dass das, was sie erlebt haben, kein Traum, keine Fantasie und keine Halluzination war. Die meisten betonen, dass ihre Nahtoderfahrung „realer war als das Leben selbst" oder „realer als du und ich, die wir hier sitzen und darüber sprechen" (Ring 2006, 55). Nahtoderlebnisse sind subjektiv, zutiefst privat und kaum in Worte zu fassen. Berichte darüber schildern das Erleben, dem Tode nahe gewesen zu sein, jedoch nicht den Tod selbst.

Untersuchungen an Herzstillstandpatienten

In sogenannten prospektiven Studien befragen Forscher Patienten wenige Tage nach ihrer Reanimation, ob sie sich aus der Zeit ihres Herzstillstands und ihrer Bewusstlosigkeit an etwas erinnern können. Alle medizinischen Daten dieser Patienten aus der Zeit vor, während und nach ihrer Reanimation lassen sich genau erfassen. Eventuelle außerkörperliche Erfahrungen können überprüft werden. Außerdem kann man mithilfe einer Kontrollgruppe untersuchen, inwiefern sich Patienten, die eine Nahtoderfahrung erlebten, von denen unterscheiden, die einen Herzstillstand oder ein Koma ohne Nahtoderfahrung überlebten. Prospektiven Studien ist deshalb ein wesentlich höherer wissenschaftlicher Wert beizumessen als retrospektiven Studien (vgl. Lommel 2009, 43, 145). Nahtoderfahrungen treten mit zunehmender Häufigkeit auf, weil sich die Überlebenschancen durch die modernen Techniken der Wiederbelebung verbessert haben.

Untersuchungen an Herzstillstandpatienten wurden von Michael Sabom (1982) und Bruce Greyson (2000, 2003) in den USA, von Peter Fenwick (1996) und Sam Parnia (2008, 2001) in England und von Pim van Lommel (2001) in den Niederlanden durchgeführt. Erfahrungen und Erlebnisse, die während eines Herzstillstandes auftreten, werfen am meisten Licht auf den Zustand des menschlichen Bewusstseins angesichts des Todes. Während eines Herzstillstandes sind die klinischen Kriterien des Todes für einen längeren Zeitraum, von wenigen Sekunden bis zu Dutzenden von Minuten, erfüllt. Meist erfüllen die Patienten zumindest zwei von drei Kriterien des klinischen Todes: Das Herz hört auf zu schlagen, es gibt keine Atmung, die Pupillen sind starr und erweitert, und es folgt der Verlust der Hirnstammfunktionen (vgl. Parnia & Fenwick 2002, 6).

Michael Sabom führte 1994 eine umfassende Untersuchung, die sogenannte „Atlanta Studie", durch. Er wollte die Beziehung zwischen Glauben, Medizin und Nahtoderfahrung untersuchen. Von seinen 160 befragten Patienten hatten 47 eine Nahtoderfahrung (vgl. Sabom 1998, 32). Peter Fenwick und Sam Parnia versuchten in ihrer Studie am Southampton General Hospital in England die Frage zu klären, ob Nahtoderfahrungen vor oder während der Zeit der Bewusstlosigkeit, während oder nach der Phase der Erholung auftreten. Über den Zeitraum eines Jahres interviewten sie alle Überlebenden eines Herzstillstands

236

(vgl. Parnia et al. 2001, 150). Von den 220 eingelieferten Herzstillstandpatienten überlebten nur 63. 55 von ihnen hatten keinerlei Erinnerungen an die Zeit ihres Herzstillstands. Die anderen hatten Erinnerungen, wobei vier von ihnen die Kriterien einer Nahtoderfahrung nach der von Bruce Greyson (1983) entwickelten „Near-Death Experience Scale" erfüllten. Diese vier Patienten hatten zwar lebhafte und sehr klare Erinnerungen, aber keiner von ihnen berichtete von einer außerkörperlichen Erfahrung. In einer von Bruce Greyson (2003) durchgeführten Untersuchung berichteten 15,5 Prozent von 116 Überlebenden eines Herzstillstandes von einer Nahtoderfahrung.

Die ausführlichste aller bisher durchgeführten prospektiven Studien stammt vom holländischen Kardiologen Pim van Lommel und seinen Mitarbeitern (vgl. Lommel et al. 2001). An ihr waren elf verschiedene Kliniken beteiligt. Im Laufe von vier Jahren, zwischen 1988 bis 1992, wurden 344 Patienten mit insgesamt 509 erfolgreichen Reanimationen in diese Studien aufgenommen. Alle Patienten waren zeitweilig klinisch tot gewesen. Dazu bemerkt Lommel: „Als klinischen Tod definiert man die Phase der Bewusstlosigkeit, zu der es bei einem Herzstillstand oder einem akuten Herzinfarkt infolge unzureichender Durchblutung des Gehirns, eines Kreislaufzusammenbruchs und/oder eines Atemstillstands kommt. Wenn in diesem Zustand keine Reanimation eingeleitet wird, tritt nach fünf bis zehn Minuten eine irreversible Schädigung der Gehirnzellen ein, und der Patient wird unweigerlich sterben." (Lommel 2009, 150)

Von den 344 befragten Patienten hatten 282 (82 Prozent) keinerlei Erinnerungen an die Zeit ihrer Bewusstlosigkeit. 62 Patienten (18 Prozent) berichteten von einer Nahtoderfahrung. Von dieser Patientengruppe hatten 21 nur eine oberflächliche Nahtoderfahrung mit einem niedrigen Punktewert auf dem von Kenneth Ring entwickelten „Weighted Core Experience Index". 18 Patienten hatten eine Nahtoderfahrung mittlerer Tiefe, 17 beschrieben eine tiefe Nahtoderfahrung und sechs eine sehr tiefe. Im Vergleich zu den Ergebnissen retrospektiver Studien springt der viel geringere Prozentsatz an Nahtoderfahrungen ins Auge. Nur 12 Prozent der Patienten hatten eine mittlere bis sehr tiefe Nahtoderfahrung.

Die Hälfte der Patienten, die eine Nahtoderfahrung gemacht hatten, war sich dessen bewusst, tot zu sein, und hatte während der Erfahrung positive Gefühle. 30 Prozent hatten ein Tunnelerlebnis, nahmen eine himmlische Landschaft wahr oder begegneten Verstorbenen. Etwa ein Viertel (24 Prozent) hatte eine außerkörperliche Erfahrung, kommunizierte mit dem „Licht" oder nahm Farben wahr. Dreizehn Prozent erlebten einen Lebensrückblick und acht Prozent spürten eine Grenze. „In unserer Studie wurden also alle bekannten Elemente einer Nahtoderfahrung genannt. Niemand schilderte jedoch eine Furcht einflößende oder negative Erfahrung." (Lommel 2009, 154)

Von allen Patienten der Studie lag ein Elektrokardiogramm, das die elektrische Aktivität des Herzens aufzeichnet, vor. Zudem wurden folgende demografische Daten erhoben: Alter, Geschlecht, Ausbildungsstand, Religion, etwaiges Vorwissen über Nahtoderfahrungen und vorhergehende ähnliche Erfahrungen, Dauer des Herzstillstandes und der Bewusstlosigkeit sowie die Art und Dosierung der verabreichten Medikamente vor, während und unmittelbar nach der Reanimation.

Lommel konnte in seiner Studie die häufig zur Erklärung von Nahtoderfahrungen in Betracht gezogenen Ursachen wie Sauerstoffmangel, Todesangst oder die verabreichten Medikamente nicht bestätigen. „Vor allem entdeckten wir zu unserem Erstaunen, dass das Auftreten einer NTE nicht mit medizinischen Faktoren begreiflich zu machen war." (Lommel 2009, 156) Alle Patienten waren zeitweilig klinisch tot, doch nur ein geringer Prozentsatz von ihnen berichtete von einer Nahtoderfahrung mit klaren Gedanken, Gefühlen, Erinnerungen und in manchen Fällen von Wahrnehmungen aus einer Position außerhalb und oberhalb ihres leblosen Körpers. Sämtliche Patienten waren bewusstlos, da es bei allen infolge des Herzstillstands zu einem Kreislaufzusammenbruch, zu Atemstillstand und zum Ausfall aller Körper- und Hirnstammreflexe gekommen war.

Zur Feststellung nachhaltiger Veränderungen im Leben der Betroffenen befragte Lommel alle noch lebenden Patienten, die eine Nahtoderfahrung gemacht hatten, nach zwei und acht Jahren. Als Kontrollgruppe dienten ihm reanimierte Patienten ohne Nahtoderfahrung, die den anderen in Alter und Geschlecht entsprachen. Er wollte die Frage klären, ob die bekannten Veränderungen der Lebenseinstellung nach einer Nahtoderfahrung auf das Überleben eines Herzstillstands oder auf das Erleben einer Nahtoderfahrung zurückzuführen sind. Diese Frage war zuvor noch nie systematisch untersucht worden.

Nach acht Jahren konnte Lommel bei 23 Patienten mit einer Nahtoderfahrung und bei fünfzehn Patienten ohne Nahtoderfahrung vergleichen, welches Veränderungsmuster sich ergeben hatte. Alle Patienten hatten sich acht Jahre nach ihrem Herzstillstand in vielerlei Hinsicht verändert. Ihr Interesse an der Natur, an der Umwelt und an der sozialen Gerechtigkeit war gewachsen, sie zeigten mehr Liebe und Gefühle, waren hilfsbereiter und beteiligten sich stärker am Familienleben. Es gab auch Unterschiede zwischen den beiden Patientengruppen. Die Patienten mit einer Nahtoderfahrung hatten weniger Angst vor dem Tod und glaubten stärker an ein persönliches

Weiterleben nach dem Tod. Ihr Interesse an Spiritualität und Sinnfragen wuchs, und sie zeigten mehr Liebe und Akzeptanz für sich und andere. Ihre Wertschätzung für die täglichen Dinge nahm zu, während ihnen Geld, Besitz und Macht weniger bedeuteten. Bei Menschen ohne Nahtoderfahrung nahm das Interesse an Spiritualität dagegen in auffallender Weise ab, während die Furcht vor dem Tod zunahm (vgl. Lommel 2009, 160–161).

Aus den vorliegenden prospektiven Studien an Menschen, die einen Herzstillstand überlebten, zieht Lommel den Schluss, dass diese eine Nahtoderfahrung erlebten, und zwar während der Zeit ihres Herzstillstands, als die Gehirndurchblutung vollständig zum Erliegen gekommen war. Die Frage, wie das möglich sein kann, bleibe jedoch unbeantwortet. Wissenschaftliche Studien zum Phänomen Nahtoderfahrung zeigen uns die Grenzen der gegenwärtigen medizinischen und neurophysiologischen Vorstellungen von der Beziehung zwischen Gehirn und Bewusstsein auf. Nach dem heute geltenden Paradigma werden Erinnerung und Bewusstsein von großen Neuronengruppen oder neuronalen Netzen erzeugt. Lommel betont, dass die bisher allgemein anerkannte, aber nie bewiesene These, dass das Bewusstsein im Gehirn lokalisiert sei, zur Diskussion gestellt werden müsse. Denn wie könne jemand ein klares Erlebnis haben, während er klinisch tot ist und sein Gehirn zeitweilig nicht funktioniert? (vgl. Lommel 2009, 169)

Die Frage nach dem genauen Zeitpunkt der Nahtoderfahrung und der Fall Pamela Reynolds

Wenn das Gehirn das Bewusstsein erzeugt, dann muss das Bewusstsein immer dann ausfallen, wenn im Gehirn keine Aktivitäten mehr vorliegen. Folglich können kom-

240

plexe Erlebnisse wie Nahtoderfahrungen während der Zeit des Herzstillstands und des Komas weder zustande kommen noch später erinnert werden. Nahtodforscher gehen davon aus, dass es keine Gehirnaktivität mehr gibt, wenn bei einem Herzstillstand die Blutzufuhr zum Gehirn unterbrochen ist. Sie weisen auf das Paradox eines klaren Bewusstseins während des Ausfalls aller Gehirnfunktionen hin. Dabei geht es nach Lommel nicht darum, ob es vielleicht irgendwo im Gehirn noch irgendeine Form messbarer Aktivität geben könnte, sondern darum, ob die spezifischen Gehirnaktivitäten noch vorhanden sind, die nach Auffassung der modernen Neurowissenschaften für eine bewusste Erfahrung notwendig sind. Und gerade diese spezifischen Gehirnaktivitäten lassen sich bei Patienten mit Herzstillstand im Elektroenzephalogramm (EEG) überhaupt nicht mehr erkennen. Die ersten Symptome eines Sauerstoffmangels in der Hirnrinde zeichnet das EEG im Durchschnitt bereits 6,5 Sekunden nach dem Einsetzen des Herzstillstands auf. Wird der Herzschlag nicht sofort wieder angeregt, dann ist nach zehn bis zwanzig Sekunden infolge des vollständigen Ausfalls aller elektrischen Aktivität in der Großhirnrinde auf dem EEG eine Null-Linie zu sehen. Das Gehirn lässt sich in diesem Moment mit einem Computer vergleichen, der von der Stromzufuhr abgetrennt ist. Studien mit bildgebenden Verfahren zeigen, dass die gleichzeitige Aktivität der Hirnrinde, des Hirnstamms und ihrer gemeinsamen Verbindungsbahnen Hippocampus und Thalamus eine notwendige Voraussetzung für bewusste Erfahrungen ist (vgl. Lommel 2009, 172–176).

Eine entscheidende Frage der Nahtodforschung ist deshalb die Feststellung des genauen Zeitpunktes der Nahtoderfahrung. Fanden die berichteten Erfahrungen während der Zeit des Herzstillstandes, kurz vor dem Herzstillstand oder während der Erholungsphase nach der erfolgreichen Reanimation statt? Berichte von Patienten, die eine außerkörperliche Erfahrung hatten und genaue Details von dem, was im Operationssaal geschah, sehen, hören, erinnern und darüber berichten konnten, sind für die Beantwortung dieser Frage hilfreich. Vor allem dann, wenn Ärzte, Schwestern und Pfleger oder andere Zeugen bestätigen können, was die Patienten während ihrer außerkörperlichen Erfahrung sahen und hörten. Wahrnehmungen während einer außerkörperlichen Erfahrung können, zumindest prinzipiell, von unabhängigen Zeugen überprüft und bestätigt werden. Handelt es sich um verifizierbare Wahrnehmungen, die vom Blickwinkel des physischen Körpers des Patienten aus unmöglich gewesen wären? Peter Fenwick (2007) bezeichnet das als die alles entscheidende Frage der Nahtodforschung.

Pim van Lommel schildert folgenden Bericht eines Patienten, der eine außerkörperliche Erfahrung erlebte, die von einer Komplikation während seiner Operation ausgelöst worden war:

„Nein, von Nahtoderfahrungen hatte ich bisher noch nie etwas gehört, und ich interessierte mich auch nicht für paranormale Phänomene oder Ähnliches. Was passierte, war Folgendes: Mir wurde auf einmal bewusst, dass ich über dem Fußende des Operationstisches schwebte und auf das hektische Treiben um den Körper eines Menschen unter mir herabsah. Schon bald begriff ich, dass es mein eigener Körper war. Ich schwebte über ihm, also auch über der Lampe, aber ich konnte durch sie hindurchschauen. Ich hörte auch, was dort geredet wurde. ,Komm schon, verdammter Mistkerl‘, schrien sie, daran erinnere ich mich noch. Noch seltsamer war, dass ich sie nicht nur reden hörte, ich kannte auch die Gedanken aller Menschen, die da herumliefen, jedenfalls kam es mir so vor. Später hörte ich, es sei alles sehr aufregend gewesen, denn es waren viereinhalb Minuten vergangen, bis sie mein Herz, das plötz-

242

lich ausgesetzt hatte, wieder zum Schlagen gebracht hatten. Dabei kommt es wegen des Sauerstoffmangels oft schon nach dreieinhalb Minuten zu Gehirnschädigungen. Ich hörte den Arzt auch sagen, er denke, dass ich schon tot sei. Später bestätigte er mir, dass er davon gesprochen hatte, und er war völlig perplex, als er erfuhr, dass ich ihn gehört hatte. Ich sagte ihnen damals auch, dass sie während einer Operation besser auf ihre Worte Acht geben sollten." (Lommel 2009, 49)

Den bisher wohl einzigartigsten Fall außerkörperlicher Erfahrungen, den Fall Pamela Reynolds (1956–2010), dokumentierte der amerikanische Kardiologe Michael Sabom anhand von Operationsprotokollen und Interviews (vgl. Sabom, 1998, 37–51; 184–191). Pamela war 35 Jahre alt, als die Ärzte bei ihr ein großes Aneurysma in einer Arterie in der Nähe des Hirnstamms entdeckten. Ein Aneurysma ist eine ballonförmige Ausweitung in einem Blutgefäß, die sich mit einer aus einem Fahrradschlauch herausquellenden Blase vergleichen lässt. Ein großes Aneurysma in einer Hirnarterie ist wie eine Zeitbombe, die jeden Augenblick platzen kann, und Pamela würde an den Folgen sterben. Das Aneurysma musste operativ entfernt werden. Pamelas Überlebenschancen waren gering. Trotz der schlechten Prognose entschloss sich der Neurochirurg Robert Spetzler zur Operation. Die Vorgangsweise des riskanten Eingriffs beschrieb er in einem Interview auf folgende Weise:

„Was es so schwierig machte, war der Umstand, dass das Aneurysma an der Schädelbasis unter dem Hirnstamm saß. Diese Blase konnte platzen und so im Gehirn der Patientin eine unbeschreibliche Katastrophe anrichten. In einem solchen Fall war es wirklich problematisch zu operieren. Den Operationstypus, dem sich Pamela unterziehen würde, bezeichnet man als hypothermischen Herzstillstand. Pamelas Körpertemperatur würde auf 10 bis 14 Grad Celsius gesenkt. Herz und Atmung würden aussetzen. Ihre Gehirn-

243

wellen würden sich bis zu einer geraden Linie abschwächen und das Blut würde aus ihrem Kopf entweichen. Eine Stunde lang wäre sie klinisch tot. Denn wir hatten vor, ihr Gehirn völlig stillzulegen. Wir wollten sie nicht nur betäuben, wir wollten alle Stoffwechselvorgänge im Gehirn zum Erliegen bringen. In einem solchen Zustand ist kein messbarer Output mehr vorhanden, es liegt also keine messbare Aktivität mehr vor. Kurz vor dem Beginn der Operation gibt es noch sehr viel zu tun. Die Patientin wird anästhesiert, ihre Augen werden mit Pflaster abgeklebt, ihr werden kleine Impulsgeneratoren in die Ohren gesteckt und es wird ein EEG angeschlossen, auf dem wir die Gehirnaktivität beobachten können. Die Patientin wird ganz zugedeckt; das Einzige, was unbedeckt bleibt, ist der Bereich des Kopfes, an dem wir arbeiten." (zit. nach Lommel 2009, 183)

Bei der niedrigen Körpertemperatur ist der Stoffwechsel so eingeschränkt, dass die Gehirnzellen während einer derartigen Operation längere Zeit, maximal sechzig Minuten, überleben können (vgl. Lommel 2009, 188). Während der Operation wurde sowohl die elektrische Aktivität der Hirnrinde (EEG) als auch die des Hirnstamms kontinuierlich registriert. Michael Sabom betont, dass Pamela während der Operation nach allen drei klinischen Kriterien hirntot war: Das Elektroenzephalogramm war flach, der Hirnstamm zeigte keine Reaktionen, und kein Blut strömte durch das Gehirn. In diesem Zustand hatte sie eine sehr tiefe Nahtoderfahrung. Diese setzte ein, als man ihren Schädel öffnete. Das Erste, woran Pamela sich erinnerte, war ein unangenehmes Geräusch, als ob sie beim Zahnarzt säße.

„Und ich erinnere mich, dass es auf meinem Kopf anfing zu kribbeln und ich irgendwie aus meinem Kopf herausrutschte. Je mehr ich mich aus meinem Körper entfernte, desto deutlicher wurde das Geräusch. Und als ich nach unten sah, konnte ich nach und nach verschiedene Dinge im Operationssaal erkennen. Nie im Leben hatte ich etwas so klar wahrgenommen. Und dann schaute ich auf meinen Körper hinab, und dabei wusste ich, dass es mein Körper war. Aber das kümmerte mich nicht. Ich dachte nur, seltsam, wie sie mir den Kopf rasiert haben. Ich hatte erwartet, sie würden mich kahl scheren, aber das hatten sie nicht getan. [...] Meine Position, von der aus ich alles beobachtete, lag ungefähr auf Schulterhöhe des Chirurgen. Es war keine normale Wahrnehmung, sie war klarer, gezielter und schärfer als übliches Sehen. Im Operationssaal gab es viele Dinge, die ich nicht kannte, und eine ganze Menge Leute. Ich erinnere mich an das Instrument in der Hand des Chirurgen, es sah aus wie der Griff meiner elektrischen Zahnbürste. Ich dachte, sie würden meinen Schädel mit einer Säge öffnen. Ich hörte, dass sie von einer Säge sprachen, aber was ich sah, glich eher einem Bohrer. In einem Kästchen lagen sogar alle möglichen Ersatzbohrer. Es glich dem Kästchen, in dem mein Vater seine Steckschlüssel aufbewahrte, als ich noch ein Kind war. Ich sah den Griff dieses Bohrers, aber ich sah nicht, wie sie damit an meinem Kopf arbeiteten. Aber ich hörte es, einen hohen, surrenden Ton. Und ich erinnere mich an die Herz-Lungen-Maschine. Ich mochte dieses Beatmungsgerät nicht. Ich erinnere mich an jede Menge Instrumente, die ich nicht kannte. Und ich hörte ganz deutlich, wie eine Frauenstimme sagte: ‚Wir haben ein Problem. Ihre Arterien sind zu eng.‘ Und dann eine Männerstimme, die erwiderte: ‚Versuch es an der anderen Seite.‘ Diese Stimme kam offenbar eher vom unteren Teil des Operationstischs. Ich erinnere mich deutlich, dass ich mich fragte, was sie da zu suchen hätten, denn schließlich fand hier doch eine Gehirnoperation statt! Sie öffneten gerade Blutgefäße in meiner Leiste, um mir so Blut abnehmen zu können. Aber das kapierte ich nicht." (vgl. Sabom 1998, 41–42; Lommel 2009, 183–184)

Michael Sabom konnte die Aussagen von Pamela über die Knochensäge nachprüfen. Sie hatte die Midas-Rex-Knochensäge genau beschrieben. Es ist anzunehmen, dass Pamela dieses außergewöhnliche Instrument vorher noch nie gesehen hatte. Ob das surrende Geräusch ihre tiefe Narkose durchbrach oder ob sie es „übersinnlich" wahrnahm, bleibt ungewiss. Eher unwahrscheinlich ist, dass sie das Gespräch zwischen den Ärzten in gewöhnlichem Sinn mitgehört hat.

Die folgende Phase von Pamelas Nahtoderfahrung ereignete sich wahrscheinlich während der Zeit, als ihr Herz stillstand und ihr abgekühltes und blutleeres Gehirn überhaupt nicht mehr funktionieren konnte. Ihre Körpertemperatur war auf zehn Grad abgesenkt worden, sie war an eine Herz-Lungen-Maschine angeschlossen, das Kopfende des Operationstisches hatte man kurzzeitig hochgestellt, damit alles Blut aus ihrem Gehirn fließen konnte. Pamela schilderte, wie sie mit großer Geschwindigkeit durch eine Art Tunnel aufwärts auf ein Licht zufuhr, verstorbenen Familienangehörigen begegnete, die sich um sie kümmerten und die nicht wollten, dass sie weiter auf das Licht zuging. Sie machten ihr klar, dass ihre Zeit noch nicht gekommen war und dass sie zurückkehren müsse. Ihr verstorbener Onkel begleitete sie zurück zu ihren Körper.

„Als ich wieder zu der Stelle kam, an der mein Körper lag, sah ich dieses Ding und wollte wirklich nicht mehr zurück. Denn er sah wirklich so aus, wie er war: leblos. Ich glaube, er war ganz zugedeckt. Er machte mir Angst, und ich wollte ihn nicht ansehen. Ich wusste, es würde wehtun, deshalb wollte ich wirklich nicht mehr zurück. Aber mein Onkel versuchte weiterhin, mich zu überreden. Er sagte: ‚Du musst nicht eintauchen, spring einfach, wie im Schwimmbad'. Und: ‚Denk an deine Kinder.' Und ich sagte: ‚Diesen Kindern geht es doch gut.' Und er antwortete: ‚Schätzchen, du musst wirklich zurück.' Und dann gab er mir einen Schubs, er half ein bisschen nach. Es hat lange gedauert, aber ich glaube, jetzt bin ich bereit, ihm doch zu verzeihen.

Ich sah, wie der Körper in die Höhe schnellte. In dem Moment schubste er mich, und ich spürte, wie ich innerlich vor Kälte erstarrte. Ich kehrte in meinen Körper zurück, und das fühlte sich an, als tauchte ich in Eiswasser. Es tat so weh. Als ich wieder in meinem Körper war und noch im Operationssaal in der Narkose

246

lag, spielten sie dort ‚Hotel California'. Und es wurde gerade die Zeile gesunden: ‚You can check out any time you like, but you can never leave' (Du kannst dich jederzeit abmelden, aber du kannst niemals fortgehen).

Als ich aus der Narkose erwachte, war ich noch immer an das Beatmungsgerät angeschlossen. Ein paar Tage später sagte ich zu Dr. Brown, dass ich es ziemlich gefühllos von ihm fand, in einem solchen Moment diese Musik zu spielen. Er erwiderte nur, ich bräuchte mehr Schlaf." Sie lacht und schließlich meint sie: „Ich glaube, der Tod ist eine Illusion. Ich glaube, der Tod ist wirklich eine ganz gemeine Lüge." (vgl. Sabom 1998, 46–47; Lommel 2009, 186)

Der Neurochirurg Dr. Spetzler kommentierte Pamelas Operation und ihre Nahtoderfahrung mit folgenden Worten:

„Ich glaube nicht, dass ihre Wahrnehmungen auf dem beruhten, was sie gesehen hatte, als sie in den Operationssaal kam. Ich fand, dass Pamelas Beobachtungen während ihrer Operation ganz genau dem entsprachen, was damals geschehen war. Sie hatte die Knochensäge, mit der wir ihren Schädel öffneten, gesehen. Sie hat wirklich Ähnlichkeit mit einer elektrischen Zahnbürste. Das hatte sie einfach nicht sehen können! Auch den Bohrer nicht, die Instrumente, all diese Dinge waren abgedeckt. Sie waren nicht sichtbar, sie waren noch verpackt. Man packt sie erst aus, wenn der Patient vollkommen anästhesiert ist; so gewährleistet man möglichst lange eine sterile Umgebung. Und dass sie das Gespräch zwischen mir und der Gefäßchirurgin so genau gehört hat. […] Unbegreiflich. […] In dieser Phase der Operation kann kein Patient etwas sehen oder hören. Und […] ich kann mir nicht vorstellen, dass ein normales Gehör etwas wahrgenommen hat, schon wegen der Impulsgeneratoren, die in ihren Ohren steckten. Es gab überhaupt keine Möglichkeit, über die normalen Hörkanäle etwas zu registrieren.

Ich kann es mir nicht erklären. Wenn ich mir ihren damaligen Zustand vor Augen führe, weiß ich nicht, wie so etwas möglich ist. Doch ich habe schon so viele Dinge gesehen, die ich mir nicht erklären kann, dass ich nicht so arrogant sein möchte, weiterhin zu

247

behaupten, es könnte nicht irgendwie möglich sein." (zit. nach Lommel 2009, 186–187)

Der Fall von Pamela Reynolds ist aus zwei Gründen einzigartig. Erstens erlebte sie eine außerkörperliche Erfahrung zu einer Zeit, als sie unter medizinischer Beobachtung stand und klinisch tot war. Zweitens erinnerte sie sich an verifizierbare Fakten ihrer Operation, die sie nicht wissen konnte, wenn sie nicht irgendwie bei Bewusstsein war, als diese passierten (vgl. Beauregard & O'Leary 2007, 155). Lässt sich aufgrund dieser Information beweisen, dass Pamela während ihrer Nahtoderfahrung entweder tot oder lebendig war? Sabom meint dazu: „leider nein":

„Selbst wenn alle medizinischen Tests ihren Tod bestätigen, müssten wir immer noch warten, um festzustellen, ob sie zum Leben zurückkehrt. Da sie tatsächlich lebte, war sie *per definitionem niemals* tot. Ärzte können Menschen vor dem Tod bewahren und manche, die dem Tode nahe sind, retten, aber sie können nicht Menschen vom Tod erwecken. Umgekehrt, wäre Pamela gestorben, dann wären die Tests, die den Tod anzeigten, bestätigt worden." (Sabom 1998, 49–50)

Auch wenn ein Mensch nach den strengen klinischen Kriterien tot ist, wenn er keine spontanen Bewegungen mehr zeigt, nicht mehr atmet, auf Schmerzreize und akustische Reize nicht mehr reagiert, wenn Hirnstammreflexe wie Lidschlussreflex, Pupillenreflex, Hustenreflex und Würgereflex nicht mehr funktionieren, Tage später jedoch Gehirnaktivität feststellbar ist, dann taucht die Frage auf, ob und wann, wenn überhaupt, der Tod de facto eintrat. Das Problem der Feststellung des genauen Todeszeitpunkts ist nicht nur auf den Mangel an ausreichenden wissenschaftlichen Instrumentarien zurückzuführen, sondern auch auf das Verständnis des Begriffes

248

selbst. Es *gibt* keinen definierbaren Todeszeitpunkt, sondern nur einen Prozess des Sterbens. Die Nahtoderfahrung lasse sich am besten als das erlebnismäßige Gegenstück zum physischen Sterbeprozess verstehen (vgl. Sabom 1998, 51).

Der Anästhesist Gerald M. Woerlee versucht, auch den Fall von Pamela Reynolds rein naturalistisch im Sinne der These der totalen Gehirnabhängigkeit des Bewusstseins zu erklären. Seiner Meinung nach ist ein Mensch, der sich in der Situation von Pamela Reynolds befindet, nichts weiter als eine biologische Maschine, die gerade von einem Chirurgen repariert wird. Pamelas Nahtoderfahrung lasse sich auf Veränderungen ihrer Gehirnfunktionen und Körperprozesse zurückführen. Woerlee geht davon aus, dass Reynolds während ihrer Operation mehrmals bei Bewusstsein war. Zur Zeit ihrer ersten außerkörperlichen Erfahrung war sie noch nicht an die Herz-Lungen-Maschine angeschlossen. Sie hatte eine normale Körpertemperatur und reagierte wie eine Gelähmte, auch wenn die Ärzte sie in Vollnarkose wähnten.

„Ihrer eigenen Darstellung zufolge war sie wacher und aufmerksamer als im Normalzustand, mit schärferer Wahrnehmung. Diese Beschreibung ist typisch für Menschen, deren Gehirn unter dem Einfluss von vielen Medikamenten, Toxinen und Abfallprodukten steht oder aber unzureichend mit Sauerstoff versorgt wird. Die Patienten haben den Eindruck, dass ihre Gedanken klarer, ihr Geist leistungsfähiger und ihre Wahrnehmungen schärfer sind als gewöhnlich." (Woerlee 2005 b, 5)

Nach der Freilegung des Aneurysmas wurde der Herz-Bypass angelegt, man brachte Pamelas Herz bei einer Körpertemperatur von fünfzehn Grad Celsius zum Stillstand, und ihr Blut wurde aus dem Kopf abgeleitet. Bei dieser Temperatur, so Woerlee, ist der Mensch ohne Bewusstsein, sodass Pamela in dieser Operationsphase keine bewussten Erfahrungen machen konnte. Aber sie war in der Lage, sich an einige Details vor dem hypothermischen Herzstillstand zu erinnern, denn sie konnte sich an ihre außerkörperliche Erfahrung erinnern.

„Nach der erfolgreichen Entfernung des Aneurysmas wurde die Körpertemperatur von Pam Reynolds schrittweise bis auf den normalen Wert erhöht und ihr Herzschlag aktiviert. In dieser Phase setzten Durchblutung und Hirnfunktion wieder ein. Aber Pam Reynolds' Gehirn arbeitete noch nicht normal. Erstens nahm ihr Hirnstamm seine Funktion wieder so weit auf, dass sie das Bewusstsein erlangte. [...] Es folgte ein typisches amerikanisches Nahtoderlebnis, in dessen Verlauf sie von verstorbenen Angehörigen geleitet und unterstützt wurde. Der Inhalt dieser Nahtoderfahrung war unter anderem von ihrem Wissen beeinflusst, dass die Operation möglicherweise tödlich verlaufen würde. Diesen Punkt betone ich deshalb, weil sie während ihrer Nahtoderfahrung verstorbene Verwandte sah, die ihr behilflich waren und sie ins Totenreich geleiteten. Dies ist typisch für Nahtoderlebnisse von Menschen, die auf eine lebensbedrohende Situation gefasst sind." (Woerlee 2005 b, 6)

Woerlee betont wiederholt, dass Pamela Reynolds während ihrer Operation mehrmals bei Bewusstsein war. Ihre außerkörperlichen Erfahrungen seien durch eine Fehlfunktion ihres Gehirns hervorgerufen worden. Am Ende seines Artikels schreibt er allerdings:

„Nichtsdestoweniger führen uns Erlebnisse wie das von Pam Reynolds vor Augen, wie wenig wir über uns selbst und über die Funktionsweise unseres Körpers wissen. Was sich wirklich hinter ihnen verbirgt, zeigen erst sorgfältige und kritische Forschungen. So enthüllt uns jedes solcher Erlebnisse ein wenig mehr von der wahren, komplexen Natur des Menschen hinter der Maske des alltäglichen Bewusstseins." (Woerlee 2005 b, 7)

Nahtoderfahrungen sind nach Woerlee nur bei einem funktionierenden Gehirn möglich. Auch Pamela Reynolds' Erlebnis der Rückkehr in ihren kalten und leblosen Körper konnte demnach erst stattfinden, nachdem ihr Gehirn seine Tätigkeit so weit wieder aufgenommen hatte, dass Bewusstseinserlebnisse möglich wurden. Die Schilderung von Pamela Reynolds' Rückkehr in ihren Körper und Lommels Bemerkungen zur medizinischen Situation, in der sie ihre Nahtoderfahrung machte, widersprechen der Behauptung von Woerlee.

„Gegen Ende ihrer NTE hatte Pamela eine weitere außerkörperliche Erfahrung, während sie noch in tiefer Narkose lag. Sie sah ihren Körper in die Höhe schnellen, als man ihr Herz mithilfe eines Stromstoßes wieder in Gang brachte. Das geschah erst, als die Operation beendet war und man ihren Körper wieder auf eine normale Temperatur gebracht hatte. Das Kältegefühl, das sie bei der Rückkehr in ihren Körper spürte, entstand, weil ihr Körper zu diesem Zeitpunkt noch nicht bis zur normalen Körpertemperatur von 37 Grad Celsius aufgewärmt war." (Lommel 2009, 188)

Woerlee vertritt einen materialistischen Standpunkt, demzufolge Körper und Geist eins sind. Der Körper beherbergt das Gehirn, und das funktionierende Gehirn ist das Bewusstsein. Es gibt keinen immateriellen Teil oder Aspekt unseres Körpers, und das bedeutet, dass unser Bewusstsein zusammen mit dem Körper stirbt. Es gibt auch kein Leben nach dem Tod. Die Erfahrung des Sterbens ist eine bewusste Erfahrung. Diese Erfahrung hält nur so lange an, so lange der Hirnstamm das Bewusstsein aufrechterhält. Der Hirnstamm ist der wichtigste Teil des Gehirns, weil er das Bewusstsein erzeugt sowie Atmung, Kreislauf und Schlucken kontrolliert. Der Hirntod, im Besonderen der Hirnstammtod, führt immer zum Tod des Körpers (vgl. Woerlee 2005 a, 52, 174 – 176).

251

Woerlee thematisiert nicht, dass er mit seiner Deutung der Beziehung von Körper und Geist das Bewusstsein zu einem reinen Epiphänomen, zu einer kausal wirkungslosen Begleiterscheinung der Gehirnprozesse, degradiert. Keine Frage scheint für ihn auch zu sein, dass die Hirnaktivitäten, die mit bewussten Erlebnissen einhergehen – abgesehen davon, ob es solche Aktivitäten bei allen Nahtoderfahrungen gibt –, uns nichts über deren Inhalt sagen. Nahtoderlebnisse sind wie alle Bewusstseinsphänomene nur der erlebenden Person unmittelbar zugänglich. Selbst eine noch so genaue Kenntnis ihrer vermuteten neuronalen Grundlage würde uns nichts darüber verraten, wie es ist, eine Nahtoderfahrung zu erleben, und welche Bedeutung diese für das Leben der Betroffenen hat.

Was könnte die neurobiologische Grundlage der Nahtoderfahrungen sein?

Worin könnten die neuronalen Korrelate der Nahtoderfahrungen möglicherweise bestehen? Die Studien an Überlebenden eines Herzstillstandes zeigen, dass Nahtoderfahrungen sich zu einer Zeit ereignen, in der die Hirnaktivität im besten Fall als schwerstens beeinträchtigt und im schlimmsten Fall als nicht vorhanden zu bezeichnen ist. Wenn die Hirnaktivität so stark gestört ist, dass der Patient in ein tiefes Koma fällt, dann müssen die Gehirnfunktionen, die dem subjektiven Erleben und der Erinnerungsbildung zugrunde liegen, stark betroffen sein. Von einem insgesamt schwer beeinträchtigten Gehirn ist nicht zu erwarten, dass es in der Lage ist, kohärente Gedanken, intensive Gefühle und robuste Langzeiterinnerungen zu bilden. Die berichteten Nahtoderfahrungen während eines Herzstillstands sind jedoch keineswegs ver-

252

wirrt, chaotisch, konfus oder inkohärent. Sie weisen vielmehr auf erhöhte Wachheit, Aufmerksamkeit und Bewusstheit hin, und das zu einem Zeitpunkt, an dem man kein Bewusstsein und keine Erinnerungsbildung erwarten würde. Jede schwere Beeinträchtigung der Hirnaktivität hat sowohl eine anterograde als auch eine retrograde Amnesie zur Folge. Anterograde Amnesie ist die Unfähigkeit, neue Langzeiterinnerungen zu bilden, und retrograde Amnesie ist die Unfähigkeit, sich an Ereignisse oder erworbenes Wissen vor einem Trauma oder einer Hirnschädigung zu erinnern. Das Gedächtnis ist ein sehr sensibler Indikator für Gehirnverletzungen, und die Länge des Erinnerungsverlustes vor und nach der Bewusstlosigkeit ist ein Hinweis auf die Schwere der Schädigung. Komplexe Erlebnisse wie Nahtoderfahrungen und außerkörperliche Erfahrungen können während eines Komas nicht entstehen und später erinnert werden. Man würde erwarten, dass Herzstillstandpatienten überhaupt keine Erinnerungen an die Zeit ihrer Bewusstlosigkeit haben. Beim Großteil von ihnen ist dies auch der Fall. Wissenschaftlich gesehen ist das Auftreten von Nahtoderfahrungen daher höchst unwahrscheinlich und paradox. Die Tatsache jedoch, dass es sie gibt, wirft Fragen auf bezüglich unserer derzeitigen Ansichten über die Natur des menschlichen Bewusstseins und seiner Beziehung zum Gehirn (vgl. Parnia & Fenwick 2002, 8–9).

Können sich Nahtoderfahrungen und außerkörperliche Erlebnisse unabhängig von einem funktionierenden Gehirn ereignen? Gibt es etwas in uns, das ohne Gehirn und Körper wahrnehmen, denken, fühlen und wollen kann? Michael Sabom betont, dass in seiner Untersuchung 26 Patienten ihre Erfahrung so beschrieben, als ob sie den Körper verließen und außerhalb davon existierten. Ist so etwas möglich und was bedeutet es, außerhalb des eigenen Körpers zu sein? Greg, ein Teilnehmer der Atlanta-Studie, erinnert sich an seine außerkörperliche Erfahrung Jahre später: „Gott ist mein Zeuge. Ich befand mich außerhalb meines Körpers, oben an der Decke in der Ecke des Spitalzimmers, und sah hinunter auf die Situation. Ich versuchte zu begreifen, wie ich das tun konnte – gleichzeitig da oben und da unten sein. [...] Ich dachte mir, *das ist wirklich seltsam.*" (Sabom 1998, 201–202)

Wie soll das Bewusstsein funktionieren, wenn das Gehirn klinisch tot ist? Ein solches Gehirn wäre wie ein Computer, der trotz der Unterbrechung jeglicher Energiezufuhr weiterarbeitete. Zahlreiche Berichte über Nahtoderfahrungen belegen jedoch, dass Menschen während ihres Herzstillstandes, also in einer Phase, in der sie klinisch tot waren, ein ungewöhnlich klares Bewusstsein hatten. Sie sind überzeugt, dass mit dem Tod nicht alles endet. Ein Betroffener schrieb an Lommel: „Es liegt jenseits meiner Möglichkeiten, über etwas zu diskutieren, was nur der Tod beweisen kann. Für mich hat diese Erfahrung jedoch entscheidend zu meiner Überzeugung beigetragen, dass das Bewusstsein auch über das Grab hinaus Bestand hat. Dabei ist mir eines klar geworden: Zu sterben heißt nicht, tot zu sein, denn der Tod ist nur eine andere Form des Lebens." (Lommel 2009, 17)

Außerkörperliche Erfahrungen: Ein Rechenfehler des Gehirns?

Was beim Erleben einer außerkörperlichen Erfahrung im Gehirn genau geschieht, ist bisher weitgehend unbekannt. Es gibt auch keine allgemein akzeptierte und empirisch testbare wissenschaftliche Hypothese über die neurobiologische Grundlage dieser Erlebnisse. Sie treten

254

spontan auf, dauern nur kurze Zeit und ereignen sich höchstens ein oder zweimal im Leben. Das ist wohl der Grund dafür, warum nur wenige wissenschaftliche Untersuchungen darüber existieren. Ein Forscherteam um Olaf Blanke in der Schweiz berichtete in der Fachzeitschrift *Nature*, man habe jenen Teil des Gehirns identifiziert, der außerkörperliche Erfahrungen hervorrufen kann (vgl. Blanke et al. 2002). Während der Gehirnuntersuchung vor einem chirurgischen Eingriff bei einer 43-jährigen Epilepsie-Patientin entdeckten die Forscher, dass die elektrische Stimulation des rechten „Gyrus angularis", einer Hirnwindung im Grenzbereich zwischen Schläfenlappen, Scheitellappen und Hinterhauptslappen (Brodmann-Areal 39), eine außerkörperliche Erfahrung auslöste. Die Frau war während des Experimentes bei Bewusstsein und konnte berichten, was sie bei den einzelnen Stimulationen jeweils empfand. Die erste leichte Stimulation des Gyrus angularis führte bei ihr zum Eindruck, im Bett zu versinken oder von einer Höhe zu stürzen. Bei der nächsten stärkeren Stimulierung sagte sie: „Ich sehe mich von oben im Bett liegen, sehe aber nur meine Beine und meinen Unterleib." Weitere Stimulationen an derselben Stelle führten außerdem zu einem plötzlichen Gefühl der Leichtigkeit und zum Eindruck, zirka zwei Meter über dem Bett nahe der Decke zu schweben.

Das Forscherteam schloss aus dieser und ähnlichen Untersuchungen an anderen Patienten, dass der Gyrus angularis ein wesentlicher Knotenpunkt in einem größeren neuronalen Schaltkreis ist, der mit der komplexen Körperwahrnehmung zu tun hat. Obwohl die Hirnmechanismen, die außerkörperliche Erfahrungen verursachen, noch weitgehend unbekannt sind, spreche einiges dafür, dass diese Erlebnisse auf die Fehlfunktion des Gehirns zurückzuführen sind, komplexe multisensorische Informationen, d. h. Informationen verschiedener Sinne wie Sehen, Hören, Fühlen, Tastsinn und Gleichgewichtssinn, zu verbinden und zu einem ganzheitlichen Selbsterleben zu integrieren. Außerkörperliche Erfahrungen könnten auf einen einfachen Rechenfehler des Gehirns zurückzuführen sein (vgl. Blanke et al. 2004, 2005). Dean Mobbs und Caroline Watt (2011) vertreten ebenfalls die Meinung, dass Nahtoderfahrungen durch Fehlfunktionen des Gehirns erklärbar sind, und berufen sich dabei unter anderem auf die Untersuchungen von Blanke und seinem Team.

Die von der erwähnten Patientin geschilderten Erlebnisse während der Stimulation des Gyrus angularis waren keine echten außerkörperlichen Erfahrungen, sondern eher „autoskopische" Phänomene. Eine „Heautoskopie" oder Spiegelbildhalluzination kann bei Epilepsien, Schlaganfällen und heftigen Migräneattacken auftreten. Die Person sieht sich selbst so, als ob sie ein Spiegelbild von sich oder einen Doppelgänger vor sich hätte. Voraussetzung dafür sind intakte Sinnesorgane, vor allem ein funktionierender Gesichtssinn. Aufmerksamkeit, Bewusstsein, Gleichgewichtssinn und Bewegungsgefühl bleiben, anders als bei außerkörperlichen Erfahrungen, beim physischen Körper. Nahtoderfahrene hingegen verlassen den eigenen Körper und beobachten ihn von außen wie ein unbeteiligter Zuseher. Das Zentrum ihrer Wahrnehmung, ihres Erlebens und Handelns befindet sich dabei außerhalb ihres physischen Körpers. Während der Bewusstlosigkeit sind ihre Sinnesorgane außer Funktion. Spiegelbildhalluzinationen unterscheiden sich deutlich von außerkörperlichen Erfahrungen, und es gibt eine Reihe wichtiger qualitativer Unterschiede zwischen künstlich provozierten und echten außerkörperlichen Erfahrungen (vgl. Laack 2010, 10–14).

Der Philosoph Thomas Metzinger, der mit dem Team um Olaf Blanke zusammenarbeitet, führt außerkörperliche Erfahrungen ebenfalls auf eine Fehlfunktion des Gehirns zurück. Er vermutet, dass die Vorstellung von einer Seele ihren Ursprung im Erleben außerkörperlicher Erfahrungen hat (vgl. Metzinger 2005, 2007). Außerkörperliche Erfahrungen seien neuropsychologische Phänomene, die beim Einschlafen, bei schweren Unfällen, bei Nahtoderfahrungen, chirurgischen Eingriffen, Epilepsien, bei Meditierenden, Mystikern und Heiligen auftreten können. Nach Metzinger ereignen sie sich dann, wenn die Informationen, welche die Körperwahrnehmung betreffen, spärlich sind und das Gehirn daher nicht mehr in der Lage ist, ein ganzheitliches Modell der Welt und des Selbst zu konstruieren. Die erlebte Einheit von Körper und Selbst werde dann vorübergehend aufgelöst.

Metzinger entwickelte eine „Selbstmodell-Theorie der Subjektivität", nach der es ein Selbst eigentlich gar nicht gibt. Unser Erleben der persönlichen, körperlichen Identität und Selbigkeit durch die Zeit beruhe auf einem „phänomenalen Selbstmodell". Dieses werde von dynamischen Neuronennetzen im Gehirn konstruiert, sei rein virtuell, doch wir können es nicht *als* Modell erkennen. Es sei wie eine unsichtbare Brille, durch die wir die äußere und innere Wirklichkeit wahrnehmen. Bezüglich des Inhaltes dieses Modells sind wir nach Metzinger hoffnungslose Realisten, gefangen in einem naiv-realistischen Selbstmissverständnis. Im Gehirn finde sich nämlich nichts, was sich über die Zeit durchhielte und die Selbigkeit der Person garantieren könnte.

Metzinger deutet außerkörperliche Erfahrungen auf dem Hintergrund seiner Selbstmodell-Theorie als Störung oder als Riss im phänomenalen Selbstmodell. Die klassische außerkörperliche Erfahrung enthält demnach zwei

Selbstmodelle: Das erste repräsentiert visuell mehr oder weniger wahrheitsgetreu den Körper aus der Außenperspektive, fungiert aber nicht als Zentrum des globalen Realitätsmodells; das zweite integriert, dem subjektiven Erleben zufolge, weitgehend die Körperwahrnehmungen und fungiert als globales Realitätsmodell. Die Person sieht sich selbst, wenn sie nach einem schweren Verkehrsunfall über der Szene schwebt und auf ihren verletzen Körper, der auf der Straße liegt, hinunterschaut. Sie sieht zwar ihren Körper von oben und erkennt ihn auch als den ihren, aber gegenwärtig ist er nicht der Ort der Wahrnehmung und des Erlebens. Ort der Wahrnehmung und des Erlebens ist das oben schwebende ätherische Double. Die räumliche Einheit von Körper und körperlichem Selbsterleben ist aufgelöst. Das Gehirn schafft es nicht, ein einheitliches körperliches Selbstgefühl zu konstruieren.

Metzinger deutet die außerkörperliche Erfahrung als globales phänomenales Realitätsmodell, in dem es zwei Selbstmodelle, aber nur eine Erlebnisperspektive gibt. Die betreffende Person sei sich der Tatsache nicht bewusst, dass das, was sie erlebt, nur ein vom Gehirn erzeugtes Realitätsmodell ist. Für jeden, der eine außerkörperliche Erfahrung macht, sei es fast unmöglich, nachher nicht zu einem ontologischen Dualisten zu werden. Dieses Erlebnis führe unweigerlich zur Überzeugung, dass es ein Erleben *unabhängig* von Gehirn und Körper tatsächlich geben muss. Was phänomenal auf so klare und lebhafte Weise möglich sei, müsse auch metaphysisch möglich oder tatsächlich der Fall sein.

Was ist, fragt Metzinger, von Behauptungen über verifizierbare Beobachtungen während einer außerkörperlichen Erfahrung zu halten? Er meint, wenn es gelänge, außerkörperliche Erfahrungen zuverlässig unter streng experimentellen Bedingungen zu reproduzieren, dann könnten die behaupteten außersinnlichen Wahrnehmungen direkt untersucht werden. Außerkörperliche Erfahrungen seien nicht nur ein Problem für die Philosophie des Geistes und die Phänomenologie, sondern auch für die Erkenntnistheorie.

Wenn außerkörperliche Erfahrungen, wie Metzinger behauptet, auf eine Fehlfunktion des Gehirns zurückzuführen sind, weil diesem nicht genügend Daten aus dem Körper zur Verfügung stehen, dann kann es derartige Erlebnisse nur bei einem einigermaßen funktionierenden Gehirn geben. Nicht erklären kann Metzinger mit seiner Selbstmodell-Theorie außerkörperliche Erlebnisse, die dann auftreten, wenn sich im Gehirn keine Aktivitäten mehr feststellen lassen, wie z. B. im Falle von Pamela Reynolds.

Dem „phänomenalen Selbstmodell" von Metzinger zufolge beziehen wir uns in unserem Selbsterleben nicht auf uns selbst, sondern bloß auf ein vom Gehirn erzeugtes Modell von uns, das wir nicht als solches durchschauen. Das Gehirn füge in diesem Modell eine Fülle von Daten zu einer Ganzheit zusammen. Für den Naturalisten Metzinger sind nur die Daten das Eigentliche, jedoch nicht das Selbsterleben. Das Selbst betrachtet er als Illusion, als naiv-realistisches Selbstmissverständnis. Zwar billigt Metzinger uns Menschen die Fähigkeit zu, mithilfe der Wissenschaften die Wirklichkeit zu erkennen, wie sie ist, aber nicht die Fähigkeit, uns selbst zu erkennen, wie wir sind. Wenn wir uns fortwährend über uns selbst täuschen: Wer oder was wird dann getäuscht, wenn nicht wir selbst? Ist die Annahme eines personalen Selbst nicht die Voraussetzung jeder Rede von Täuschung, Selbstbetrug und naiv-realistischem Selbstmissverständnis? Können wir nicht selbst entscheiden, ob wir die Erkenntnisse der Psychologie und der Neurowissenschaften heranziehen, um introspektive Irrtümer zu korrigieren? (vgl. Quitterer 2002, 116–135). Es bleibt zudem rätselhaft, wie ein über seine eigene Existenz Getäuschter dennoch über sich selbst nachdenken und schreiben kann. „Wer weiß, dass er träumt, kann nicht zugleich nur dieser Traum sein." (Fuchs 2009, 52)

Nahtoderfahrungen: Eine Folge des Sauerstoffmangels?

Es gibt mehrere Versuche, Nahtoderfahrungen auf physiologische Ursachen zurückzuführen wie Sauerstoffmangel, erhöhten Kohlendioxidspiegel im Blut, die Ausschüttung von Endorphinen (körpereigenen Morphinen) und die Freisetzung von Ketamin, das bei manchen Menschen eine außerkörperliche Erfahrung oder ein Tunnelerlebnis auslösen kann. Die psychoaktive Substanz Dimethyltryptamin kann ähnliche Erlebnisse wie eine Nahtoderfahrung hervorrufen. Einen Überblick über diese Erklärungsversuche bieten Lommel (2009, 119–143) und Parnia (2008, 19–23).

Sauerstoffmangel (Hypoxie) und der anschließende Überschuss an Kohlendioxyd (Hyperkapnie mit Delir) ahmen wohl Teilaspekte von Nahtoderfahrungen nach, können Nahtoderlebnisse aber nicht als ganze erklären. Die englische Psychologin Susan Blackmore betont, die Rolle des Sauerstoffmangels bei Nahtoderfahrungen sei zwar bisher nicht zufriedenstellend geklärt, aber Sauerstoffmangel spiele offensichtlich eine wesentliche Rolle bei diesen Erlebnissen (vgl. Blackmore 1999, 44–57). Der Kardiologe Sam Parnia weist darauf hin, dass es zahlreiche Berichte von Menschen gibt, die eine Nahtoderfahrung nur Augenblicke vor einer lebensbedrohenden Gefahr, wie vor dem Aufprall bei einem Verkehrsunfall, erlebten.

260

Sie konnten unmöglich Sauerstoffniveaus unter normal gehabt haben, da sie zum Zeitpunkt ihrer Nahtoderfahrung körperlich noch unversehrt waren. Zudem gibt es Berichte von Betroffenen, die eine Nahtoderfahrung hatten, als sie weder lebensbedrohlich erkrankt waren noch an Sauerstoffmangel litten. Parnia betont, dass er bei mehr als hundert Patienten mit Sauerstoffmangel beobachtete, wie diese mit akuter Verwirrtheit, mit Bewusstseinstrübung und Denkstörungen reagierten und sich nachher kaum oder überhaupt nicht an das Erlebte erinnern konnten. Nahtoderfahrungen seien das genaue Gegenteil derartiger Verwirrtheitszustände (vgl. Parnia 2008, 19–21). Walter van Laack unterstreicht ebenfalls, dass ein Delirant immer desorientiert ist, dass seine Erinnerungen an das im Delir Erlebte bruchstückhaft bleiben und dass seine Erlebnisse passiv und eher albtraumartig sind. Nahtoderfahrene hingegen erinnern sich an ihr Erlebnis stets detailgetreu, präzise und sind fest davon überzeugt, keinen Traum, keine Halluzination, sondern etwas absolut Reales erlebt zu haben. Während das Delir immer Sauerstoffmangel voraussetzt, treten Nahtoderfahrungen keineswegs nur bei Sauerstoffmangel auf. Sie treten selbst dann auf, wenn Sauerstoff im Überfluss vorhanden ist, wie etwa während eines künstlich herbeigeführten Herzstillstandes bei einer Operation (vgl. Laack 2010, 10–12). Lommel bemerkt zum Versuch, Nahtoderfahrungen auf einen Sauerstoffmangel zurückzuführen: „Wenn die rein physiologische Erklärung eines Sauerstoffmangels im Gehirn zutreffen würde, müssten nahezu alle Patienten, die einmal klinisch tot waren, eine NTE berichtet haben, denn alle Patienten in unserer Studie waren ja aufgrund von Sauerstoffmangel im Gehirn, verursacht durch einen Herzstillstand, bewusstlos. Dennoch berichteten nur achtzehn Prozent eine NTE." (Lommel 2010, 86)

Der Zustand des Gehirns unmittelbar nach einem Herzstillstand wurde bisher nicht systematisch erforscht. George Mashour, Neurochirurg an der University of Michigan, und seine Mitarbeiter untersuchten diesen Zustand in einem Experiment an Ratten (vgl. Borjigin et al. 2013). Wenn Nahtoderfahrungen, so ihre Hypothese, auf Gehirnaktivitäten zurückzuführen sind, dann sollten neuronale Korrelate des Bewusstseins nach dem Aufhören des zerebralen Blutflusses bei Mensch und Tier nachweisbar sein. Sie testeten diese Hypothese, indem sie bei neun Ratten künstlich einen Herzstillstand herbeiführten und deren Hirnaktivität aufzeichneten. Sie registrierten die Elektroenzephalogramm-Signale über dem Stirnhirn, dem Scheitellappen und dem Hinterhauptslappen auf beiden Hirnhälften der Versuchstiere.

Die Forscher konnten bei allen neun Ratten in der Zeit unmittelbar nach dem Herzstillstand distinkte Perioden mit charakteristischer Hirnaktivität feststellen. Während der ersten drei Sekunden registrierten sie eine erhöhte Aktivität von Gamma-Wellen nahe 130 Hertz auf allen sechs EEG-Kanälen; in den nächsten sechs bis sieben Sekunden hingegen Theta-Wellen, gemischt mit Gamma-Wellen hoher Frequenz auf allen Kanälen, und in der folgenden Periode von zirka 20 Sekunden Gamma-Wellen im niedrigen Frequenzbereich von 35 bis 50 Hertz, die hoch synchron und zudem mit Theta-Wellen gekoppelt waren.

Dem Forscherteam zufolge zeigen diese Ergebnisse, dass der Herzstillstand einen vorübergehenden globalen Anstieg synchronisierter Gamma-Wellen verursachte. Insgesamt weisen die Daten auf ein hoch aktiviertes Gehirn hin und liefern einen starken Beweis dafür, dass das Säugergehirn im Frühstadium des klinischen Todes zu einer erhöhten, intensiven Aktivität in der Lage ist, welche die Aktivität während des normalen Wachzustandes über-

262

trifft. Ein Herzstillstand scheint das Gehirn kurzfristig offensichtlich zu Höchstleistungen stimulieren zu können.

Die Forscher betrachten Nahtoderfahrungen als ein biologisches Paradox, das unser Verständnis des Gehirns herausfordert. Nahtoderfahrungen würden zwar vielfach als Beweis für ein Leben nach dem Tod und für ein gehirnunabhängiges Bewusstsein angeführt, aber das sei auf den unbestätigten Glauben zurückzuführen, dass das Gehirn unmöglich die Quelle sehr intensiver, klarer und bewusster Erlebnisse während des klinischen Todes sein kann. Die Forscher sind überzeugt, mit ihrem Experiment Beweise für eine hochorganisierte Gehirntätigkeit, die mit den bewussten Erlebnissen angesichts des Todes korreliert, vorgelegt zu haben. Damit hätten sie einen wissenschaftlichen Bezugsrahmen geschaffen, um die extrem klaren und realer als realen Erlebnisse, von denen Nahtoderfahrene berichten, einer Erklärung zuführen zu können.

Natürlich konnten die Forscher die neun Ratten nach dem Experiment nicht fragen, ob sie sich an irgendetwas aus der Zeit ihres Herzstillstandes erinnerten und ob sie womöglich eine außerkörperliche Erfahrung hatten. Sie konnten mit ihrer Studie selbstverständlich auch die Frage nicht beantworten, ob und inwiefern Ratten Bewusstsein besitzen. Weil das Rattengehirn aber in mancher Hinsicht dem menschlichen Gehirn ähnelt, vermuten die Forscher, dass auch im Gehirn von Herzstillstandpatienten, die eine Nahtoderfahrung erleben, Analoges geschieht. Wenn diese Annahme stimmt, dann hätten alle berichteten Nahtoderfahrungen von Herzstillstandpatienten nur während der ersten zwanzig bis dreißig Sekunden nach ihrem Herzstillstand, stattfinden können.

Für die empirische Nahtodforschung ist deshalb die Bestimmung des genauen Zeitpunktes der Nahtoderfahrungen von großer Bedeutung. Fanden diese unmittelbar vor oder unmittelbar nach dem Herzstillstand, während der Zeit des Komas oder während der Erholungsphase nach der erfolgreichen Reanimation statt? Wahrnehmungen während einer außerkörperlichen Erfahrung tragen zur Klärung dieser Frage dann bei, wenn unabhängige Zeugen diese überprüfen und bestätigen können.

Die Aware-Studie

Der Notfallmediziner Sam Parnia und der Neuropsychologe Peter Fenwick leiten eine breit angelegte Studie an Herzstillstandpatienten, an der sich mehr als 25 medizinische Zentren in England, den USA und Österreich beteiligen. Aware steht für „awareness during resuscitation" (Bewusstsein während der Reanimation). Die einzige Komponente der Nahtoderfahrungen, die empirisch überprüft werden kann, ist die außerkörperliche Erfahrung. Nur während einer solchen Erfahrung erinnern sich die Patienten an verifizierbare Ereignisse, die sich auf ihre Reanimation beziehen. Um Berichte von Wahrnehmungen während einer außerkörperlichen Erfahrung objektiv überprüfen zu können, ließen die Forscher auf der Oberseite von Regalen unter der Zimmerdecke direkt über dem Bett der Patienten zufallsgenerierte Bilder installieren, die nur von oben einsehbar sind. Sollten Patienten während einer außerkörperlichen Erfahrung ihre Reanimation von der Zimmerdecke aus beobachten, dann wären diese Bilder in ihrem Blickfeld. Sollten sie diese Bilder sehen und sich später daran erinnern, dann ließe sich der Zeitpunkt ihrer außerkörperlichen Erfahrung präzise bestimmen. Es wäre dann feststellbar, ob ihre berichteten Wahrnehmungen tatsächlich während des Ausfalls aller für Wahrneh-

264

mung, Bewusstsein und Erinnerungsbildung notwendigen Hirnfunktionen stattfanden. Insgesamt installierten die Forscher für den Anfang der Studie zirka tausend Regale mit Bildern. Das deckt jedoch nur zehn Prozent der Krankenhausbetten ab. Es fehlten die finanziellen Mittel, um Regale über jedem Klinikbett zu installieren.

Sam Parnia setzt Tod mit dem Herzstillstand gleich. In seinem 2013 erschienenen Buch *Erasing Death* betont er: „Biologisch und medizinisch gesprochen, sind Tod und Herzstillstand gleichbedeutend." (Parnia 2013, 23) Wenn das Herz stillsteht, dann hört die Person auf zu atmen, das Gehirn erhält keinen Sauerstoff mehr, und innerhalb von wenigen Sekunden stellt es seine Tätigkeit ein. Nach dem Stillstand der Gehirntätigkeit beginnt der Prozess des Gehirnzelltodes, der sich über Stunden hinziehen kann. Die moderne Reanimationswissenschaft versucht, die Zeit zu verlängern, in der die Gehirnzellen noch funktionstüchtig und lebensfähig sind. Sie möchte Herzstillstandpatienten erfolgreich reanimieren und bleibende Schädigungen des Gehirngewebes möglichst vermeiden (vgl. Parnia 2013, 24–25). Parnia fragt, wie die moderne Notfallmedizin am besten intervenieren kann, um irreversible Schädigungen der Gehirnzellen bei Herzstillstandpatienten zu verhindern. Er betrachtet den Tod nicht als einen Moment, sondern als einen Prozess, der unterbrochen werden kann, nachdem er begonnen hat. Er spricht von einer zweiten Phase des Todes nach dem Herzstillstand und meint den Prozess der allmählichen Zerstörung der Gehirnzellen. Der genaue Zeitpunkt, ab dem die Zellen des Gehirns irreversibel zerstört sind und der permanente Tod einsetzt, sei bisher nicht bekannt. Man könne nur feststellen, ob das Gehirn funktioniert oder nicht, jedoch nicht, ob es irreversibel tot ist. Die Grauzone zwischen dem reversiblen und dem irreversib-

265

len Tod nach einem Herzstillstand beträgt Parnia zufolge nach dem derzeitigen Stand der Reanimationswissenschaft mehrere Stunden (vgl. Parnia 2013, 275).

Parnia bezeichnet den Ausdruck „Nahtoderfahrung" als wissenschaftlich problematisch und schlägt stattdessen die Bezeichnung „tatsächliche Todeserfahrung" (actual death experience) vor. „Menschen, die einen Herzstillstand hatten, waren nicht dem Tode nahe. Sie waren tot." (Parnia 2013, 140) In der Medizin gebe es keine genaue Definition von Nahtod. Eine tatsächliche Todeserfahrung ereignet sich dann, wenn das Herz aufhört zu schlagen. Es gibt Berichte von Menschen, die einen Herzstillstand hatten und sich an unglaublich spezifische Details von Gesprächen und Ereignissen aus der Zeit erinnerten, als sie für ihre Ärzte scheinbar „tot" waren. Nach einem Herzstillstand sei zu erwarten, dass alle Gedächtnisschaltkreise außer Betrieb sind, weil das Gehirn nicht mehr funktioniert. Die Tatsache, dass manche Menschen Erinnerungen an diese Zeit haben, sei an sich ein Paradox und lege nahe, dass das Bewusstsein in der Lage ist fortzubestehen, und zwar nachdem das Herz aufgehört hat zu schlagen und die Person folglich die Schwelle des Todes bereits überschritten hat (vgl. Parnia 2013, 174). Die Schlüsselfrage sei deshalb, wann die berichteten tatsächlichen Todeserfahrungen stattfanden. Fanden sie während des Herzstillstandes und der Reanimation statt oder einige Zeit später, nachdem das Gehirn seine Tätigkeiten wieder aufgenommen hatte?

In der Anfangsphase der Aware-Studie, die 2008 begann, wurden zirka hundert Interviews mit Überlebenden eines Herzstillstandes durchgeführt. Tatsächliche Todeserfahrungen scheinen sich nur bei fünf Prozent der untersuchten Patienten ereignet zu haben. Die erste wirkliche außerkörperliche Erfahrung im Rahmen dieser Studie

266

wurde 2011 berichtet. Ein 57-jähriger Mann erinnerte sich daran, wie er an der Zimmerdecke über seinem Körper schwebte und auf diesen hinuntersah. Er berichtete, wie er im Raum Menschen um ihn herum sah und wie seinem Herzen zweimal eine Elektroschockbehandlung verabreicht wurde. In dem Raum, in dem er reanimiert worden war, befanden sich jedoch keine installierten Bilder. Man konnte ihn deshalb auch nicht fragen, ob er ein Bild gesehen hatte. Parnia interviewte den Patienten selbst und fand seine Erfahrung bemerkenswert. Der Mann lieferte eine genaue Beschreibung des behandelnden glatzköpfigen Kardiologen im blauen Kittel am Fußende seines Bettes. Er beschrieb auch zutreffend die zwei separaten Kommandos für die Schockbehandlung, die im Abstand von zwei bis drei Minuten erfolgten. Das sei ein Hinweis darauf, wie lange er nach dem Herzstillstand das Bewusstsein aufrechterhalten konnte. Dieser Patient war bei Bewusstsein, als sein Gehirn nicht funktionierte. Dieser Fall spreche für die wissenschaftlich gestützte These, dass das Bewusstsein, die Psyche oder die Seele einer Person nicht ausgelöscht wird, wenn der Todesprozess einsetzt. Er spreche auch für die Position mancher Wissenschaftler und Ärzte, dass das menschliche Bewusstsein eine vom Gehirn unabhängige Entität ist, die nach dem Tod weiterexistiert. Bei den durchgeführten Interviews, so Parnia, gab es noch eine weitere Person, eine 51-jährige Frau, die berichtete, eine außerkörperliche Erfahrung gemacht zu haben. Ihre Reanimation fand jedoch auch in einem Raum statt, in dem keine Bilder installiert worden waren (vgl. Parnia 2013, 221–257).

Ein vorläufiges Ergebnis der Aware-Studie ist, dass außerkörperliche Erfahrungen seltener vorkommen als angenommen und dass weniger als ein Prozent der Überlebenden eines Herzstillstandes solche Erfahrungen machen. In

267

einem Interview am 17. November 2013 in Dallas betonte Parnia, es müssten noch umfassendere Daten gesammelt werden und man wolle keine Ergebnisse publizieren, bevor die Aware-Studie nicht abgeschlossen sei.

Sterblicher Körper – unsterbliches Bewusstsein

Wodurch werden Nahtoderfahrungen verursacht und welche Rolle spielen neuronale Prozesse bei ihrer Entstehung? Vertreter der sogenannten „Hypothese des sterbenden Gehirns" behaupten, dass alle Elemente von Nahtoderfahrungen ausnahmslos auf Aktivitäten der Zellen im sterbenden Gehirn zurückzuführen sind. Vertreter der „Überlebens-Hypothese" behaupten, dass Nahtoderfahrungen auch dann auftreten können, wenn das Gehirn seine Tätigkeit eingestellt hat. Sie betrachten diese Erfahrungen als Hinweis dafür, dass es jenseits des rein Materiellen noch etwas anderes gibt (vgl. Blackmore 1999, 38). Verifizierbare Beobachtungen von Herzstillstandpatienten während einer außerkörperlichen Erfahrung legen nahe, dass es ein klares Selbstbewusstsein auch ohne funktionierendes Gehirn gibt und dass das Bewusstsein sogar nach dem definitiven Ende jeder Gehirnaktivität fortbesteht.

Die wichtigste Frage der Nahtodforschung betrifft die überprüfbaren Wahrnehmungen während eines außerkörperlichen Erlebnisses. Die bewusstlosen Patienten konnten das Wahrgenommene mit ihren Sinnen weder gesehen noch gehört haben, und die Pflegekräfte und Ärzte sprachen diese Wahrnehmungen im Nachhinein auch nicht an. Unbeantwortet ist zudem die Frage, warum die meisten der in den prospektiven Studien untersuchten Herzstillstandpatienten keinerlei Erinnerungen an die Zeit ih-

268

rer Bewusstlosigkeit hatten. Eine angemessene und umfassende Erklärung der Nahtoderfahrungen müsste sowohl die unterschiedlichen Situationen, in denen diese auftreten, als auch die verschiedenen Elemente, aus denen sie bestehen, berücksichtigen (vgl. Lommel 2009, 142).

Die These des sterbenden Gehirns

Nach dieser verbreiteten neurowissenschaftlichen These sind sämtliche Elemente von Nahtoderfahrungen ausnahmslos auf Gehirnprozesse zurückzuführen, und der irreversible Ausfall aller Gehirnfunktionen ist zugleich das definitive Ende des Bewusstseins. Nahtoderfahrungen sind demnach die Folge des Ausfalls einzelner, jedoch nicht aller Hirnfunktionen. Diese Erfahrungen würden keineswegs beweisen, dass es Bewusstseinsphänomene unabhängig vom Gehirn geben kann oder dass ein Erleben außerhalb des Lebens möglich ist (vgl. Hoppe 2007, 130–136). Ohne Gehirnaktivität kann es keine Nahtoderfahrungen und auch keine außerkörperlichen Erlebnisse geben (vgl. Mobbs & Watt 2011; Woerlee 2005 b). Im Sinne dieser These sind Bewusstseinsphänomene, in welcher Form auch immer, beim Ausfall sämtlicher Hirnfunktionen schlicht unmöglich.

Zahlreiche Berichte über Nahtoderfahrungen zeigen jedoch, dass Menschen während eines Herzstillstands, also zu einer Zeit, in der die Kriterien des klinischen Todes erfüllt waren, erhöhte Wachheit, klare Wahrnehmungen, kohärente Gedanken, Ichbewusstsein und intensive Gefühle hatten. Wenn alle diese berichteten Bewusstseinsphänomene neurobiologisch gesehen „unmöglich" sind, dann kann etwas mit der materialistischen Denkweise nicht stimmen (vgl. Ewald 2006, 93). Durch den bloßen

269

Verweis auf irgendwelche Restaktivitäten in einem sterbenden Gehirn sind Nahtoderfahrungen in allen ihren Aspekten keineswegs erklärt. Bereits für das normale Wachbewusstsein ist nämlich eine gleichzeitige und sehr komplexe, wechselseitige Aktivität von Neuronengruppen in verschiedenen Bereichen des Gehirns wie Hirnstamm, Thalamus, Hippocampus und Großhirnrinde notwendig. Bewusstsein erwächst nicht aus bestimmten Regionen im Gehirn, sondern aus höchst komplex vernetzten Neuronen innerhalb von Regionen und quer über sie hinweg (vgl. Koch 2013, 94). Es ist zu erwarten, dass das Bewusstsein an Klarheit und Schärfe einbüßt, wenn die neuronale Aktivität stark reduziert ist. Wie soll ein sterbendes Gehirn zu einer viel höheren Leistung als im normalen Wachzustand fähig sein, um die Intensität und Nachhaltigkeit einer Nahtoderfahrung erzeugen zu können? Wollte man diese Frage im Rahmen der These der totalen Gehirnabhängigkeit des Bewusstseins beantworten, so müsste man annehmen, dass die neurophysiologischen Prozesse, welche die Nahtoderfahrungen erzeugen, bisher völlig unbekannt sind und von der Hirnforschung mit den derzeit vorhandenen Methoden weder aufgespürt noch erfasst werden können. Dies ist allerdings höchst unwahrscheinlich.

Die Überlebenshypothese:
Pim van Lommel und Günter Ewald

Endloses Bewusstsein: Pim van Lommel

Pim van Lommel betrachtet Nahtoderfahrungen als einen veränderten Bewusstseinszustand, in dem Erinnerungen, Ich-Bewusstsein, klares Denken und Emotionen unabhängig vom bewusstlosen Körper erlebt werden können und in dem die Möglichkeit einer nichtsinnlichen Wahrnehmung außerhalb des Körpers besteht. Mit den heutigen medizinischen und wissenschaftlichen Erkenntnissen sei es nicht möglich, alle Aspekte des subjektiven Erlebens zu erklären, die Menschen mit einer Nahtoderfahrung nach einem Herzstillstand beschreiben. Viele Betroffene sprechen von der Erfahrung eines „erweiterten" Bewusstseins, das es ihnen ermöglichte, mit den Gefühlen und Gedanken von Menschen, die an vergangenen Ereignissen beteiligt waren, oder mit dem Bewusstsein verstorbener Angehöriger und Freunde in Kontakt zu treten (vgl. Lommel 2009, 281). Bei einer Nahtoderfahrung werde während eines totalen Ausfalls aller Gehirnfunktionen sowohl ein körperunabhängiges erweitertes Bewusstsein als auch später eine bewusste Rückkehr in den Körper erlebt.

Lommel postuliert ein „endloses" Bewusstsein bzw. das Fortbestehen des Bewusstseins nach unserem körperlichen Tod. „Endloses Bewusstsein" ist auch der Titel seines Buches über Nahtoderfahrung. Das endlose Bewusstsein, die Gesamtheit unseres individuellen Bewusstseins, habe keinen Anfang und werde auch nie ein Ende haben. Es habe unabhängig von unserem Körper bereits *vor* unserer Geburt bestanden und werde auch *nach* unserem Tod weiter bestehen, und zwar in einer Dimension jenseits von Raum und Zeit. Lommel geht davon aus, dass Menschen während einer Nahtoderfahrung das Fortbestehen ihres Bewusstseins unabhängig vom Körper erleben (vgl. Lommel 2004, 2006, 2009).

Wie soll man sich vorstellen, unser Bewusstsein habe körperunabhängig bereits vor unserer Geburt bestanden? In einer Dimension jenseits von Zeit und Raum gibt es nämlich kein Vorher und Nachher, kein Früher und Später, kein Gestern und Heute, kein Morgen und Übermorgen, auch kein Oben und Unten, kein Vorne und Hinten, kein Nah und kein Fern. Insofern ist Lommels Aussage, das endlose Bewusstsein habe bereits *vor* unserer Geburt bestanden, missverständlich, denn sie geht von unserem alltäglichen Zeitverständnis aus. Jenseits von Zeit und Raum über eine Zeit vor und nach der Geburt oder über eine Zeit vor und nach dem Tod zu sprechen gibt keinen Sinn.

Lommel verweist auf Berechnungen des Computerspezialisten Simon Berkovich, denen zufolge die Kapazität unseres Gehirns trotz der astronomischen Zahl an Verbindungen unter den Milliarden von Hirnzellen nicht ausreicht, um alle Erinnerungen unseres Lebens und die damit verbundenen Gedanken und Gefühle zu speichern. Das Gehirn biete auch nicht den Raum, um die gespeicherten Informationen wieder aufzufinden (vgl. Lommel 2009, 208–209).

Lommel zufolge ermöglicht das Gehirn zwar Bewusstseinsphänomene, produziert diese aber nicht. Das Gehirn sei wohl eine notwendige, aber keine hinreichende Bedingung für unser Wachbewusstsein. Gehirn und Körper dienten lediglich als eine Art Empfangsstation. Während unseres Wachbewusstseins empfangen sie einen Teil unseres gesamten Bewusstseins und unserer Erinnerungen. Das endlose Bewusstsein sei jedoch viel umfassender als unser Wachbewusstsein.

Lommel vergleicht unser Gehirn mit einem Fernsehapparat, der Informationen aus elektromagnetischen Feldern empfängt und zu Bildern und Tönen „dekodiert". Er vergleicht es auch mit einer Fernsehkamera, die Bilder und Töne in elektromagnetische Wellen umwandelt oder „kodiert". Diese elektromagnetischen Wellen enthalten alle Informationen eines Fernsehprogramms, sind aber

272

für unsere Sinne nur dank einer Fernsehkamera und eines Fernsehapparates zugänglich. Die ständige, unsichtbare, blitzartige Interaktion zwischen Körper und Bewusstsein sei vergleichbar mit der modernen globalen Kommunikation. Weltweit existiert ein fortwährender Informationsaustausch, wobei Zeit und Entfernung keine Rolle spielen. Dieser Austausch funktioniert mithilfe elektromagnetischer Informationswellen von Handys, Fernsehgeräten, Radios und Computern, die uns ständig umgeben und durchdringen. Diese Informationswellen bewegen sich mit Lichtgeschwindigkeit. Wir sind uns der unzähligen Telefongespräche, Fernseh- und Radioübertragungen sowie der Milliarden von Internetverbindungen, die uns Tag und Nacht umgeben und sich durch unseren Körper oder durch Mauern hindurchbewegen, nicht bewusst. Wir werden uns ihrer erst bewusst, wenn wir das Handy, den Fernseher, das Radio oder den Laptop einschalten. Was wir mit Hilfe dieser Geräte empfangen, stammt nicht aus diesen Geräten selbst.

Lommel vergleicht das endlose Bewusstsein mit dem Internet, dessen Seiten ein Computer zwar empfängt, aber nicht selbst produziert. Das Gehirn produziere das Bewusstsein genauso wenig wie ein Computer das Internet. Wie der Computer es ermögliche, Informationen ins Internet zu stellen, so könne das Gehirn unserem Bewusstsein Informationen aus unserem Körper und über die Sinnesorgane vermitteln. So gesehen funktioniere unser Gehirn ähnlich wie ein Sende-Empfänger-Gerät. „Wenn man den Computer ausschaltet, hat man keinen Zugang mehr zu den Milliarden von Websites im Internet. Sie können jedoch immer noch weltweit fast gleichzeitig empfangen werden. Genauso verhält es sich mit dem Bewusstsein. Es ist immer präsent. Während unseres Lebens können wir gewisse Aspekte des Bewusstseins als unser Wachbewusstsein in unserem Körper erfahren." (Lommel 2009, 287)

Um alle Elemente einer Nahtoderfahrung erklären zu können, postuliert Lommel neben dem endlosen individuellen Bewusstsein ein kollektives, universales Bewusstsein. Dieses verbinde jedes Individuum mit allem, was je gewesen ist, und mit allem, was in Zukunft noch sein wird. Dieses „Einheitsbewusstsein", das über das individuelle Bewusstsein hinausgeht, verknüpfe den Menschen mit einer Welt jenseits von Raum und Zeit. Dort gebe es weder Vergangenheit noch Zukunft, weder Anfang noch Ende und auch keine Grenze zwischen Ich und Nicht-Ich. „Alles ist in einer grenzenlosen Einheit miteinander verbunden. Das ,ewige Jetzt' oder der ,zeitlose Moment' *ist* Bewusstsein." (Lommel 2009, 326)

Unser Wachbewusstsein besitze zwar eine biologische Basis, aber das erweiterte und endlose Bewusstsein habe keine biologische Grundlage. Bewusstsein könne nicht an einem bestimmten Ort lokalisiert werden, auch nicht im Gehirn. Es sei in Form von Wahrscheinlichkeitswellen nicht-lokal überall präsent. Aus diesem Grund sei es in der physischen Welt weder nachweisbar noch messbar (vgl. Lommel 2009, 297).

Der Tod bedeute nur das Ende des physischen Aspekts unseres Lebens. Wir *haben* zwar einen Körper, aber wir *sind* Bewusstsein. Lommel illustriert das anhand einer Traueranzeige: „Was du hast, vergeht, was du bist, lebt weiter, jenseits von Raum und Zeit." (Lommel 2009, 339) Geburt und Tod seien nur ein Übergang in einen anderen Bewusstseinszustand.

Lommel versteht seine Theorie des endlosen Bewusstseins nicht als Erklärung für die Entstehung des Bewusstseins, sondern lediglich als Beschreibung, um die unterschiedlichen Erlebnisse im Rahmen einer Nahtoderfahrung besser verstehen zu können. Die Entstehung des Bewusstseins sei ein großes Mysterium und werde es wohl immer bleiben (vgl. Lommel 2009, 328).

Es stellt sich die Frage, ob Lommels These des endlosen Bewusstseins tatsächlich als Überlebenshypothese verstanden werden kann. Wie soll nämlich das, was uns als Person ausmacht, unseren Tod überdauern, wenn unser individuelles Bewusstsein mit dem „Einheitsbewusstsein" verschmilzt, in dem es zwischen Ich und Nicht-Ich keine Grenzen mehr gibt? Würden damit unser individuelles Selbst und das Erleben der eigenen Identität nicht in einem kollektiven, universalen Bewusstsein gänzlich aufgelöst werden? Könnten wir uns überhaupt noch als Einzelperson mit unserer einmaligen Lebensgeschichte wahrnehmen und erleben?

Gibt es eine unsterbliche Seele? Günter Ewald

Der Mathematiker und Physiker Günter Ewald, der sich seit Jahren mit Nahtoderfahrungen befasst, fragt, was Nahtodberichte zum Verständnis unseres Begriffes von Seele beitragen und inwiefern das Nachdenken über die Seele uns hilft, dem Geheimnis der Nahtoderfahrung näherzukommen. An der gegenwärtigen Hirnforschung bemängelt er vor allem, dass sie fast vollständig auf der klassischen Physik beruht, die Relativitätstheorie und Quantenphysik ignoriert und deshalb einem Weltbild verhaftet ist, das in der Physik seit hundert Jahren in Frage gestellt wird. Diese Tatsache allein nehme ihr die Legitimation, Gesamtaussagen über Geist, Bewusstsein und Seele zu machen. Die Hirnforschung könne nur hirnphysiologische Korrelate beschreiben. Diese seien zwar medizinisch und psychologisch wichtig, würden aber über die Bedeutung der Nahtoderfahrungen nichts aussagen. Eine

Chance für die Verständigung zwischen Naturwissenschaft und Spiritualität ergäbe sich dann, wenn die Quantentheorie in der Hirnforschung Fuß fasste (vgl. Ewald 2011, 27, 126).

Die Quantenphysik habe unser Weltbild verändert. Ein neues Verständnis von Raum und Zeit, von Mensch und Materie, das die Quantenphysik vorbereitete, sei im Entstehen. Ewald sucht in der Welt der Quantenphysik nach einer Verbindung zwischen Bewusstsein und Materie. Er erwartet zwar nicht, dass dadurch alle offenen Fragen über das Verhältnis von Körper und Geist geklärt werden, aber eine neue Sichtweise würde sich eröffnen. Um außerkörperliche Erfahrungen während einer Nahtoderfahrung zu erklären, verwendet Ewald die Begriffe „Verschränkung" und „Nichtlokalität". Er spricht von einer „Verschränkung" zwischen unserem gehirnbasierten Bewusstsein einerseits und unserer Seele andererseits. Demnach hat jeder Teil unseres Bewusstseins in unserer Seele ein Duplikat, mit dem er „verschränkt" ist. Der Ausdruck „Nichtlokalität" besagt, dass bestimmte Schwingungsvorgänge, die wir Materieteilchen nennen, an zwei Stellen des Raumes gleichzeitig, aber zu einer Einheit „verschränkt" sich abspielen können (vgl. Ewald 2006, 94).

Mit dem Begriff „Seele" bezeichnet Ewald alle für unsere Individualität charakteristischen und von unserem materiellen Körper trennbaren Eigenschaften. Die Seele bildet den Wesenskern des individuellen Menschen in dreierlei Hinsicht: Sie ist Ausdruck des individuellen Selbstbewusstseins, Träger von Fähigkeiten wie Denken, Fühlen, Wollen und Erinnern und zudem „Antenne" für außersinnliche Wahrnehmung und Kommunikation. „Wir betrachten die Seele als unbeschädigt vom Leib ablösbar, sowohl in Nahtoderfahrungen vorübergehend wie endgültig im Tod, was ihre Unsterblichkeit ausmacht." (Ewald 2011, 141–142)

Ewald fragt: Wer ist eigentlich der Träger des Bewusstseins während einer außerkörperlichen Erfahrung? „Worum handelt es sich bei dem vom Körper gelösten Bewusstsein, wenn es unter der Decke schwebt, selbst sieht, aber nicht gesehen wird? Wie unterscheidet sich das im Lichterlebnis wahrgenommene Licht vom physikalischen Licht? Welcher Art ist die Realität von Freunden oder Verwandten, die im Lichterlebnis oder in einer Nachtodbegegnung wahrgenommen werden?" (Ewald 2011, 123)

Wenn außerkörperliche Erfahrungen während eines Herzstillstandes ohne direkte Gehirnleistung zustande kommen, dann bedeutet dies, dass die oder der Erlebende beim Verlassen des Körpers die Fähigkeit zum Wahrnehmen, Denken, Fühlen und Wollen sowie die Erinnerungen an das eigene Leben mitnimmt.

„Die Betroffenen berichten durchweg, dass sie Wahrnehmungsvermögen, Denkfähigkeit, Gefühle und Ichbewusstsein mitgenommen haben. Diese unterscheiden sich im Prinzip nicht von ihren Gegenstücken im ‚normalen' Leben, sind aber gesteigert. Denken geschieht im Eiltempo, Gefühle nehmen euphorische Gestalt an, das Erlebnis eines Allwissens stellt sich ein. Freiheit und Liebe werden in großer Intensität erfahren." (Ewald 2006, 96)

Bei einem außerkörperlichen Erlebnis bleibe die Lebenswirklichkeit unabhängig von Gehirn und Körper mittels einer Zweitschrift in der Seele verfügbar (vgl. Ewald 2011, 138). Nach Ewalds Verständnis von Seele hat jeder Teil des Bewusstseins einen „Zwillingsbruder" in der Seele, mit dem er durch eine nichtkausale Korrelation verbunden oder „verschränkt" ist. „Im Falle eines Außerkörpererlebnisses bleibt die Verschränkung erhalten; im Tod bleibt nur der Repräsentant in der Seele bestehen (wie von zwei verschränkten Quantenzuständen einer existent bleibt, wenn der andere ausgelöscht wird)." (Ewald 2011, 131)

Die Repräsentanz von Bewusstseinseigenschaften in der Seele ist möglicherweise selektiv. Nahtodberichte zeigen, dass „das Duplikat" beispielsweise keine Schmerzzustände enthält.

Ewalds Erklärung der Nahtoderfahrungen steht in krassem Gegensatz zur der in der Medizin und in den Neurowissenschaften dominierenden These des sterbenden Gehirns. Diese These, so Ewald, bilde die Grundlage einer in der klassischen Physik verankerten Neurowissenschaft. Er fragt, ob ein Studium der elektrischen „Blitzgewitter" zwischen den vielen Milliarden Nervenzellen im Gehirn überhaupt ausreicht, um das, was sich psychisch-geistig in uns ereignet, auch nur darzustellen, geschweige denn zu verstehen. Ewald fordert ein erweitertes Verständnis der Wirklichkeit, wie es die Quantenphysik bietet, die sich seit hundert Jahren mit einer neuen Sicht von Raum, Zeit und Materie auseinandersetzt. Im Rahmen dieses erweiterten Wirklichkeitsverständnisses sei der Glaube an ein Leben nach dem Tod auch heute durchaus vertretbar. „Die Symphonie, die in Erfahrung, Wille, Erinnerung, Bewusstsein und Fühlen die Identität eines Menschen definiert, ist ‚überspielbar' auf einen neuen ‚Tonträger'." (Ewald 2006, 97–98) Seine Auffassung von Seele habe beträchtliche Nähe zu den Ursprüngen des Judentums, des Christentums und der Antike. Die unsagbare Liebe, die in Nahtodbegegnungen erlebt wird, entspreche der befreienden Botschaft der Liebe, der Kernaussage der christlichen Auferstehungshoffnung. Bezüglich der Auferstehung Jesu bemerkt Ewald:

„Im Neuen Testament selbst wird der auferstandene Christus weder als gewöhnlicher Mensch dargestellt – er kommt durch verschlossene Türen, erscheint plötzlich und verschwindet wieder – noch als Halluzination: Er weist auf die Narbe hin, die von einer Wunde bei seiner Kreuzigung stammt, er spricht mit vertrauten Menschen und veranlasst sie zu nachhaltigem Tun. Die Ähnlichkeiten zu Nahtoderfahrungen und Nachtodbegegnungen sind unverkennbar. Eine Ausnahme bildet die Tatsache, dass Jesus meistens mehreren Menschen gleichzeitig begegnet. Die Besonderheit und Einmaligkeit der Auferstehung Jesu können wir stehen lassen. Nur wäre es gut, wenn die Theologen ihren Streit um das ‚leere Grab' beendeten; er betrifft nicht das Wesen und die Gestalthaftigkeit des Auferstandenen." (Ewald 2011, 161)

Der Theologe Hans Kessler argumentiert auf ähnliche Weise, wenn er betont, dass das leere Grab für den christlichen Auferstehungsglauben nicht so wichtig sei, wie viele meinen. Auferstehung sei häufig als Wiederbelebung eines Leichnams fehlinterpretiert worden. Die westliche religiöse Kunst habe mit ihren bildhaften Darstellungen seit etwa 1200 wesentlich zur Verbreitung dieses Missverständnisses beigetragen. Der urchristliche Glaube an die Auferstehung Jesu erfordere keineswegs ein leeres Grab. Das Osterbekenntnis der christlichen Urgemeinde in Jerusalem lautet: „Gott hat Jesus von den Toten auferweckt." (Kessler 2014, 156–157) Die Überzeugung, dass Jesus auferweckt ist, gründe nicht auf einem leeren Grab, sondern auf den Erscheinungen des Auferstandenen. Das leere Grab sei kein notwendiger Bestandteil des christlichen Auferstehungsglaubens. Auferstehung im Sinne der biblisch-christlichen Glaubenshoffnung bedeute das Eingehen der identischen Person in die ganz andere Dimension Gottes und ihre Verwandlung in eine völlig neue, andersartige und unzerstörbare Seinsweise im Tod (vgl. Kessler 2014, 155–225).

Der These Ewalds zufolge sind außerkörperliche Erfahrungen darauf zurückzuführen, dass sich die Seele vorübergehend von Gehirn und Körper trennt, ohne dass die Verschränkung mit ihnen aufgelöst wird. Im Tod hingegen löst die Seele sich endgültig vom physischen Gehirn und Körper, und die Verschränkung mit ihnen fällt weg. Ewald versucht mit seiner Deutung der Nahtoderfahrungen zu zeigen, dass der Mensch sich auch ohne funktionierendes Gehirn erleben kann und dass er mit allem, was seine Person ausmacht, sogar den Tod überdauert. Berichte von außerkörperlichen Erfahrungen deuten darauf hin, dass die Betroffenen sich in einem neuen, schwerelosen Leib wiederfanden, der sich vom physischen Körper, den sie zurückgelassen hatten, stark unterschied. Ihr Identitätserleben, ihr Selbstbewusstsein, ihre Fähigkeit zu fühlen, zu denken, sich zu erinnern und zu wollen sowie eine Art Leiblichkeit blieben erhalten. Ewalds erweiterter Begriff von Seele umfasst alle diese Fähigkeiten und Eigenschaften der Person. Wenn er davon spricht, dass die Seele im Tod sich endgültig vom physischen Gehirn und Körper löst, dann meint er das Überleben der ganzen Person mit ihrer Individualität. Im Gegensatz zu Pim van Lommel ist in der Überlebenshypothese von Ewald keine Rede davon, dass das Bewusstsein der Einzelperson sich in einem universalen „Einheitsbewusstsein" auflöst. Den rätselhaften Teil seiner These bildet die Vorstellung von einem „Duplikat" oder „Zwillingsbruder" des gehirnbasierten Bewusstseins in der Seele sowie der Begriff „Verschränkung" zwischen dem gehirnbasierten Bewusstsein und der Seele.

Nahtoderfahrungen: Ein unlösbares Problem?

Wie sollen wir mit Phänomenen umgehen, welche die Neurowissenschaften im Rahmen der Theorie der totalen Gehirnabhängigkeit des Bewusstseins nicht befriedigend erklären können? Eine Möglichkeit besteht darin, neue

Theorien zu entwickeln, die über die Versuche, Nahtoderfahrungen und außerkörperliche Erlebnisse auf neurobiologische Vorgänge zurückführen zu wollen, hinausgehen. Pim van Lommel und Günter Ewald wählten diese Strategie. Beide versuchen zu zeigen, dass Bewusstsein auch ohne funktionierendes Gehirn erlebt werden kann und dass es sogar über den Tod hinaus fortbesteht. Ihre Theorien über die Beziehung von Gehirn und Bewusstsein enthalten mehrere Begriffe und Analogien aus der Quantenphysik. Die Verwendung dieser Begriffe und Analogien zur Erklärung von Bewusstseinsphänomenen wird kontrovers diskutiert und führt zu weiteren Fragen. Es ist zu hoffen, dass die Thesen von van Lommel und Ewald Neurowissenschaftler, Psychologen, Philosophen, Physiker, Mathematiker und Systemwissenschaftler dazu inspirieren, in Zukunft gemeinsam neue Modelle über die Beziehung von Körper und Geist zu entwickeln.

Der Versuch, Nahtoderfahrungen neurobiologisch erklären zu wollen, ähnelt den Versuchen, das Verhältnis von Körper und Geist rein naturalistisch begreifen zu wollen. Werden wir nicht in beiden Fällen mit einem unlösbaren Problem, mit einem Rätsel konfrontiert? Der Molekularbiologe und Nobelpreisträger Francis Crick bemerkt provokant: Die Ansicht, nur Philosophen könnten das Problem des Bewusstseins behandeln, sei völlig haltlos. Ihre Bilanz in den letzten zweitausend Jahren sei derart armselig, dass ihnen eine gewisse Bescheidenheit besser anstünde als die hochtrabende Überheblichkeit, die sie gewöhnlich an den Tag legen. Die Erfolgsbilanz religiöser Überzeugungen bei der Erklärung wissenschaftlicher Phänomene sei auch nicht besser. Es gebe wenig Grund zur Annahme, die konventionellen Religionen würden künftig viel besser abschneiden. Crick fragt: „Wenn die Mitglieder einer religiösen Gemeinschaft tatsächlich an ein

Leben nach dem Tod glauben, warum stellen sie dann keine ordentlichen Experimente an, um den Nachweis dafür zu erbringen?" (Crick 1994, 317)

Berichte über Nahtoderfahrungen sind keine wissenschaftlichen Beweise für die Existenz des Jenseits oder für ein Leben nach dem Tod. Der Kern der Annahme eines transzendenten Bereichs, der die Welt, wie wir sie kennen und wie die Wissenschaften sie uns beschreiben, übersteigt, besteht ja gerade darin, dass wir diesen Bereich empirisch nicht beweisen können. Deshalb ist es völlig absurd, „ordentliche Experimente" zu fordern, die diesen Nachweis erbringen sollen.

Der Philosoph Colin McGinn ist der Ansicht, dass sich das Bewusstsein aufgrund seiner Innerlichkeit und Subjektivität einer objektiven Zugangsweise prinzipiell entzieht. Diese Aussage ist auch auf die Nahtoderfahrungen anwendbar. McGinn meint, das Erkenntnisvermögen, mit dem uns die Evolution ausgestattet hat, reiche nicht aus, um die Beziehung von Gehirn und Geist zu verstehen. Die eigenen kognitiven Grenzen hindern uns daran, für das Körper-Geist-Problem eine Lösung zu finden. Mit einem Gedankenexperiment über die Welt der sogenannten „Flächenländer" möchte er uns verdeutlichen, in welcher Situation wir uns bezüglich der Frage, wie Bewusstsein und Gehirn zusammenhängen, befinden (vgl. McGinn 2001, 157f.):

Versuchen Sie, sich eine Welt vorzustellen, in der es nur drei Dimensionen gibt: Länge, Breite und Zeit, aber keine Höhe. Das wäre die Welt der sogenannten „Flächenländer", flacher Wesen, die keinerlei Vorstellung von einem Raum haben, wie wir ihn kennen. Für sie ist ihre Welt *die* Welt. In ihrer Welt sind Berge und Bäume völlig anders als in unserer Welt, sie sind vollkommen flach. Die flachen Geschöpfe können zwar um einen flachen Berg herumgehen, sie können diesen aber nicht besteigen. Allein die Vorstellung von

282

Bergsteigen oder Klettern wäre ihnen vollkommen fremd, denn in ihrer flachen Welt gibt es keine Höhe. Wenn *wir* in diese flache Welt einträten und in ihr umhergingen, dann würden die flachen Wesen lediglich unsere Fußabdrücke registrieren. Für sie sähe unser Spaziergang in ihrer Welt so aus, dass da plötzlich etwas erscheint, wieder verschwindet und ein Stück weiter entfernt erneut auftaucht. Sie hätten keine Ahnung, was das ist, und könnten es auch nicht beschreiben. Vielleicht würden sie es als Erscheinung oder als auftauchenden und wieder verschwindenden Geist bezeichnen. Sie hätten nicht die geringste Ahnung vom dreidimensionalen Körper, der mit dieser beweglichen Erscheinung verbunden ist. Sie könnten mit uns auch nicht kommunizieren, weil sie nicht wissen, wie wir die Dinge wahrnehmen, und wir könnten mit ihnen nicht sprechen, weil sie keine Schallwellen hören oder Lichtwellen sehen können, denn diese sind ja dreidimensional. Wir könnten einzig und allein erscheinen und wieder verschwinden, aber das würde die flachen Wesen nur erschrecken.

Stellen Sie sich nun vor, was geschehen würde, wenn einige der flachen Wesen die einmalige Gelegenheit erhielten, unsere Welt der vier Dimensionen eine kurze Zeit lang zu erleben. Sie wären vollkommen fassungslos und könnten nach der Rückkehr in ihre flache Welt den Schwestern und Brüdern niemals angemessen vermitteln, was sie erlebten. Wie sollten sie ihnen verständlich machen, dass die beweglichen Erscheinungen nur ein winziger Teil, ja sogar nur ein Abdruck eines ganzen, mit ihm verbundenen dreidimensionalen Körpers sind? Sie müssten ihren Mitbewohnern Unverständliches und Kryptisches erzählen wie etwa: „Die andere Welt ist realer. Man hat mehr Möglichkeiten, man kann sich freier bewegen, man kann in mehrere Richtungen zugleich schauen; und obwohl wir sie nicht sehen können, existiert diese Welt doch unmittelbar um uns herum." (Coppes 2012, 48)

Dieses Gedankenexperiment lässt erahnen, in welcher Situation Menschen sich befinden, die eine Nahtoderfahrung erlebten und ihr überwältigendes und in Worte kaum fassbares Erlebnis ihren Mitmenschen vermitteln möchten. Es zeigt, wie schwierig eine sinnvolle Verständigung zwischen zwei Welten sein kann, die sich wesentlich voneinander unterscheiden. Christophor Coppes meint, dieses Gedankenexperiment verdeutliche vor allem, warum der Beweis unmöglich scheint, dass es um uns herum eine wesentlich größere Welt gibt und Nahtoderfahrungen die erste Phase unseres Eintritts in diese Welt sind (vgl. Coppes 2012, 47–48). Wir kennen zwar vier Dimensionen; wenn es aber bloß eine einzige weitere Dimension außer den vier uns bekannten gibt, dann könnten wir diese Dimension mit unseren Vorstellungen niemals angemessen beschreiben oder wirklich begreifen. Colin McGinn meint, unsere diesbezügliche Unwissenheit sei genauso Mitleid erregend und komisch, wie wir die der Flächenländer finden, und genauso fundamental.

Zusammenfassung

Berichte über Nahtoderfahrungen sagen uns etwas darüber, was Menschen in der Nähe des Todes erlebten. Sie stammen ausnahmslos von Menschen, die noch nicht die Grenze des permanenten Todes überschritten hatten, auch wenn viele von ihnen zeitweise klinisch tot waren. Die Schilderungen ihrer Erlebnisse in der Nähe des Todes sind Berichte über den Prozess des Sterbens, jedoch keine Tatsachenberichte darüber, was jenseits der Grenze des permanenten Todes geschieht, denn von dort gibt es keine Rückkehr mehr ins Leben. Sie sind auch kein Beweis im wissenschaftlich empirischen Sinn für ein Leben nach dem Tod oder für die Existenz des Jenseits. Nahtoderfahrungen können in ihrer Ganzheit weder objektiv überprüft noch experimentell reproduziert werden.

Nahtoderfahrungen sind außergewöhnliche Erlebnisse, die nur den Betroffenen in der Erlebnisperspektive unmittelbar zugänglich sind. Es sind zutiefst subjektive und tiefgreifende Erlebnisse, welche die Persönlichkeit erschüttern. Sie hinterlassen tiefe Spuren und wirken ein Leben lang nach, sodass die Betroffenen ihr Leben einteilen in die Zeit vor und die Zeit nach ihrer Nahtoderfahrung. Oft dauert es Jahre, bis sie diese Erfahrung in ihren Alltag integrieren können. Viele Nahtodberichte zeigen, wie sehr die Betroffenen nach Worten ringen, um ihre außergewöhnlichen emotionalen und spirituellen Erlebnisse zu beschreiben. Sie haben erhebliche Schwierigkeiten, geeignete Ausdrücke zu finden, um das eigentlich Unbegreifliche zu charakterisieren. Die Begriffe unserer Alltagssprache und unsere Vorstellungen von Raum und Zeit eignen sich nicht, um das angemessen wiederzugeben, was sie erlebten. Die Nahtoderfahrung eröffnete den Betroffenen einen Blick in eine Dimension, die sie vorher nicht erlebt hatten, und festigte in ihnen die Gewissheit, dass es ein persönliches Weiterleben nach dem Tod gibt. Die Echtheit einer Nahtoderfahrung zeigt sich darin, wie nachhaltig sie das Erleben, das Verhalten und die Lebenseinstellung der Betroffenen dauerhaft verändert.

Nahtoderfahrungen stellen die neurowissenschaftliche Grundthese, das Gehirn produziere das Bewusstsein und der Hirntod sei auch das definitive Ende des Bewusstseins, in Frage. Nahtodforscher weisen auf das Paradox eines extrem klaren Bewusstseins während des vorübergehenden Ausfalls der Hirnfunktionen hin. Es gibt zahlreiche Berichte von Überlebenden eines Herzstillstandes, die während der Zeit, in der für sie die Kriterien des klinischen Todes erfüllt waren, erhöhte Wachheit, klare Wahrnehmungen, kohärente Gedanken, Ichbewusstsein und intensive Gefühle hatten, die zu sehr nachhaltigen Erinnerungen führten. Können Erlebnisse dieser Art stattfinden, wenn die dazu erforderlichen Gehirnfunktionen ausgefallen sind? Eine empirische Bestätigung dafür wäre die Feststellung der genauen zeitlichen Übereinstimmung zwischen der Nahtoderfahrung einerseits und dem Ausfall aller Gehirnfunktionen andererseits. Patienten, die während einer außerkörperlichen Erfahrung genaue Details von dem, was im Operationssaal geschah, sehen, hören und später erinnern konnten und deren Wahrnehmungen von Außenstehenden bestätigt wurden, sprechen dafür, dass es Bewusstsein auch ohne ein funktionierendes Gehirn geben kann und dass das Selbstbewusstsein nach dem Ausfall aller Gehirnaktivitäten fortbesteht.

Außerkörperliche Erfahrungen sind das einzige Element der Nahtoderfahrungen, das empirisch überprüft und untersucht werden kann. Die bisher dokumentierten anekdotischen Berichte über außerkörperliche Erfahrungen sind zwar zahlreich, aber sie stellen noch keinen objektiv überprüfbaren Beweis dafür dar, dass diese Erfahrungen sich exakt während der Zeit des Ausfalls sämtlicher Gehirnfunktionen ereigneten. Der bis jetzt bestdokumentierte Fall ist der von Pamela Reynolds. Sie stand während der Operation unter intensiver medizinischer Beobachtung, und auch ihre Gehirnaktivität wurde aufgezeichnet. Allerdings lässt sich auch in diesem Fall empirisch nicht eindeutig beweisen, dass Pamelas Erlebnis der Begegnung mit Verstorbenen und ihrer Rückkehr in den kalten und leblosen Körper während der Zeit stattfand, als man von einem Zustand des klinischen Todes sprechen konnte. Es ist zu hoffen, dass die künftigen Forschungsergebnisse der von Sam Parnia und Peter Fenwick geleiteten umfangreichen Aware-Studie an Überlebenden eines Herzstillstands die Frage klären werden, ob die erinnerten Nahtoderfahrungen tatsächlich während des Ausfalls aller für bewusste Erfahrungen erforderlichen Hirnfunktionen stattfanden. Die Datenerhebung ist zurzeit noch im

Gang, und mit der Veröffentlichung von Ergebnissen ist erst nach Abschluss der Studie zu rechnen.

Die vielen bereits vorliegenden Berichte und Forschungsergebnisse über Nahtoderfahrungen sprechen neben den besonderen Merkmalen des Bewusstseins wie Subjektivität, Perspektivität und Nichträumlichkeit für die Auffassung, dass das Bewusstsein sich nicht auf materielle Prozesse zurückführen lässt, sondern einen grundlegenden Wesenszug der Wirklichkeit bildet. Nahtoderfahrungen sind wie alle Bewusstseinsphänomene nur der erlebenden Person in der Erlebnisperspektive unmittelbar gegeben. In der Beobachterperspektive der Wissenschaft kommen diese Phänomene überhaupt nicht vor. Die beiden Perspektiven, die Erlebnisperspektive und die Beobachterperspektive, lassen sich nicht aufeinander zurückführen. Sie bilden unsere beiden Sichtweisen auf die körperlich-geistige Einheit des Menschen. Eine dritte Sichtweise, ein „Blick von nirgendwo", steht uns nicht zur Verfügung.

Mystiker und Nahtoderfahrene sind davon überzeugt, eine Wirklichkeit erlebt zu haben, die sowohl die äußere materielle Welt als auch das innere Erleben übersteigt. Viele Wissenschaftler betrachten diese Wirklichkeit jedoch nicht als real, weil sie objektiv nicht bewiesen werden kann. Die Wirklichkeit, auf die mystische Erlebnisse und Nahtoderfahrungen sich beziehen, kann durch den Aufweis der neurobiologischen Grundlage dieser Erlebnisse und Erfahrungen weder bewiesen noch widerlegt werden. Bei Herzstillstandpatienten ist zudem keineswegs belegt, ob ihre Nahtoderfahrungen überhaupt mit irgendwelchen Gehirnaktivitäten einhergingen.

Obwohl die zahlreichen Berichte über Nahtoderfahrungen und die vorliegenden Ergebnisse der Nahtodforschung keinen objektiven wissenschaftlichen Beweis für das Überleben unseres Todes liefern, scheinen sie doch für einen begründeten Glauben an „etwas danach", an ein Leben jenseits von Raum und Zeit, zu sprechen. Den Betroffenen eröffnete ihr Nahtoderlebnis einen Blick auf eine Wirklichkeit, die sie vorher nie erlebt hatten, und sie festigte in ihnen die Gewissheit, dass es ein persönliches Weiterleben nach dem Tod gibt. Sie erhielten eine Ahnung davon, dass unsere Welt der vier Dimensionen nicht die gesamte Wirklichkeit ist, und viele von ihnen deuten ihr überwältigendes Erlebnis als Begegnung mit einer transzendenten Wirklichkeit, die personalen Charakter hat. Ihre Begegnung mit einem Wärme und bedingungslose Liebe ausstrahlenden Licht macht deutlich: Die Frage ist nicht so sehr, *was* uns jenseits der Todesgrenze erwartet, sondern *wer* uns dort erwartet.

Literatur

Alexander, E. (2013). *Blick in die Ewigkeit. Die faszinierende Nahtoderfahrung eines Neurochirurgen.* München: Ansata. Original (2012). *Proof of Heaven. A Neurosurgeon's Journey into the Afterlife.* New York: Simon & Schuster.

Alper, M. (2008). *The „God" Part of the Brain: A Scientific Interpretation of Human Spirituality and God.* Naperville, Illinois: Sourcebooks.

Ashbrook, J. B. (1984). Neurotheology: The Working Brain and the Work of Theology. *Zygon: Journal of Religion and Science 19,* 331–350.

Atzmüller, J. J. (2003). *Erinnerungen an meine (Deine) Zukunft.* Wien: Verlag Karitative Vereinigung.

Azari, N. P., Nickel, J., Wunderlich, G., Niedeggen, M., Hefter, H., Tellmann, L., Herzog, H., Stoerig, P., Birnbacher, D. & Seitz, R. J. (2001). Neural correlates of religious experience. *European Journal of Neuroscience 13,* 1649–1652.

Azevedo, F. A., Carvalho, L. R., Grinberg, L. T., Farfel, J. M., Ferretti, R. E., Leite, R. E., Jacob Filho, W., Lent, R. & Herculano-Houzel, S. (2009). Equal Numbers of Neuronal and Nonneuronal Cells Make the Human Brain an Isometrically Scaled-Up Primate Brain. *The Journal of Comparative Neurology 513,* 532–541.

Beauregard, M. & O'Leary, D. (2007). *The Spiritual Brain. A Neuroscientist's Case for the Existence of the Soul.* New York: HarperCollins Publishers.

Bennett, M. R. & Hacker, P. M. S. (2003). *Philosophical Foundations of Neuroscience.* Oxford: Blackwell.

Bennett, M. R., Bennett, D., Hacker, P. M. S. & Searle, J. (2010). *Neurowissenschaft und Philosophie. Gehirn, Geist und Sprache.* Berlin: Suhrkamp.

Bexton, W. H., Heron, W. & Scott, T. H. (1954). Effects of Decreased Variation in the Sensory Environment. *Canadian Journal of Psychology, 8,* 70–76.

Bieneck, H., Hagedorn, H.-G. & Koll, W. (Hrsg.) (2007). *„Ich habe ins Jenseits geblickt". Nahtoderfahrungen Betroffener und Wege, sie zu verstehen* (3. Aufl.). Neunkirchen-Vluyn: Neukirchener Verlagshaus.

Bieri, P. (2005). Debatte: Unser Wille ist frei. *Der Spiegel, 2/2005,* 124–125.

Blackmore, S. (1999). Neurophysiologische Erklärungen der Nah-Todeserfahrung. In: H. Knoblauch & H. G. Soeffner (Hrsg.), *To-*

desnähe. Interdisziplinäre Zugänge zu einem außergewöhnlichen Phänomen (S. 37–63). Konstanz: UVK.

Blanke, O., Ortigue, S., Landis, T. & Seeck, M. (2002). Stimulating illusory own-body perceptions. *Nature 419,* 269–270.

Blanke, O., Landis, T., Spinelli, L., and Seeck, M. (2004). Out-of-body experience and autoscopy of neurological origin. *Brain 127,* 243–258.

Blanke, O. & Arzy, S. (2005). The out-of-body experience. Disturbed self-processing at the temporo-parietal junction. *The Neuroscientist 11,* 16–24.

Borjigin, J., Lee, U., Liu, T., Pal, D., Huff, S., Klarr, D., Sloboda, J., Hernandez, J., Wang, M. M. & Mashour, G. A. (2013). Surge of neurophysiological coherence and connectivity in the dying brain. *Proceedings of the National Academy of Sciences of the United States of Amerika, 110 (35),* 14432–14437.

Borse, U. (1984). *Der Brief an die Galater.* Regensburg: Pustet.

Chalmers, D. J. (1996). *The Conscious Mind. In Search of a Fundamental Theory.* New York: Oxford University Press.

Coppes, Chr. (2012). *Der Himmel ist ganz anders. Nahtod-Erfahrungen.* Grafing: Aquamarin.

Crick, F. (1994). *Was die Seele wirklich ist. Die naturwissenschaftliche Erforschung des Bewusstseins.* München: Artemis & Winkler.

Damasio, A. (1999). *The Feeling of What Happens: Body and Emotion in the Making of Consciousness.* New York: Harcourt Brace & Company.

Das Manifest (2004). Elf führende Neurowissenschaftler über Gegenwart und Zukunft der Hirnforschung. *Gehirn & Geist, 6,* 30–37.

Diagnostische Kriterien des Diagnostischen und Statistischen Manuals Psychischer Störungen DSM-IV-TR. Saß, H., Wittchen, H.-U., Zaudig, M. & Houben, I (2003). Göttingen: Hogrefe, Verlag für Psychologie.

Ewald, G. (2006). *Nahtoderfahrungen. Hinweise auf ein Leben nach dem Tod?* Kevelaer: Topos Plus.

Ewald, G. (2011). *Auf den Spuren der Nahtoderfahrungen. Gibt es eine unsterbliche Seele?* Kevelaer: Butzon & Bercker.

Falkenburg, B. (2012). *Mythos Determinismus. Wie viel erklärt uns die Hirnforschung?* Heidelberg: Springer.

Fenwick, P. & Fenwick, E. (1996). *The Truth in the Light: An Investigation of over 300 Near-Death Experiences.* New York: NY Penguin.

Fenwick, P. (2007). *Science and spirituality: A challenge for the 21st century.* The Bruce Greyson Lecture from the International Association for Near-Death Studies 2004 Annual Conference.

Fields, R. D. (2006). Beyond the Neuron Doctrine. *Scientific American Mind 17,* 20–27.

Florey, E. (1996). Geist – Seele – Gehirn: Eine kurze Ideengeschichte der Hirnforschung. In: G. Roth & W. Prinz (Hrsg.), *Kopf-Arbeit.*

Gehirnfunktionen und kognitive Leistungen (S. 37–86). Heidelberg: Spektrum.

Fredrikson, M. & Granqvist, P. (2005). Reply to M. A. Persinger und S. A. Koren's response to Granqvist et al. „Sensed presence and mystical experiences are predicted by suggestibility, not by the application of transcranial weak magnetic fields." *Neuroscience Letters 380*, 348–350.

Freud, S. (1961). *Die Traumdeutung.* Frankfurt am Main: Fischer.

Fuchs, Th. (2009). *Das Gehirn – ein Beziehungsorgan. Eine phänome-nologisch-ökologische Konzeption* (2. Aufl.). Stuttgart: Kohlhammer.

Gazzaniga, M. S. (2005). *The Ethical Brain.* New York: Dana Press.

Goller, H. (2003, 2011). *Das Rätsel von Körper und Geist. Eine philoso-phische Deutung.* Darmstadt: Primus Verlag.

Goller, H. (2009). *Erleben, Erinnern, Handeln. Eine Einführung in die Psychologie und ihre philosophischen Grenzfragen.* Stuttgart: Kohlhammer.

Goller, H. (2012). Mortal Body, Immortal Mind: Does the Brain Really Produce Consciousness? *Forum Philosophicum, volume 17/ number 1*, 5–26.

Granqvist, P., Fredrikson, M., Unge, P., Hagenfeldt, A., Valind S., Larhammer, D. & Larsson, M. (2005). Sensed presence and mysti-cal experiences are predicted by suggestibility, not by the applica-tion of transcranial weak complex magnetic fields. *Neuroscience Letters 379*, 1–6.

Greyson, B. (1983). The Near-Death Experience Scale: Construc-tion, reliability, and validity. *Journal of Nervous and Mental Disease 171*, 369–375.

Greyson, B. (2000). Dissociation in people who have near-death ex-periences: out of their bodies or out of their minds? *The Lancet 355*, 460–463.

Greyson, B. (2003). Incidence and correlates of near-death experien-ces on a cardiac care unit. *General Hospital Psychiatry 25*, 269–276.

Greyson, B. (2007). Near-death experiences: clinical implications. *Revista de Psiquiatria Clínica 34*, supl. 1, 49–57.

Grom, B. (2003). Neurotheologie. *Stimmen der Zeit 221*, 505–506.

Harris, S. (2012). This Must Be Heaven. *Newsweek*, Oktober 12, 2012.

Heim, A. (1891). Notizen über den Tod durch Absturz. *Jahrbuch des Schweizer Alpenclub 27*, 327–337.

Hoppe, Chr. (2007). Nahtoderlebnisse – Blick ins Jenseits? In: A. Bieneck, H.-B. Hagedorn & W. Koll (Hrsg.), *„Ich habe ins Jenseits geblickt." Nahtoderfahrungen Betroffener und Wege, sie zu verstehen* (3. Aufl. S. 117–153). Neukirchen-Vluyn: Neukirchener Verlags-haus.

Internationale Klassifikation psychischer Störungen ICD-10 Kapitel V (F) Klinisch-diagnostische Leitlinien. Herausgegeben von Dilling H., Mombour, W. & Schmidt, M. H. (1991). Bern/Göttingen: Hans Huber.

Johnston, V. S. (1999). *Why We Feel. The Science of Human Emotion.* Reading, Massachusetts: Perseus Books.

Kessler, H. (2014). *Was kommt nach dem Tod? Über Nahtoderfahrungen, Seele, Wiedergeburt, Auferstehung und ewiges Leben.* Kevelaer: Butzon & Bercker.

Kluxen, G. (1993). Sehstörungen des Apostels Paulus. *Deutsches Ärzteblatt 90*, Heft 28/29, 19. Juli 1993.

Knoblauch, H. & Schmied, I. (1999). Berichte aus dem Jenseits. Eine qualitative Studie zu Todesnäheerfahrungen im deutschen Sprachraum. In: H. Knoblauch & H.-G. Soeffner (Hrsg.), *Todesnähe. Interdisziplinäre Zugänge zu einem außergewöhnlichen Phänomen* (S. 187–215). Konstanz: UVK.

Knoblauch, H. & Soeffner, H.-G. (Hrsg.) (1999). *Todesnähe. Interdisziplinäre Zugänge zu einem außergewöhnlichen Phänomen.* Konstanz: UKV.

Knoblauch, H. (2002). *Berichte aus dem Jenseits. Mythos und Realität der Nahtod-Erfahrung.* Freiburg: Herder.

Koch, Chr. (2013). *Bewusstsein. Bekenntnisse eines Hirnforschers.* Berlin: Springer.

Kolb, B. & Whishaw, I. Q. (1996). *Neuropsychologie* (2. Aufl.), Heidelberg: Spektrum.

Laack, W. van (Hrsg.) (2010). *Schnittstelle Tod. Aufbruch zu neuem Leben?* Aachen: Buchverlag.

Lazar, S. W., Kerr, C. E., Wasserman, R. H., Gray, J. R., Greve, D. N., Treadway, M. T., McGarvey, M., Quinn, B. T., Dusek, J. A., Benson, H., Rauch, S. L., Moore, Ch. I. & Fischl, B. (2005). Meditation experience is associated with increased cortical thickness. *Neuroreport 16 (17)*, 1893–1897.

Levine, J. (1983). Materialism and Qualia: The Explanatory Gap. *Pacific Philosophical Quarterly, 64*, 354–361.

Libet, B. (2007). *Mind Time. Wie das Gehirn Bewusstsein produziert.* Frankfurt am Main: Suhrkamp Taschenbuch.

Linke, D. B. (2006). *Das Gehirn* (4. Aufl.). München: Beck.

Lommel, P. van, Wees, R., Meyers, V. & Elfferich, I. (2001). Near-death experience in survivors of cardiac arrest: a prospective study in the Netherlands. *The Lancet 358*, pp. 2039–2045.

Lommel, P. van (2004). „About the continuity of our consciousness". *Advances in Experimental Medicine and Biology 550*, 115–132.

Lommel, P. van (2006). Near-Death experience, consciousness, and the brain: A new concept about the continuity of our consciousness based on recent scientific research on near-death experience in survivors of cardiac arrest. *World Future, The Journal of General Evolution 62*, 134–151.

Lommel, P. van (2009). *Endloses Bewusstsein. Neue medizinische Fakten zur Nahtoderfahrung.* Düsseldorf: Patmos.

Lommel, P. van (2010). Endloses Bewusstsein. Ein neues Konzept, gegründet auf Forschungsergebnisse zu Nahtoderfahrungen. In: W. van Laack (Hrsg.), *Schnittstelle Tod. Aufbruch zu neuem Leben?* (S. 81–98). Aachen: Buchverlag.

Lutz, A., Greischar, L. L., Rawlings, N. B., Ricard, M. & Davidson, R. J. (2004). Long-term meditators self-induce high-amplitude gamma synchrony during mental practice. *Proceedings of the National Academy of Sciences, November 16,* vol. 101 (46), 16369–16373.

Markowitsch, H.-J. (2002). *Dem Gedächtnis auf der Spur. Vom Erinnern und Vergessen.* Darmstadt: Primus.

McGinn, C. (1996). Bewusstsein und Raum. In: Th. Metzinger (Hrsg.), *Bewusstsein: Beiträge aus der Gegenwartsphilosophie* (S. 183–200). Paderborn: Schöningh.

McGinn, C. (2001). *Wie kommt der Geist in die Materie? Das Rätsel des bewussten Erlebens.* München: Beck.

Metzinger, T. (2005). Out-of-Body Experiences as the Origin of the Concept of a „Soul". *Mind & Matter 3(1),* 57–84.

Metzinger, T. (2007). Hirnforschung: Der Riss im Selbstmodell. *Zeit Online 34.*

Mobbs, D. & Watt, C. (2011). There is nothing paranormal about near-death experiences: how neuroscience can explain seeing bright lights, meeting the dead, or being convinced you are one of them. *Trends in Cognitiv Sciences 15,* No. 10, pp. 447–449.

Moody, R. A. (1988). *Life After Life. The investigation of a phenomenon – survival of bodily death.* New York: Bantam Books.

Moody, R. A. (2003). *Leben nach dem Tod. Die Erforschung einer unerklärlichen Erfahrung* (4. Aufl.). Reinbek bei Hamburg: Rowohlt.

Moody, R. A. (2005). *The Light Beyond. The Extraordinary Sequel to the Classic Bestseller Life After Life.* London: Rider.

Nagel, T. (1993). Wie ist es, eine Fledermaus zu sein? In: P. Bieri (Hrsg.), *Analytische Philosophie des Geistes* (S. 261–275). Bodenheim: Athenäum Hain Hanstein. (Original: What is it like to be a bat? *The Philosophical Review,* 1974, 83, 435–450).

Newberg, A. B., Alavi, A., Baime, M., Pourdehnad, M., Santanna, J. & d'Aquili, E. (2001). The measurement of regional cerebral blood flow during the complex cognitive task of meditation: a preliminary SPECT study. *Psychiatry Research: Neuroimaging 106,* 113–122.

Newberg, A. B., D'Aguili, E. & Rause, V. (2003 a). *Der gedachte Gott. Wie Glaube im Gehirn entsteht.* München: Piper. Originalausgabe

(2001). *Why God Won't Go Away. Brain Science and the Biology of Belief.* New York: Ballantine.

Newberg, A. B., Pourdehnad, M., Alavi, A. & d'Aquili, E. G. (2003 b). Cerebral blood flow during meditative prayer: preliminary findlings and methodological issues. *Perceptual and Motor Skills 97*, 625–630.

Newberg, A. B. (2010). *Principles of Neurotheology.* Farnham: Ashgate.

Newberg, A. B., Wintering, N., Waldman, M. R., Amen, D., Khalsa, D. S. & Alavi, A. (2010 a). Cerebral blood flow differences between long-term meditators and non-meditators. *Consciousness and Cognition 19*, 899–905.

Newberg, A. B. & Waldman, M. R. (2010 b). *Der Fingerabdruck Gottes. Wie religiöse und spirituelle Erfahrungen unser Gehirn verändern.* München: Kailash. Originalausgabe (2009). *How God Changes Your Brain.* New York: Ballantine.

Nicolay, J. (2010). Das Heilige in uns. Mystik und Menschenbild. In: A. Serwaty & J. Nicolay (Hrsg.), *Begegnung mit Gott? Nahtoderfahrung und Mystik* (2. Aufl.) (S. 93–221). Goch: Santiago Verlag.

Noë, A. (2009). *Out Of Our Heads. Why You Are Not Your Brain, and Other Lessons from the Biology of Consciousness.* New York: Hill and Wang.

Noë, A. (2010). *Du bist nicht dein Gehirn. Eine radikale Philosophie des Bewusstseins.* München: Piper.

Nützel, N. & Andrich, J. (2010). *Das Universum im Kopf. Wie unser Gehirn funktioniert.* Berlin: Bloomsbury.

Ogata, A. & Miyakawa, T. (1998). Religious experiences in epileptic patients with a focus on ictus-related episodes. *Psychiatry and Clinical Neurosciences 52*, 321–325.

Parnia, S. (2008). *What Happens When We Die. A Groundbreaking Study into the Nature of Life and Death* (2. Aufl.). New York: Hay House.

Parnia, S., Waller, D. G., Yeates, R. & Fenwick, P. (2001). A qualitative and quantitative study of the incidence, features and aetiology of near death experiences in cardiac arrest survivors. *Resuscitation 48*, 149–156.

Parnia, S. & Fenwick, P. (2002). Near-death experiences in cardiac arrest: visions of a dying brain or visions of a new science of consciousness. *Resuscitation 52*, 5–11.

Parnia, S. with Young J. (2013). *Erasing Death: The Science That Is Rewriting the Boundaries Between Life and Death.* New York: HarperOne.

Pauen, M. & Roth, G. (2008). *Freiheit, Schuld und Verantwortung. Grundzüge einer naturalistischen Theorie der Willensfreiheit.* Frankfurt am Main: Suhrkamp.

Persinger, M. A. (2002). Experimental Simulation of the God Experience: Implications for Religious Beliefs and the Future of the

Human Species. In: R. Joseph (Ed.), *Neurotheology: Brain, Science, Spirituality, Religious Experience* (pp 267–284). San Jose, California: University Press.

Persinger, M. A. & Healey, F. (2002). Experimental Facilitation of the Sensed Presence: Possible Intercalation between the Hemispheres Induced by Complex Magnetic Fields. *Journal of Nervous and Mental Disease 190*, 533–541.

Persinger, M. A. & Koren S. A. (2005). A response to Granqvist et al. „Sensed presense and mystial experiences are predicted by suggestibility, not by the application of transcranial weak magnetic fields." *Neuroscience Letters 380*, 346–347.

Pöppel, E. (1989). Eine neuropsychologische Definition des Zustands „bewusst". In: E. Pöppel (Hrsg), *Gehirn und Bewusstsein* (S. 17–32). Weinheim: VCH Verlagsgesellschaft.

Pöppel, E. (2000). *Grenzen des Bewusstseins. Wie kommen wir zur Zeit, und wie entsteht Wirklichkeit?* Frankfurt am Main: Insel.

Quitterer, J. (2002). Unser Selbst im Spannungsfeld von Alltagsintuition und Wissenschaft. In: G. Rager, J. Quitterer & E. Runggaldier, *Unser Selbst – Identität im Wandel der neuronalen Prozesse* (S. 61–142). Paderborn: Schöningh.

Ramachandran, V. S. & Blakeslee, S. (2002). *Die blinde Frau, die sehen kann. Rätselhafte Phänomene unseres Bewusstseins.* Reinbek bei Hamburg: Rowohlt.

Rau-Lembke, D. (2009). Sterben ist doch ganz anders. Die Nahtoderfahrung aus Betroffenensicht. In: A. Serwaty & J. Nicolay (Hrsg.), *Nahtoderfahrung – Neue Wege der Forschung* (S. 171–184). Goch: Santiago.

Reichardt, M. (1999). *Psychologische Erklärung der paulinischen Damaskusvision?* Stuttgart: Katholisches Bibelwerk.

Ring, K. (2006). *Lessons from the Light. What we can learn from the near-death experience.* Needham, Massachusetts: Moment Point Press.

Ring, K. & Cooper, S. (1997). Near-death and out-of-body experiences in the blind: A study of apparent eyeless vision. *Journal of Near-Death Studies, 16* (2), 101–147.

Rohracher, R. (1965). *Einführung in die Psychologie* (9. Aufl.). Wien/ Innsbruck: Urban und Schwarzenberg.

Rogers, C. R. (1976). *Die klientenzentrierte Gesprächspsychotherapie.* München: Kinder.

Roth, G. (1994). *Das Gehirn und seine Wirklichkeit.* Frankfurt am Main: Suhrkamp.

Runehov. A. L. C. (2007). *Sacred or Neural? The Potential of Neuroscience to Explain Religious Experience.* Göttingen: Vandenhoeck & Ruprecht.

Sabom, M. (1982). *Recollections of Death: A Medical Investigation.* New York: Harper and Row.

Sabom, M. (1998). *Light and Death: One Doctor's Fascinating Account of Near-Death Experiences.* Grand Rapids, Michigan: Zondervan.

Saver, J. L. & Rabin, J. (1997). The Neural Substrates of Religious Experience. *Journal of Neuropsychiatry and Clinical Neurosciences 9,* 498–510.

Schmied, I., Knoblauch, H. & Schnettler, B. (1999). Todesnäheerfahrungen in Ost- und Westdeutschland. Eine empirische Untersuchung. In: H. Knoblauch & H.-G. Soeffner (Hrsg.), *Todesnähe. Interdisziplinäre Zugänge zu einem außergewöhnlichen Phänomen* (S. 217–250). Konstanz: UVK.

Schnabel, U. (2008). *Die Vermessung des Glaubens. Forscher ergründen, wie der Glaube entsteht und warum er Berge versetzt.* München: Blessing.

Searle, J. R. (2001). *Geist, Sprache und Gesellschaft. Philosophie in der wirklichen Welt.* Frankfurt am Main: Suhrkamp.

Serwaty, A. (2007). Nahtoderfahrungen – Reflexionen eines Betroffenen. In: A. Serwaty & J. Nicolay (Hrsg), *Nahtod und Transzendenz – eine Annäherung aus Wissenschaft und Erfahrung* (S. 173–179). Goch: Santiago Verlag.

Serwaty, A. (2010). Das Paradies kann warten. Eine Nahtoderfahrung und ihre Integration in das Leben. In: W. van Laack (Hrsg.), *Schnittstelle Tod. Aufbruch zu neuem Leben?* (S. 25–34). Aachen: van Laack Buchverlag.

Serwaty, A. (2011). Rätsel Nahtod – eine Annäherung aus Erfahrung und Wissenschaft. *Zur debatte. Themen der Katholischen Akademie in Bayern 4/2011,* S. 30–32.

Singer, W. & Ricard, M. (2008). *Hirnforschung und Meditation. Ein Dialog.* Frankfurt: Suhrkamp.

Strasser, P. (2004). *Gibt es ein Leben nach dem Tod? Gehirne, Computer und das wahre Selbst.* München: Fink.

Tetens, H. (1994). *Geist, Gehirn, Maschine. Philosophische Versuche über ihren Zusammenhang.* Stuttgart: Reclam.

Tretter, F. & Grünhut, Ch. (2010). *Ist das Gehirn der Geist? Grundfragen der Neurophilosophie.* Göttingen: Hogrefe.

Wilson, E. O. (1998). *Consilience: The Unity of Knowlege.* New York: Radom House.

Woerlee, G. M. (2005 a). *Mortal Minds: The Biology of Near-Death Experiences.* Amherst, New York: Prometheus.

Woerlee, G. M. (2005 b). *Grenzerfahrungen auf dem Operationstisch. Wie wenig wir über uns selbst und über die Funktionsweise unseres Körpers wissen.* http://www.heise.de/tp/r4/artikel/21/21392/1.html